中国近现代史纲要
自学辅导

主　编　纪亚光

副主编　贾　凯　马明冲

编　者　纪亚光（第一章、第五章）　　张　凯（第二章）

　　　　吴尹浩（第三章）　　　　　　黎博雅（第四章）

　　　　贾　凯（第六章）　　　　　　马晓敏（第七章）

　　　　纪　淳（第八章）　　　　　　刘　芳（第九章）

　　　　马明冲（第十章）

中国教育出版传媒集团

高等教育出版社·北京

内容简介

《中国近现代史纲要自学辅导》紧扣2023年新版思政课教材《中国近现代史纲要》，突出辅学特色和辅导功能，对教材内容进行适当简化、凝练，设计力求活泼、重难点突出，并增加适当的拓展资源和习题自测供学习者巩固学习成果，助力广大学习者了解历史、国情、深刻领会、学习中国近现代史，树牢唯物史观，提高运用科学的历史观方法论分析问题和解决问题的能力。

本书适用于各级各类高等院校各专业学生使用，也可作为培训用书或自学参考用书。

图书在版编目（ＣＩＰ）数据

中国近现代史纲要自学辅导 / 纪亚光主编 . -- 北京：高等教育出版社，2023.9（2024.2 重印）

ISBN 978-7-04-060972-1

Ⅰ. ① 中… Ⅱ. ① 纪… Ⅲ. ① 中国历史 – 近代史 – 自学参考资料②中国历史 – 现代史 – 自学参考资料 Ⅳ. ① K25

中国国家版本馆 CIP 数据核字（2023）第 166067 号

中国近现代史纲要自学辅导

Zhongguo Jin-xiandaishi Gangyao Zixue Fudao

策划编辑 陈 振 雷旭波　　责任编辑 邓 玥　　封面设计 王凌波 张 楠　　版式设计 杜微言
责任绘图 黄云燕　　责任校对 张 然　　责任印制 存 怡

出版发行	高等教育出版社	网　址	http://www.hep.edu.cn
社　址	北京市西城区德外大街4号		http://www.hep.com.cn
邮政编码	100120	网上订购	http://www.hepmall.com.cn
印　刷	三河市潮河印业有限公司		http://www.hepmall.com
开　本	787mm×1092mm　1/16		http://www.hepmall.cn
印　张	15.5		
字　数	300千字	版　次	2023 年 9 月第 1 版
购书热线	010-58581118	印　次	2024 年 2 月第 2 次印刷
咨询电话	400-810-0598	定　价	48.00元

本书如有缺页、倒页、脱页等质量问题，请到所购图书销售部门联系调换
版权所有　侵权必究
物 料 号　60972-00

目录

第一章　进入近代后中华民族的磨难与抗争

结构导图

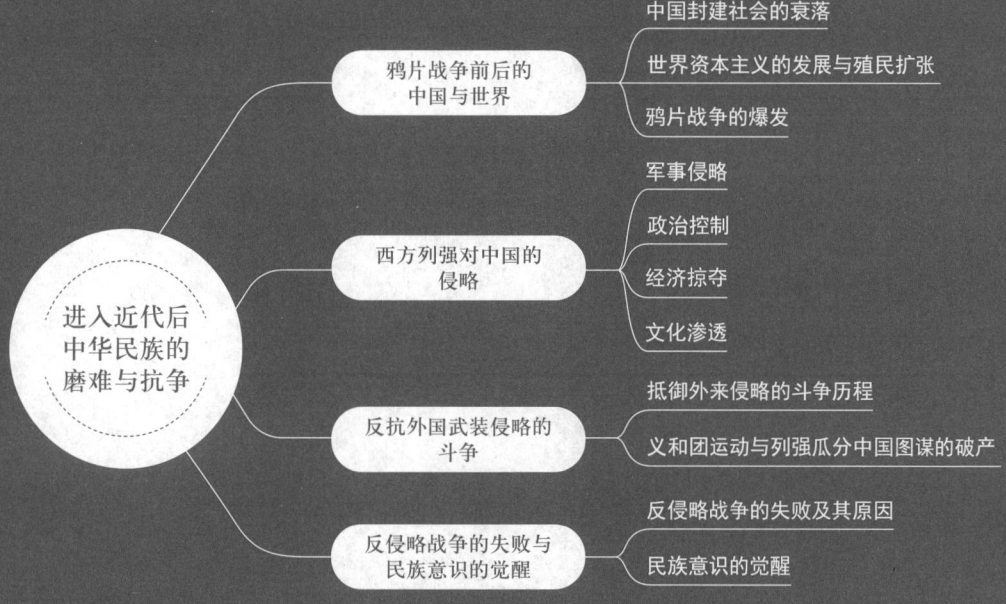

进入近代后中华民族的磨难与抗争

- 鸦片战争前后的中国与世界
  - 中国封建社会的衰落
  - 世界资本主义的发展与殖民扩张
  - 鸦片战争的爆发
- 西方列强对中国的侵略
  - 军事侵略
  - 政治控制
  - 经济掠夺
  - 文化渗透
- 反抗外国武装侵略的斗争
  - 抵御外来侵略的斗争历程
  - 义和团运动与列强瓜分中国图谋的破产
- 反侵略战争的失败与民族意识的觉醒
  - 反侵略战争的失败及其原因
  - 民族意识的觉醒

自学指导

一、学习目标

1. 识记：中国封建社会的特点；鸦片战争；资本－帝国主义列强制造的屠杀中国居民的惨案；三元里人民的抗英斗争；台湾人民的反侵略斗争；"师夷长技以制夷"的主张；早期的维新思想；严复与救亡口号。

2. 领会：灿烂的中华文明；资本主义制度在欧美主要国家的确立；殖民扩张对中国的威胁；近代中国社会的半殖民地半封建社会的性质；近代中国资产阶级的产生及其两面性；近代中国工人阶级的形成以及特点；近代中国社会阶级关系的变动；近代中国的社会主要矛盾；近代以来中华民族面临的两大历史任务；资本－帝国主义列强对中国的政治控制；资本－帝国主义列强对中国的经济掠夺；资本－帝国主义列强制造的侵略中国的舆论；19世纪末帝国主义列强瓜分中国的图谋及其失败的原因；近代中国人民反侵略战争失败的原因。

3. 应用：中国封建社会由盛转衰的主要表现；实现中华民族伟大复兴是中华民族近代以来最伟大的梦想；第一次鸦片战争至辛亥革命前夕，先进中国人民族意识的觉醒。

二、学习重点难点

（1）资本－帝国主义和中国封建主义的联合压迫是人民痛苦和民族灾难的根源；（2）近代中国半殖民地半封建社会的特点、主要矛盾和面临的主要任务；（3）从1840年至20世纪初，中国人民反对外来侵略的斗争；（4）反侵略战争失败的原因和民族意识的觉醒。

三、自学建议

本章是全书的开篇，重点介绍中国逐渐成为半殖民地半封建社会的历程，以及中国人民在不屈不挠英勇斗争中民族意识开始觉醒的历程。学生在自学和复习中，应了解鸦片战争前的中国和世界，懂得资本－帝国主义和中国封建主义的联合压迫，是人民痛苦和民族灾难的根源；领会近代中国社会的半殖民地半封建社会性质以及主要矛盾和基本特征，认清近代以来中华民族面对的两大历史任务及其关系，深刻领会实现中华民族伟大复兴，是中华民族近代以来最伟大的梦想，掌握近代中国人民反侵略斗争的意义以及失败的根本原因。建议用4学时完成本章内容的自学和复习。

第一节　鸦片战争前后的中国与世界

一、中国封建社会的衰落

1. 灿烂的中华文明

中华民族具有悠久的文明历史，中国是世界上少有的历史文化从未间断、一直延续至今的国家，这体现了中华民族的凝聚力和以爱国主义为核心的民族精神。中国古代物质文明和精神文明丰富多彩、灿烂辉煌，经济发展和科学技术长期处于世界领先地位。

> 中华民族具有 5000 多年连绵不断的文明历史，创造了博大精深的中华文化，为人类文明进步作出了不可磨灭的贡献。
>
> ——习近平

金句

中华优秀传统文化是中华儿女共同的精神基因，也是中华民族发展壮大的强大精神力量。中华大地上的各民族对统一的多民族国家的形成、发展都作出了贡献。

2. 中国封建社会的特点

自公元前 5 世纪的战国时代到 1840 年鸦片战争，中国的封建社会前后延续了两千多年，具有以下几个特点：

在经济上，封建地主土地所有制经济占主导地位。从皇帝、贵族、官僚到一般地主拥有最大部分土地，而占人口绝大多数的农民则只拥有很少土地，需要租种地主的土地，交纳高额的地租；小农经济是中国封建社会的基本生产结构，它以个体家庭为单位，并与家庭手工业牢固结合，是自给自足的自然经济，对新的生产方式具有较强的排斥力。

在政治上，实行高度中央集权的封建君主专制制度。从秦始皇建立中央集权制的封建帝国开始，历朝统治者不断加强皇权以统治人民，并加紧对地方官员的控制和监督。农民没有任何政治权利，生活极端贫困。

在文化上，以儒家思想为核心。自汉武帝确立独尊儒术的政策，儒家思想开始成为中国封建社会的正统思想。儒家还与佛教、道教相互吸收、融合，共同为维护封建统治服务。封建统治者同时吸收法家思想，推行严刑峻法，实行专制统治。

在社会结构上，形成族权和政权相结合的封建宗法等级制度。其核心是宗族家长制，突出君权、父权、夫权。

综上所述，中国封建社会的经济、政治、文化、社会结构具有两方面的特性：一方面，它巩固和维系了中国封建社会的稳定和延续。新的封建王朝往往

习近平：《在纪念孔子诞辰 2565 周年国际学术研讨会暨国际儒学联合会第五届会员大会开幕会上的讲话》（节选）

能够吸取历史的教训，能居安思危，政治较清明，轻徭薄赋，励精图治，产生如汉代的"文景之治"，唐代的"贞观之治""开元盛世"，清代的"康乾盛世"等；另一方面，随着政治腐败、土地兼并等日趋严重，阶级矛盾日益尖锐，社会发展逐渐陷于停滞状态，造成不可克服的周期性政治经济危机。

3. 中国封建社会末期的社会危机

清代的康熙、雍正、乾隆年间，是中国封建社会后期的鼎盛时期，但同时也开始走向了封建社会的末世。到了嘉庆、道光年间，清王朝衰相尽显，潜伏着许多危机：政治上中央集权进一步强化，官僚机构膨胀，各级官吏营私舞弊、巧取豪夺；经济上生产凋敝，土地高度集中；思想文化上大兴文字狱，整个社会万马齐喑；军事上军力衰败，军备废弛；对外关系上实行闭关锁国政策，仅留广州一口通商，使中国处于与世隔绝的状态。

二、世界资本主义的发展与殖民扩张

1640 年，英国爆发资产阶级革命，世界历史开始进入资本主义时代。至 18 世纪，英国、美国、法国等先后建立了资产阶级政权，为资本主义的发展提供了政治上的前提和保证。18 世纪中叶至 19 世纪中叶，从英国开始然后迅速发展到欧美各国的工业革命，使大机器生产取代了工场手工业，资本主义经济得到迅速发展。

伴随着西方资本主义的发展，产生了殖民主义，是西方列强对其他地区人民的剥削、掠夺和压迫、奴役。资本主义的发展，迫使一切民族采用资产阶级的生产方式，逐步使人类历史成为世界历史。西方资本主义的发展及其向东方的殖民扩张，并不是为了使东方国家成为独立的资本主义国家，而是为了把它们纳入资本主义的世界体系，成为殖民地、半殖民地，成为自己在经济上、政治上、文化上的附庸。中华民族面临着极其严重的生存危机。

三、鸦片战争的爆发

1. 鸦片战争

19 世纪前期，英国已经基本上完成工业革命，成为世界资本主义最强大的国家，建立了号称"日不落"的殖民大帝国。在亚洲，继占领印度后，中国成为它主要的侵略目标。

1825 年和 1837 年英国发生了两次资本主义经济危机。为了摆脱危机和转移国内人民的视线，英国政府迫不及待地要发动一场侵略战争。1835 年，东印度公司高级职员林德赛致函英国外交大臣巴麦斯顿子爵，建议对中国发动战争，而且提出了具体的作战方案和所需的兵力及时间、路线等。在华鸦片贩子、

鸦片战争的过程

伦敦东印度和中国协会、曼彻斯特商会和利物浦印度协会等，都曾经上书英国政府，要求动用武力打开中国市场。

英国对华贸易长期处于入超状态。为牟取暴利及改变贸易逆差，英国殖民者向中国走私毒品鸦片牟取暴利，造成中国的白银大量外流和财政危机，直接毒害了中国人的身体和精神。清政府实行禁鸦片措施。1839 年 6 月，为维护国家利益和民族尊严，钦差大臣林则徐在广东虎门销毁所收缴鸦片。1840 年 6 月，英国侵华舰队 4000 余人封锁珠江入海口和广东海面，鸦片战争正式爆发。最后，鸦片战争以清政府的失败而告终。

1842 年 8 月 29 日，清政府派钦差大臣耆英、伊里布与英国签订了中国近代史上第一个不平等条约——《南京条约》。1843 年 10 月，签订了中英《虎门条约》。美国、法国等西方列强趁火打劫，逼迫清政府与之签订不平等条约，如 1844 年 7 月签订的中美《望厦条约》，10 月签订的中法《黄埔条约》。通过这一系列不平等条约，英国等西方列强在中国攫取了大量侵略特权。

随着外国资本主义的入侵，中国的封建社会逐步变成了半殖民地半封建社会，中国社会的阶级关系发生了深刻变化，中国社会的主要矛盾发生了变化，中国人民逐渐开始了反帝反封建的资产阶级民主革命。正因为如此，鸦片战争就成为中国近代史的起点。

认清鸦片战争的性质　　　　　　　　　　　难点解析

鸦片战争是英国为维护罪恶的鸦片贸易进而打开中国大门进行掠夺剥削的侵略战争、不义的战争，而绝不是其他性质的战争。

首先，英国发动战争的目的是保护鸦片走私，打开中国市场以解决国内资本主义经济危机，转移国内人民的视线。

其次，英国为发动战争进行了长达十数年的筹谋和策划，最终在纺织利益集团和鸦片利益集团连续 3 个月的紧张活动下，促成了英国政府出兵中国。

总之，鸦片战争是由资本的本性所决定的，是为资产阶级剥削国内外人民、建立资本主义的世界体系服务的。

2. 近代中国社会的半殖民地半封建性质

鸦片战争以后，资本－帝国主义列强通过发动侵略战争，强迫中国签订一系列不平等条约，破坏中国的领土主权、领海主权、关税主权、司法主权等，并一步一步地控制中国的政治、经济、外交和军事，使中国逐渐沦为虽然维持着独立国家和政府的名义，但在实际上已经丧失拥有完整主权的半殖民地社会。

与此同时，外国资本主义的入侵，一方面破坏了中国自给自足的自然经济的基础，破坏了城市的手工业和农民的家庭手工业，另一方面促进了中国城乡商品经济的发展，给中国资本主义的产生造成了某些客观条件。中国出现了资本主义生产关系，不再是完全的封建社会，因此被称作半封建社会。

金　句
> 帝国主义列强侵略中国，在一方面促使中国封建社会解体，促使中国发生了资本主义因素，把一个封建社会变成了一个半封建的社会；但是在另一方面，它们又残酷地统治了中国，把一个独立的中国变成了一个半殖民地和殖民地的中国。
>
> ——毛泽东

近代中国半殖民地半封建社会有以下一些基本特征：

第一，资本－帝国主义侵略势力不但逐步操纵了中国的财政和经济命脉，而且逐步控制了中国的政治，日益成为支配中国的决定性力量。

第二，中国的封建势力日益衰败并同外国侵略势力勾结，成为资本－帝国主义压迫、奴役中国人民的社会基础和统治支柱。

第三，中国自然经济的基础虽然遭到破坏，但是封建剥削制度的根基即封建地主的土地所有制依然在广大地区内保持着，成为中国发展进步的严重障碍。

第四，中国新兴的民族资本主义经济虽然已经产生，并在政治、文化生活中起了一定的作用，但是发展很缓慢，力量很软弱，而且它的大部分与外国资本－帝国主义和本国封建主义都有或多或少的联系。

第五，由于近代中国处于资本－帝国主义列强的争夺和间接统治之下，加上中国地域广大，以及在地方性的农业经济的基础上形成的地方割据势力的存在，近代中国各地区经济、政治和文化的发展极不平衡。后来，帝国主义列强还分别支持不同的政治势力以分裂中国，使中国处于不统一状态。

第六，在资本－帝国主义和封建主义的双重压迫下（后来还加上官僚资本主义的压迫），中国的广大人民尤其是农民日益贫困化以至大批地破产，过着饥寒交迫和毫无政治权利的生活。

3. 近代中国社会阶级关系的变动

随着近代中国从封建社会逐步演变为半殖民地半封建社会，中国社会的阶级关系也发生了深刻的变动，不仅旧的阶级发生了变化，还有新的阶级产生。

旧的封建统治阶级即地主阶级继续占有大量的土地，掌握着国家政权，对人民实行专制统治，但自身也发生了某些变化。有些地主从乡村迁往城市成为城居地主。一部分地主将土地剥削获得的货币投资于资本主义工商业。有的附股外资企业，有的入股洋务企业，有的直接创办或参股民营企业，转化为资本家。大多数地主仍主要依靠地租剥削生活，一些城居地主也往往兼营土地、高利贷和工商业。

　　旧的被统治阶级即农民阶级，仍是近代中国社会人数最多的被剥削阶级。由于土地兼并的加剧，不少自耕农失去土地，向贫农或雇农转化。有些农民破产或失去土地后流入城市，成为产业工人的后备军。近代中国的农民具有强烈的革命要求，是中国民主革命的主力军。但是，由于作为小生产者的阶级局限性，农民单凭自身的力量不可能求得解放，更不可能把反帝反封建斗争引向胜利。

　　近代中国诞生的新兴的被压迫阶级是工人阶级。它的来源主要是城乡破产失业的农民、手工业者和城市贫民。中国工人阶级最早出现于 19 世纪 40 至 50 年代外国资本主义在华企业中。因此，它是先于中国的资产阶级而产生的。19 世纪 60 年代后洋务派创办的大型军用工业和民用企业以及 70 年代以后的中国民族企业，又雇用了一批工人。早期中国工人阶级人数不多，却是中国新生产力的代表，它深受帝国主义、封建势力、资产阶级三重压迫，受剥削最深，革命性最强，而且它还有组织纪律性强、集中、团结、与广大受压迫农民有着天然联系等优点，因此是近代中国最革命的阶级。

　　中国资产阶级也是近代中国新产生的阶级，是在外国资本主义入侵的影响和刺激下，主要由一些买办、商人、地主、官僚投资新式企业转化而成。中国资产阶级中有一部分是官僚买办资本家，他们是利用政治特权和与外国资本的紧密联系，在剥削劳动人民和挤压民族资本的过程中，逐渐形成和发展起来的。中国资产阶级的另一部分是民族资本家。他们经营的企业由于原始积累不足，大多数规模小、设备落后，并受到外国资本主义和本国封建主义及官僚买办资产阶级的压迫，发展缓慢，始终未能在中国社会经济中占主要地位。民族资产阶级同外国资本主义、本国封建主义仍然有着千丝万缕的联系，在政治上表现出两面性。他们与外国资本主义和本国封建主义既有矛盾、斗争的一面，又有依赖、妥协的一面。他们在一定条件下可以参加反帝反封建的革命或者在斗争中保持中立，但是没有革命的彻底性，不可能引导中国的民主革命走向胜利。

4. 近代中国的社会主要矛盾和两大历史任务

　　近代中国半殖民地半封建社会占支配地位的主要矛盾，是帝国主义和中华民族的矛盾，封建主义和人民大众的矛盾，而帝国主义和中华民族的矛盾，是最主要的矛盾。这两对主要矛盾及其斗争贯穿整个中国半殖民地半封建社会的始终，并对中国近代社会的发展变化起着决定性的作用。

　　两对主要矛盾的关系，一是当资本－帝国主义向中国发动侵略战争时，中国内部各阶级，除一些叛国分子外，能够暂时地团结起来举行民族战争共同对敌，民族矛盾特别尖锐，阶级矛盾暂时降到次要和服从的地位。鸦片战争、第二次鸦片战争、中法战争、中日甲午战争、义和团反帝运动，都有过这种情形。二是当资本－帝国主义与中国的反动统治阶级结成同盟，用战争以外的形式共同压迫中国人民，尤其是封建主义统治特别残酷的时候，中国人民往往采取国内战争的形式去反对资本－帝国主义和封建主义的同盟，而斗争的矛头主要直接地指向中国的封建政权，这时阶级矛盾就上升为主要矛盾，民族矛盾退居次要地位。太平天国农民战争和辛亥革命就是这种情况。三是当国内战争发展到从根本上威胁资本－帝国主义及其代理人中国封建地主阶级统治的时候，外国侵略势力甚至直接出兵，镇压中国人民，援助中国的反动派。这时，外国侵略者和国内封建统治者完全公开站在一条战线上。太平天国后期，清政府与外国侵略者共同镇压太平天国农民起义就属于这种情况。

中国近代社会的主要矛盾决定了近代以来中华民族面临的两大历史任务：为了使中国在世界上站起来，为了使中国人民过上幸福、富裕的生活，一是必须推翻帝国主义、封建主义联合统治的半殖民地半封建的社会制度，争得民族独立和人民解放；二是必须改变中国经济技术落后的面貌，实现国家富强和人民幸福。无数的志士仁人，一代又一代的中国人，正是为此而进行了不屈不挠、英勇顽强的斗争。

第二节　西方列强对中国的侵略

一、军事侵略

资本－帝国主义列强对中国的侵略，首先和主要的是进行军事侵略。

1. 屠杀中国人民

从 1840 年鸦片战争以来，在历次侵华战争中，外国侵略者屠杀了大批中国人民。例如，1894 年 11 月，日军在甲午战争中制造了旅顺大屠杀惨案，在 4 天内连续屠杀中国居民 2 万余人。1900 年 7 月，俄国入侵中国东北时，先后制造了海兰泡惨案和江东六十四屯惨案，数千中国居民遇难。同年 8 月，八国联军侵占北京后，仅在庄王府一处，就杀害义和团团民与平民 1700 多人。

2. 破坏中国的主权和领土完整

每一次战争之后，资本－帝国主义列强都迫使清政府签订不平等条约，破坏中国的主权和领土完整。

一是侵占中国领土。

表 1-1　资本－帝国主义列强侵占中国领土简表

年份	资本－帝国主义国家	不平等条约 / 其他方式	侵占的领土
1842	英国	《南京条约》	香港岛
1860	英国	《北京条约》	香港岛对岸九龙半岛南端和昂船洲

续表

年份	资本 – 帝国主义 国家	不平等条约 / 其他方式	侵占的领土
1849	葡萄牙	武力强占	澳门半岛
1887	葡萄牙	《中葡和好通商条约》	永居管理澳门
1858	俄国	《瑷珲条约》	黑龙江以北 60 万平方公里领土
1860	俄国	《北京条约》	乌苏里江以东 40 万平方公里领土
1864	俄国	《勘分西北界约记》	中国西北 44 万平方公里领土
1881	俄国	《改订伊犁条约》和 5 个勘界议定书	中国西北 7 万多平方公里领土
1895	日本	《马关条约》	中国台湾全岛及所有附属各岛屿和 澎湖列岛

二是在中国强占租借地、划分势力范围。

表 1-2　资本 – 帝国主义列强在中国强占租借地、划分势力范围简表

年份	资本 – 帝国 主义国家	强占的租借地	划分的势力范围
1898	德国	山东的胶州湾	山东
1898	俄国	辽东半岛的旅顺口、大连湾及其附近海面	长城以北
1898	英国	山东的威海卫和香港岛对岸的九龙半岛界 限街以北、深圳河以南及附近的岛（新界）	长江流域
1899	法国	广东的广州湾及其附近水面	广东、广西、云南
1899	日本	—	福建

　　三是运用武力或欺诈手段霸占中国通商口岸内的土地，设立完全由外国直接控制和统治的租界。1845 年，英国租得上海外滩附近 837 亩土地，设立上海英租界。此后直至 1911 年，英、法、美、德、日、俄、意、比、奥等国，先后在上海、天津、汉口、广州、福州、重庆等 16 个城市，设立了 30 多个租界。租界里的一切都由外国殖民者管理，中国的法律在这里不发生效力，俨然是"国中之国"。租界成了"冒险家的乐园"和侵略中国的据点。

　　四是获得在中国领土上驻兵的特权。1901 年《辛丑条约》规定，外国军队有权在北京使馆区和北京至大沽、山海关一线包括天津、唐山等 12 处"留兵驻守"。日俄战争后，日本从俄国手中攫得租自中国的旅顺口和大连湾、长春至旅顺口的铁路及其他有关权益，在旅顺设置"关东总督府"，并派兵驻守上述地区及"南满铁路"沿线。这支军队后来被称作"关东军"，成了日本侵略中国的突击队。

3. 抢掠中国财富

通过不平等条约，资本－帝国主义列强还向中国勒索巨额赔款，对中国实行公开掠夺。

表 1-3　资本－帝国主义列强勒索赔款简表

资本－帝国主义国家	战争名称	赔款概况
英国	鸦片战争	强迫清朝地方政府交纳广州赎城费 600 万元（银元）;通过《南京条约》攫取赔款 2100 万元（银元）
英国、法国	第二次鸦片战争	英、法各得赔款 800 万两白银
日本	甲午战争	通过《马关条约》强迫中国赔款 2 亿两白银，再加上"赎辽费"3000 万两,威海卫日军"守备费"150 万两，共 2.315 亿两白银
英、法、美、德、日、俄、意、奥	八国联军侵华战争	《辛丑条约》规定，中国应支付的赔款额 4.5 亿两白银，分 39 年还清，本息合计近 10 亿两白银

不仅如此，列强在侵华战争中还公开抢劫中国的财富，肆意破坏中国的文物和古迹。1860 年 10 月,英法联军抢劫清朝皇帝的离宫圆明园内的金银珠宝、瓷器绸缎、文物古籍，放火焚烧了圆明园和附近香山、万寿山、玉泉山的殿阁建筑。1900 年 8 月，八国联军侵占北京后，对皇宫以及北海、中南海、颐和园等地的金银财宝、珍贵文物古籍肆意劫掠。

二、政治控制

为了统治中国，资本－帝国主义列强在政治上通过控制中国政府，操纵中国的内政、外交，把中国当权者变成自己的代理人和驯服工具。

1. 控制中国内政

第二次鸦片战争期间，英法联军在强迫清政府签订《天津条约》《北京条约》的同时，表示愿意帮助清政府镇压太平天国，使清政府基本屈服。《天津条约》的一项重要内容，就是允许外国公使常驻北京。这些公使不是普通的外交官，而是秉承本国政府的旨意，直接对清政府发号施令，成了清政府的"太上皇"。

2. 享有领事裁判权

1843 年中英《五口通商章程》规定，在通商口岸，中国人如与英侨"遇有交涉诉讼"，英国领事有"查察""听诉"之权，英人如何科罪，由英国议定章程、法律，发给管事官照办。1844 年中美《望厦条约》更扩大领事裁判权的范围，即所有美国人在华之一切民事、刑事诉讼，均由美国领事等官询明办理。从此，外国人可以在中国横行不法，中国政府却无权干预。

3. 把持中国海关

近代中国海关的职权范围,除了征收进出口关税外,还管理港口,主办邮政,甚至涉及与外国人交涉的各种事务。中国海关的高级职员全部由外国人充任,海关总税务司俨然成了清朝中央政府的最高顾问,各通商口岸的海关税务司则成了各地地方政府的高级顾问。英国人赫德自 1863 年任总税务司开始,直到 1908 年回国,掌握中国海关大权达 40 余年之久。

4. 镇压中国人民的反抗

为了镇压太平天国农民起义,资本－帝国主义列强不但向清政府供应军火、船只,而且派外国军官组织并指挥"洋枪队",甚至直接动用陆海军,对太平军作战。当中国人民掀起反对外国教会侵略的斗争,发生所谓的"教案"时,外国侵略者便指使清政府屠杀中国人民,惩办对人民镇压不力的地方官员。1899 年,义和团运动在山东兴起后,美国公使康格公开要求清政府派袁世凯去山东进行镇压。袁世凯升任山东巡抚后,立即采取血腥手段屠杀义和团。1901 年签订的《辛丑条约》中,列强还强迫清政府作出永远禁止中国人成立或加入任何反对它们的组织的承诺,并规定清政府各级官员如对人民反抗斗争"弹压惩办"不力,"即行革职,永不叙用"。

5. 扶植、收买代理人

第二次鸦片战争之后,得到列强支持的奕䜣、文祥等满族贵族掌握了负责对外交涉的总理各国事务衙门。在中外勾结共同镇压太平天国的过程中,列强又扶植曾国藩、李鸿章等湘系、淮系官僚,并帮助他们购买、制造洋枪、洋炮和练兵。《辛丑条约》签订前夕,慈禧太后甚至表示要"量中华之物力,结与国之欢心"。清末,列强看中握有军权的袁世凯,支持他篡夺辛亥革命果实,建立北洋军阀政权。袁世凯死后,列强又分别扶植各派系军阀首领作为自己在华利益的代理人。

三、经济掠夺

资本－帝国主义列强利用不平等条约所赋予的特权,对中国进行商品倾销和资本输出,逐步把中国卷入资本主义的世界市场。

1. 控制中国的通商口岸

1842 年《南京条约》规定,开放广州、厦门、福州、宁波、上海 5 个港口城市为通商口岸。1858 年《天津条约》又规定,开放牛庄(后改营口)、登州(后改烟台)、台湾(后定为台南)、淡水、潮州(后改汕头)、琼州、汉口、九江、南京、镇江 10 个口岸。1860 年《北京条约》又开放天津为通商口岸。陆路方面,开放伊犁、喀什噶尔等为商埠。这些通商口岸大多成了资本－帝国主义列强在中国进行经济侵略的基地。

2. 剥夺中国的关税自主权

1842 年《南京条约》规定，英国商人进出口货物的税率，清政府均宜"秉公议定则例"。1843 年中英《五口通商章程：海关税则》，将英商进出口货物的具体税率，用中英协定形式固定下来。1844 年中美《望厦条约》和中法《黄埔条约》进一步规定，倘中国以后要变更税例，必须得到对方"议允"，正式把协定关税的条款订入条约。1858 年《天津条约》规定，外国商船可以自由在各通商口岸转口，洋货只需在海关交纳 2.5% 的子口税，就可以在中国内地通行无阻，不必像中国商品那样"逢关抽税，过卡抽厘"，排挤了中国工业品和手工业产品，并获取高额利润。

3. 实行商品倾销

帝国主义列强凭借不平等条约所赋予的种种特权，把中国变成了它们倾销商品的市场和取得廉价原料的基地，使得中国的对外贸易从长期出超逐渐转变为大量入超。1890 年至 1894 年，每年平均入超达到 770 余万海关两。洋货的大量倾销，使得中国民族企业的产品和传统手工业品受到排挤。直到 19 世纪末，鸦片依然占据进口货物的重要地位。

4. 垄断对华资本输出

第二次鸦片战争后，资本－帝国主义列强利用不平等条约赋予的特权，在中国自由开工厂、办银行、修铁路、开矿山等。1895 年以后，由于《马关条约》规定允许外国人在中国办工厂，外国资本家纷纷涌向中国投资。1895—1900 年，列强在华设厂总数达 933 家，这些工厂资本雄厚、规模大、技术先进，民族资本家经营的企业无力与之竞争。它们在中国获取超额利润，压制了中国民族资本主义经济的发展。

5. 操纵中国经济命脉

一是外国资本占据垄断地位。1913 年，外国资本占机械采煤投资总额的 79.6%，占新式采铁和冶铁企业投资总额的 100%，控制了 41.2% 的纱锭和 49.6% 的织布机，使中国民族工业难以独立发展。二是迫使中国举借外债来偿付赔款，并以关税和盐税为担保。列强通过直接控制这两项税收，就等于扼住了中国财政的咽喉。三是在中国设立银行，作为对中国进行资本输出的枢纽。1845 年，英国丽如银行（又称英国东方银行）成为外国资本在中国开设的第一家银行。此后列强陆续在中国开办或设立分行，不仅经营存款汇款业务，而且进行商业投机、工业铁路矿山投资、高利贷贷款、发行纸币、操纵汇价等，逐步控制中国的财政金融，成为列强对华经济侵略的中心。四是控制中国现代交通运输业。1911 年，全国 9618.1 公里铁路中，由外国控制的达 8952.5 公里，占 93.1%。与此同时，外国资本还控制了中国沿海和内河主要航道的航运业。五是破坏中国的农业经济。外国商人低价收购中国农副产品作为其工业生产的原料，通过垄断价格和工农业产品剪刀差进行不等价交换，加速了中国传统农业的萎缩和衰败。

　　总之，外国帝国主义和中国封建主义的联合统治，导致了近代中国经济的落后和人民的贫困。

四、文化渗透

　　资本－帝国主义列强还对中国进行文化渗透，以宣扬殖民主义奴化思想，麻醉中国人民的精神，摧毁中国人的民族自尊心和自信心。

1. 披着宗教外衣，进行侵略活动

　　一部分西方传教士积极参与了对中国的侵略活动。1832 年德国基督教传教士郭士立在中国沿海进行过长达几个月的间谍侦察活动，并鼓吹对中国发动武装侵略。鸦片战争期间，他不仅担任英军陆军总司令的翻译，在英军占领浙江定海县时担任"民政官"，还参与了中英《南京条约》的起草和谈判。第二次鸦片战争期间，在北京的俄国东正教传教士向俄国公使和英法联军提供了有关清军在大沽口的设防情况和详细的北京地图。在 1860 年法国强迫清政府订立中法《北京条约》时，担任翻译和文件起草的法国传教士孟振生甚至在条约的中文文本中，私自添上条约的法文原本上所没有的"并任法国传教士在各省租买土地，建造自便"的字句。外国传教士由此获得了在中国各地城乡租买土地和盖房的特权，为外国教会在中国内地霸占地产、遍设教堂提供了根据。一些传教士采用欺骗讹诈、强迫捐献、压价购买、强占垦地等手段霸占土地，建造教堂，剥削佃户，出租房产，包揽词讼，包庇教徒中的不法分子，或者强迫中国教民抛弃中国传统礼俗，甚至公开干涉中国内政。19 世纪 60 年代至90 年代，各地群众反对外国教会侵略的斗争此起彼伏、连绵不断，并不是偶然的。

2. 为侵略中国制造舆论

　　外国教会中的某些势力还利用宣传宗教和西学的名义，为资本－帝国主义的侵略制造舆论。它们在中国所办的某些报纸、杂志，所翻译、出版的某些书刊，基本上反映了当时外国侵略者对中国的态度和要求。基督教在中国设立的最大的出版机构是广学会。英国传教士李提摩太主持广学会的指导思想是"争取中国士大夫中有势力的集团，启开皇帝和政治家们的思想"。广学会发行的刊物《万国公报》，在介绍西方史地、政治、文化的同时，也宣扬殖民主义奴化思想。

3. 通过兴办教育，传播资本主义列强的价值理念

1907 年美国总统西奥多·罗斯福宣布将退还部分庚子赔款，用于资助中国政府选派留学生赴美留学，史称"庚款兴学"。从 1909 年第一批庚款留美学生至 1929 年，整整持续 20 年之久，很多留学生成为美国思想的忠实信徒，甚至站在美国立场上为美国侵华行径做辩护。毛泽东在《"友谊"，还是侵略？》一文中指出，"庚款兴学"的实质是帝国主义的文化侵略。

4. 大肆宣扬"种族优劣论"

他们攻击污蔑中华民族是愚昧落后的"劣等民族"，应该接受"优等民族"白种人的开导和奴役。19 世纪末，欧美帝国主义者炮制了所谓"黄祸论"，即中国"威胁"论，鼓吹中国人一旦觉醒并意识到自己的力量时，将给西方文明带来灾难和毁灭。

"黄祸论"的本质

第三节　反抗外国武装侵略的斗争

一、抵御外来侵略的斗争历程

资本 - 帝国主义侵略、压迫中国人民的过程，同时也是中国人民反抗它们的侵略、压迫的过程。救亡图存，成了一代又一代中国人面临的神圣使命。为了捍卫民族生存的权利，实现民族的独立和复兴，他们在长时间里进行了不屈不挠的英勇斗争。

1. 人民群众的反侵略斗争

鸦片战争时期，中国人民即奋起抵抗外来侵略。1841 年 5 月，广州郊区三元里人民自发集结数万人，与英国侵略者展开激烈战斗。这是中国近代史上中国人民第一次大规模的反侵略武装斗争。

太平天国农民战争后期，太平军曾多次重创外国侵略者。1862 年 5 月，太平军在江苏奉贤（今属上海市）击毙法国侵华海军司令卜罗德。6 月，在青浦（今属上海市）活捉"常胜军"副统领法尔思德。9 月，在浙江慈溪击伤"常胜军"统领、美国人华尔（不久因伤重死去）。1863 年 1 月，在绍兴打死"常捷军"统领勒伯勒东。台湾人民也奋起反抗侵略者。1867 年，美国派海军入侵台湾，副舰长马肯基率陆战队在琅峤（今恒春）登陆时被击毙，侵略军被击退。1874 年，日本陆军中将西乡从道率日军侵犯台湾琅峤地区，遭到高山族人民的迎头痛击。1895 年《马关条约》签订，台北人民闻讯表达了誓与台湾共存亡的决心。台湾人民与总兵刘永福所率领的黑旗军共同抗击日本侵略。吴汤兴、徐骧等指挥的台湾义军和吴彭年、杨泗洪指挥的黑旗军在新竹、彰化、嘉义、台南等地与日军激战，许多人英勇牺牲。从 1895 年 6 月至 10 月，台

湾军民抗击了日本两个近代化师团和一支海军舰队，日军死伤 32000 多人。

1884 年，中法战争期间，香港中国造船工人举行罢工，拒绝修理受伤的法舰，爱国商人也举行罢市，码头工人则不运送法货。

1900 年八国联军侵华时，义和团及部分清军在多地与之展开殊死战斗。义和团与清军还在东北抗击沙俄侵略军。

2. 爱国官兵的反侵略斗争

在历次反抗外国侵略的战争中，爱国官兵表现了英勇顽强的战斗精神，并在一些战役中取得了胜利。1859 年 6 月，英法联军大举进攻大沽炮台，守军沉着应战，击沉、击伤敌舰多艘。1870 年代，在英、俄支持下，中亚浩罕汗国将领阿古柏侵占了新疆，日本派兵企图侵占台湾。在此背景下，清政府内部出现了海防塞防之争。左宗棠力排众议，主张海防塞防并重，坚决要求收复新疆。1876 年 3 月，左宗棠率兵展开收复新疆的军事行动，经过两年的浴血奋战，击败分裂势力，捍卫了民族利益和民族尊严，维护了国家领土和主权的完整。中法战争期间，1884 年，法舰进犯台湾基隆、淡水，都被督办台湾事务大臣刘铭传指挥守军击退。

1885 年初，法舰炮轰浙江镇海炮台，也被守军击退。3 月，冯子材率领清军在镇南关（今友谊关）大败法军，取得镇南关大捷。

镇南关大捷

在一些重要的战役中，爱国官兵也不屈不挠，英勇作战，以身殉国。在甲午战争黄海海战中，北洋舰队致远舰管带邓世昌、经远舰管带林永升英勇牺牲，统帅丁汝昌重伤不下火线，重创了日本舰队，用鲜血和生命谱写了一曲反侵略的战歌。

中国人民包括统治阶级中的爱国人士在反侵略斗争中表现出来的爱国主义精神，进一步铸成了中华民族的民族魂。正是由于中国人民前仆后继、英勇顽强的斗争，才使我们的国家和民族历尽劫难、屡遭侵略而不亡。那些不畏强暴、赴汤蹈火、血战疆场、宁死不屈的民族英雄，是中华民族的脊梁。

二、义和团运动与列强瓜分中国图谋的破产

1. 边疆危机和瓜分危机

19 世纪 70 至 90 年代，自由竞争的资本主义向垄断资本主义即帝国主义过渡，出现了列强争夺殖民地的狂潮，中国成了尚未被瓜分的"仅有的富源"。19 世纪 70 至 80 年代，列强开始蚕食中国边疆地区。英国从印度侵入西藏，又从缅甸入侵云南；法国从越南侵犯广西；俄国从中亚入侵新疆；日本吞并琉球，侵犯中国台湾。中国陷入严重的"边疆危机"之中。

甲午战争后，帝国主义列强对中国的争夺和瓜分达到高潮。俄国一直把中

国东北视作自己的势力范围，《马关条约》规定割让辽东半岛给日本，引起俄国强烈不满，便联合法国和德国共同干涉还辽，迫使日本放弃了割占辽东半岛的要求。俄、德、法三国又以干涉还辽"有功"为由，要求租借中国港湾作为报酬。德、俄、英、法、日等国于 1898 年至 1899 年竞相租借港湾和划分势力范围，掀起了瓜分中国的狂潮。1900 年八国联军侵华战争期间，欧美报刊纷纷公开讨论如何瓜分中国。俄国迫不及待地出动十几万军队侵入中国东北地区。日本驻台湾总督则加紧策划派兵在厦门登陆侵占福建。连一直标榜"保全中国"的美国政府也发出准备占领中国福建三沙湾的训令。

2. 列强瓜分中国图谋的破产

帝国主义列强并没有能够实现瓜分中国的图谋。其原因是多方面的。

第一，帝国主义列强之间的矛盾和互相制约。瓜分中国，变中国为自己的殖民地是外国列强的共同图谋，但是彼此之间又有许多矛盾、冲突，甚至可能爆发战争。因此，列强经过协商，认定暂缓瓜分中国，采取保全清政府为其共同的统治工具，实行"以华治华"，对自己更为有利。

第二，根本原因是中华民族进行的不屈不挠的反侵略斗争。

在义和团反帝爱国运动时期，中国人民以其不畏强暴、敢与敌人血战到底的英雄气概，打击和教训了帝国主义侵略者，使他们不敢为所欲为地瓜分中国。这一点连帝国主义分子也是不得不承认的。八国联军统帅瓦德西在给德皇威廉二世的报告中说，中国人"在实际上，尚含有无限蓬勃生气"。由于当时中国人民对帝国主义的认识还停留在感性的阶段，义和团运动存在着笼统的排外主义的错误；由于认识不到帝国主义联合中国封建地主阶级以压迫中国人民的实质，义和团曾经蒙受封建统治者的欺骗；由于小生产者的局限性，义和团运动中还存在着迷信、落后的倾向。但是，一个基本的历史事实不容抹杀：义和团运动在粉碎帝国主义列强瓜分中国的斗争中，发挥了重大的历史作用。正是包括义和团在内的中华民族为反抗侵略所进行的前仆后继、视死如归的战斗，才粉碎了帝国主义列强瓜分和灭亡中国的图谋。

第四节　反侵略战争的失败与民族意识的觉醒

一、反侵略战争的失败及其原因

从 1840 年至 1919 年的 80 年间，中国人民对外来侵略进行了英勇顽强的反抗，这些斗争具有重大的历史作用。但是，历次的反侵略战争，都是以中国失败、中国政府被迫签订丧权辱国的条约而告结束的。其原因，从中国内部因素来分析，主要有以下两个方面：一是社会制度的腐败，二是经济技术的落后。

而前者则是更根本的原因。

1．社会制度的腐败

统治中国的清王朝为了自身的私利，不惜出卖国家和民族的利益。他们尤其害怕人民群众，担心人民群众动员起来以后可能危及自身的统治，常常压制与破坏人民群众和爱国官兵的反侵略斗争，导致反侵略失败。

鸦片战争中，清政府特别害怕战争持续下去，会引发农民起义，因而急于向英国侵略者谋求妥协，为此不惜割地、赔款。在中法战争后期，冯子材指挥清军取得镇南关大捷和谅山大捷，使法国侵略者处于内外交困的境地。可是清政府当权者却力主避战求和，下令前线清军停战撤兵。中法战争最终以"中国不败而败，法国不胜而胜"而告结束。

八国联军侵华战争开始后，清政府一度想利用义和团的力量与列强讨价还价及排斥异己，实际上却一直在背后牵制、破坏义和团和部分清军官兵与八国联军的战斗。八国联军侵占北京后，慈禧太后在逃亡途中发布上谕，称"义和团实为肇祸之由……非痛加铲除不可"，命令各地文武官员"严行查办，务净根株"；同时派李鸿章、奕劻向八国联军乞降求和。此后，清军便公开与八国联军勾结起来，一同屠杀、镇压义和团团民。

2．经济技术的落后

近代中国反侵略战争失败的另一个重要原因，是国家综合实力特别是经济技术和作战能力的落后。

19世纪中叶，西方资本主义强国经过工业革命，经济和技术飞速发展，而中国因闭关锁国造成技术创新和工业制造落后于时代发展步伐。中国近代史上落后挨打的根子就是经济和技术落后。

二、民族意识的觉醒

鸦片战争以后，先进的中国人开始睁眼看世界了；中日甲午战争以后，中国人民的民族意识开始普遍觉醒。

1．"师夷长技以制夷"的主张和早期的维新思想

林则徐是近代中国睁眼看世界的第一人。他在广东领导查禁鸦片和进行抗英斗争时，就组织人翻译西方书刊，主持节译了英国人慕瑞的《世界地理大全》，编成《四洲志》一书，叙述了世界五大洲30多个国家的地理、历史等情况。1843年魏源在《四洲志》基础上编成《海国图志》，综述了世界各国的历史、地理，总结了鸦片战争经验教训，提出了"师夷长技以制夷"的思想，主张学习外国先进的军事和科学技术，以期富国强兵，抵御外国侵略。

19世纪70年代以后，王韬、薛福成、马建忠、郑观应等人不仅主张学习

西方的科学技术，同时也要求吸纳西方的政治、经济学说。他们具有比较强烈的反对外国侵略、追求中国独立富强的爱国思想，以及具有一定程度反对封建专制的民主思想，具有重要的思想启蒙的意义。

2. 救亡图存和振兴中华

鸦片战争以后，只是少数人有朦胧的民族觉醒意识。中日甲午战争以后，中华民族面临生死存亡的紧要关头，中华民族意识才开始普遍的觉醒。1895 年，严复在《救亡决论》一文中响亮地喊出了"救亡"的口号。此后，严复翻译了《天演论》（1898 年正式出版），用"物竞天择""适者生存"的社会进化论思想，为这种危机意识和民族意识提供了理论根据，强调中国如果不能改革自强，就会亡国灭种。1898 年 4 月，康有为大声疾呼，中华民族面临着成为"笼中之鸟，釜底之鱼，牢中之囚"的危险，要求中国人发愤自救。1898 年有人绘制的一幅《时局图》，更是形象地表现了当时中国面临的瓜分危局。

民族危机激发了中华民族的觉醒，增强了中华民族的凝聚力，救亡图存成了时代的主旋律。1894 年 11 月，孙中山创立革命团体兴中会，喊出了"振兴中华"这个时代的最强音。

近代以来，中国人民和志士仁人怀着强烈的忧患意识和变革意识，历尽千辛万苦，不怕流血牺牲，探索挽救中华民族危亡、实现民族复兴的道路。这些斗争和探索，使中华民族燃起了新的希望，标志着中华民族日益觉醒。

强化训练

一、单项选择题

1.（   ）是中国封建社会的基本生产结构，它以个体家庭为单位，并与家庭手工业牢固结合，是自给自足的自然经济，对新的生产方式具有较强的排斥力

    A. 小农经济　　　　B. 商品经济　　　　C. 市场经济　　　　D. 计划经济

2. 中国封建社会在文化上以（   ）思想为核心，实行专制统治

    A. 墨家　　　　　　B. 道家　　　　　　C. 儒家　　　　　　D. 法家

3. 1640 年，英国爆发（   ），世界历史开始进入资本主义时代

    A. 文艺复兴运动　　　　　　　　　　　B. 资产阶级革命

    C. 工业革命　　　　　　　　　　　　　D. 圈地运动

4. 1840 年鸦片战争前，中国社会的性质是（   ）

    A. 奴隶社会　　　　　　　　　　　　　B. 封建社会

    C. 半殖民地半封建社会　　　　　　　　D. 资本主义社会

5. 鸦片战争前，中国封建社会的主要矛盾是（   ）

A. 地主阶级和农民阶级的矛盾　　　　B. 资产阶级和农民阶级的矛盾

C. 资产阶级和工人阶级的矛盾　　　　D. 地主阶级和资产阶级的矛盾

6. 19 世纪初，向中国大肆走私鸦片的主要国家是（　　　）

A. 美国　　　　　　B. 俄国　　　　　　C. 日本　　　　　　D. 英国

7. 第一次鸦片战争后，清政府与美国签订的不平等条约是（　　　）

A.《南京条约》　　　　　　　　　　B.《黄埔条约》

C.《望厦条约》　　　　　　　　　　D.《瑷珲条约》

8. 第一次鸦片战争后，清政府与法国签订的不平等条约是（　　　）

A.《南京条约》　　　　　　　　　　B.《黄埔条约》

C.《望厦条约》　　　　　　　　　　D.《瑷珲条约》

9. 近代中国社会的性质是（　　　）

A. 封建社会　　　　　　　　　　　B. 社会主义社会

C. 半殖民地半封建社会　　　　　　D. 资本主义社会

10. 在近代中国各阶级中，革命的主力军是（　　　）

A. 工人阶级　　　　　　　　　　　B. 农民阶级

C. 小资产阶级　　　　　　　　　　D. 民族资产阶级

11. 近代中国社会最革命的阶级是（　　　）

A. 工人阶级　　　　　　　　　　　B. 农民阶级

C. 小资产阶级　　　　　　　　　　D. 民族资产阶级

12. 近代中国半殖民地半封建社会最主要的矛盾是（　　　）

A. 地主阶级与农民阶级的矛盾　　　B. 封建主义与人民大众的矛盾

C. 资产阶级与工人阶级的矛盾　　　D. 帝国主义与中华民族的矛盾

13. 圆明园被毁于（　　　）

A. 第一次鸦片战争　　　　　　　　B. 第二次鸦片战争

C. 中法战争　　　　　　　　　　　D. 甲午战争

14. 将中国领土台湾割让给日本的不平等条约是（　　　）

A.《南京条约》　　B.《北京条约》　　C.《马关条约》　　D.《瑷珲条约》

15.（　　　）允许外国公使常驻北京

A.《南京条约》　　B.《北京条约》　　C.《天津条约》　　D.《马关条约》

16. 1860 年《北京条约》开放（　　　）为通商口岸

A. 福州　　　　　　B. 汉口　　　　　　C. 南京　　　　　　D. 天津

17. 基督教在中国设立的最大的出版机构广学会发行的报刊是（　　　）

A.《中国丛报》　　B.《北华捷报》　　C.《字林西报》　　D.《万国公报》

18.（   ）是近代中国睁眼看世界的第一人

A. 林则徐   B. 魏源   C. 薛福成   D. 郑观应

19. 1843 年魏源在《海国图志》中提出的思想主张是（   ）

A. 中学为体，西学为用   B. 师夷长技以制夷

C. 物竞天择，适者生存   D. 维新变法，救亡图存

20.（   ）以后，中华民族面临生死存亡的紧要关头，中华民族意识才开始普遍的觉醒

A. 第一次鸦片战争   B. 第二次鸦片战争

C. 中法战争   D. 甲午战争

21. 在（   ）黄海海战中，北洋舰队官兵用鲜血和生命谱写了一曲反侵略的战歌

A. 第一次鸦片战争   B. 第二次鸦片战争

C. 中法战争   D. 甲午战争

22. 19 世纪 70 至 80 年代，列强开始蚕食中国边疆地区，（   ）从越南侵犯广西

A. 法国   B. 俄国   C. 日本   D. 英国

23. 中国近代史上，中国人民第一次大规模的反侵略武装斗争是（   ）

A. 虎门销烟   B. 三元里人民抗英斗争

C. 太平天国起义   D. 义和团运动

24. 1895 年，严复在《救亡决论》一文中响亮地喊出了（   ）的口号。

A.“救亡”   B.“自强”   C.“物竞天择”   D.“维新变法”

25. 1894 年 11 月，孙中山创立兴中会时喊出的时代最强音是（   ）

A.“师夷长技以制夷”   B.“自强”

C.“维新变法”   D.“振兴中华”

二、简答题

1. 中国封建社会具有什么样的特点？

2. 为什么说鸦片战争是中国近代史的起点？

3. 近代中国半殖民地半封建社会的基本特征是什么？

4. 近代中国工人阶级为什么会产生？

5. 近代以来中华民族面临的历史任务是什么？

6. 资本－帝国主义的入侵给中国带来了什么？

7. 中国人民反对外国侵略的斗争具有什么意义？

8. 反侵略战争失败的根本原因和教训是什么？

三、论述题

1. 试述近代中国社会两对主要矛盾的关系。

2. 试述中国近代社会的阶级构成和阶级关系的变动。

3. 试述 19 世纪末帝国主义列强瓜分中国图谋未能实现的主要原因。

强化训练
参考答案

 ————————————————————————— **本章拓展资源**

第二章 不同社会力量对国家出路的早期探索

结构导图

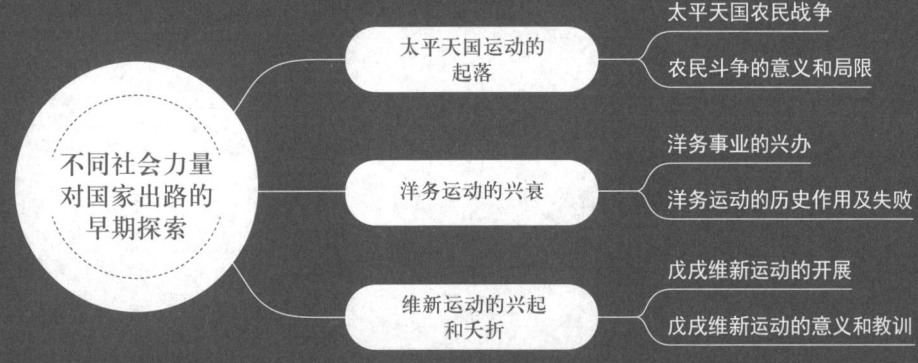

不同社会力量对国家出路的早期探索

- 太平天国运动的起落
  - 太平天国农民战争
  - 农民斗争的意义和局限
- 洋务运动的兴衰
  - 洋务事业的兴办
  - 洋务运动的历史作用及失败
- 维新运动的兴起和夭折
  - 戊戌维新运动的开展
  - 戊戌维新运动的意义和教训

自学指导

一、学习目标

1. 识记：金田起义；太平天国的建立；天京事变；洋务派；维新派的出现；"百日维新"的过程；"戊戌六君子"。

2. 领会：《天朝田亩制度》的性质和主要内容；《资政新篇》的性质和主要内容；洋务事业的兴办；维新派的主张；维新派与守旧派的论战。

3. 应用：太平天国农民起义的历史意义；太平天国农民起义失败的原因和教训；洋务运动的历史作用及失败原因；戊戌维新运动的意义、失败的原因和教训。

二、学习重点难点

（1）太平天国农民起义的历史意义；（2）太平天国农民起

义失败的原因和教训；（3）洋务运动的历史作用及失败原因；
（4）戊戌维新运动的意义、失败的原因和教训。

三、自学建议

本章讲述鸦片战争结束后到 19 世纪末不同阶级和阶层的中国人对国家出路的艰辛探索过程。鸦片战争后，中华民族陷入内忧外患的悲惨境地，社会各阶级、各阶层都面临着"怎么办"的困境。从农民阶级到地主阶级洋务派，再到资产阶级维新派，他们先后从各自的立场出发，提出和尝试了各自的主张和方案，对国家出路进行探索，但是均以失败告终，中华民族依然处于日益深化的民族危机和社会危机之中。本章内容是旧民主主义革命的重要组成部分，与后面学习内容关系紧密，学生在复习过程中应引起重视。重点记忆各个阶级阶层早期探索的意义以及经验教训的总结。学生可以在熟悉本章结构导图的基础上，依照逻辑顺序记忆。建议用 3 学时完成本章内容的自学和复习。

第一节　太平天国运动的起落

一、太平天国农民战争

1. 金田起义和太平天国的建立

长期以来，中国农民在封建地主的压迫、剥削下，过着极其贫困和不自由的生活。鸦片战争失败以后，外国资本的入侵激化了本就愈发尖锐的中国社会的各种矛盾。为了弥补财政亏空，各级官吏横征暴敛，中饱私囊，赋税、赔款经过层层转嫁，最后都落到农民头上，沉重的负担压得农民喘不过气来。

由于西方资本主义的入侵，中国的农业和家庭手工业相结合的自然经济逐渐解体。鸦片贸易在战后进一步泛滥，导致白银外流、银贵钱贱的现象更加严重，农民的负担更加沉重。

残酷的压迫和剥削，迫使广大人民尤其是农民群众走上反抗斗争的道路。1842 年至 1850 年间，全国爆发的反清起义在百次以上。清政府调兵镇压，但群众斗争此起彼伏，反抗的规模也越来越大，方式也呈现出抗租、抗粮等多种形式。太平天国农民起义就是在这种情况下爆发的。

1843 年，洪秀全撷取原始基督教教义中反映下层民众要求的平等思想和某些宗教仪式，结合农民斗争的需要，加以改造，创立了拜上帝教，并利用它发动和组织群众。

1851 年 1 月，洪秀全率拜上帝教教众在广西桂平县金田村发动起义，建号太平天国。随后，太平军从广西经湖南、湖北、江西、安徽，一直打到江苏，席卷 6 省。仅经过两年的战斗，至 1853 年 3 月占领南京，定为首都，改名天京，正式宣告太平天国农民政权的建立。

太平军所进行的战争，是一次反对清政府腐朽统治和地主阶级压迫、剥削的正义战争。太平军在进军的征途中，坚决镇压和打击官僚、豪绅和地主，焚烧衙门、粮册、田契、债券，有力地冲击了封建统治秩序。太平军纪律严明，所过之处给穷苦人分发粮食衣物，并许诺将来会免租三年。这使太平军受到群众的欢迎和拥护。因此，太平天国起义得到了迅速的发展。

太平天国定都天京后，先后进行了北伐、西征和天京城外的破围战。到 1856 年上半年，除北伐失利外，太平军在湖北、江西、安徽和天京附近等战场都取得了重大胜利，控制了大片地区，达到了军事上的全盛时期。

2.《天朝田亩制度》和《资政新篇》

太平天国定都天京后，在政治、经济、文化、军事等方面进行了一系列制度建设，其中尤以《天朝田亩制度》最为重要。

颁布于 1853 年的《天朝田亩制度》是最能体现太平天国社会理想和这次

农民起义特色的纲领性文件。它确立了平均分配土地的方案，即根据"凡天下田，天下人同耕"的原则，将土地按亩产高低划分为 9 等，好坏搭配，不论男女老幼按人口平均分配。16 岁以上的男女每人分一份数量相同的土地，不满 16 岁的减半。同时，规定了农副产品的生产与分配，都以农村政权的基层组织"两"来实行管理，每 25 户为一两。分得土地的农民都要参加农副业生产劳动，支出也由国库统一支配。

太平天国的领导者们希望通过施行这样的方案，建立"有田同耕，有饭同食，有衣同穿，有钱同使，无处不均匀，无人不饱暖"的理想社会。所以，《天朝田亩制度》实际上是一个以解决土地问题为中心的比较完整的社会改革方案。

《天朝田亩制度》的主张，否定了封建社会的基础即封建土地所有制，体现了广大农民要求平均分配土地的强烈愿望，是对以往农民战争中"均贫富""等贵贱""闯王来了不纳粮"和"均平""均田"思想的发展和超越，具有进步意义，思想内涵更为深刻。

不过，这个纲领并没有超出农民小生产者的狭隘眼界。它所描绘的理想天国，仍然是小农业和家庭手工业相结合的闭塞的自给自足的自然经济所构成的传统生活方式；同时又是一个没有商品交换的和绝对平均的理想社会。这种社会理想，在很大程度上具有不切实际的空想性质。实际上，《天朝田亩制度》中的平分土地方案即使在太平军占领地区也并未能付诸实行。这表明，即使是作为旧式农民战争最高峰的太平天国起义，尽管给封建制度以沉重的打击，也难以建立起足以替代腐朽专制制度的新型的社会制度。

《资政新篇》是太平天国后期颁布的社会发展方案。1859 年，洪仁玕从香港来到天京。不久，他提出了一个统筹全局的改革方案——《资政新篇》。它的主要内容是：在政治方面，主张"禁朋党之弊"，加强中央集权，并学习西方，制定法律、制度；设"暗柜"，用以监督官员，改革弊政。在经济方面，主张发展近代工矿、交通、邮政、银行等事业，吸收外国的科学技术，奖励科技发明和机器制造，并且把向西方的学习，从生产力的领域扩展到生产关系的领域，开始提倡资本主义的雇佣劳动制。在文化方面，建议设立新闻馆以报时事，破除陈规陋俗，提倡兴办学校、医院和社会福利事业。在外交方面，主张同外国平等交往、自由通商，但严禁鸦片输入。对于外国人，强调准其为国献策，但不得毁谤国法。

《资政新篇》是太平天国后期颁布的一个具有资本主义色彩的社会发展方案，在中国近代"向西方学习"，追求近代化的进程中，有比较重要的意义。洪秀全看到后，几乎逐条加以批示，对其中绝大部分条款表示赞同，并下令镌刻颁布。但其通篇未涉及农民问题和土地问题，因而限于当时的历史条件，未能付诸实施。

3. 从天京事变到太平天国败亡

太平天国起义者们想要建立一个以"天王"为首的农民政权。但是，在以小农业和家庭手工业相结合的分散的小生产的基础上，虽然可以建立暂时的劳动者政权，其身上不可避免地带有封建属性，最终还是会向封建专制政权演变。森严的等级制度，严格的尊卑等级界限，早已淹没了起义初期平等的兄弟之情。太平天国的领导人在定都天京后，逐渐开始在生活上追求享乐，在政治上争权夺利。洪秀全本人身居内宫，不思进取，天国大事均由"自恃功高，一切专擅"的东王杨秀清处理。

在太平军取得重大胜利的同时，太平天国内部潜在的矛盾和弱点也日益明显地暴露出来。1856 年 9 月，发生了太平天国内部自相残杀的天京事变。东王杨秀清、北王韦昌辉先后被杀，翼王石达开率部出走。天京事变严重地削弱了太平天国的领导和军事力量，成为太平天国由盛转衰的分水岭。

为重整纲纪，挽救危局，洪秀全提拔了英王陈玉成、忠王李秀成等一批具有军事才干的青年将领，1859 年又封洪仁玕为干王，总理朝政。但是，这已经无法从根本上挽回败局。洪秀全本人的保守和迷信思想也越来越严重，洪仁玕因被猜忌在 1861 年被剥夺了总理朝政的职权。当天京被湘军包围时，洪秀全拒绝了李秀成提出的"让城别走"另辟新根据地的建议，坚持死守天京。

1864 年 6 月，洪秀全病故。7 月，天京被湘军攻破。太平天国起义失败。

二、农民斗争的意义和局限

1. 太平天国农民起义的历史意义

太平天国起义虽然失败了，但它具有不可磨灭的历史功绩和重大的历史意义。

第一，太平天国起义沉重打击了封建统治阶级，强烈撼动了清政府的统治根基。这次起义坚持 14 载之久，起义军转战 18 省之多，并建立了与清王朝对峙的政权，规模之大，时间之久，影响之深，是历代农民起义无法比拟的。在太平天国的影响下，各地各族人民反清斗争风起云涌。如南方和东南沿海各省的天地会及其支派的起义，北方的捻军起义，西南、西北各族人民起义等。天京失陷后，太平天国余部仍坚持斗争达 4 年之久。这些斗争加速了清王朝的衰败。

第二，太平天国起义是中国旧式农民战争的最高峰。它把千百年来农民对拥有土地的渴望，在《天朝田亩制度》中比较完整地表达了出来。《资政新篇》则是中国近代历史上第一个比较系统的发展资本主义的方案，这反映了太平天国某些领导人在后期试图通过向外国学习来寻求出路的一种努力。因此，太平天国起义具有了不同于以往农民战争的新的历史特点。

第三，太平天国起义也冲击了孔子和儒家经典的正统权威，这在一定程度上削弱了封建统治的精神支柱。

第四，太平天国起义还有力地打击了外国侵略势力。太平天国的领袖们拒绝承认不平等条约，严禁鸦片贸易。尤其是当中外反动势力勾结起来向太平军举起屠刀时，他们毫不犹豫地同英、法军队和由外国军官组织和指挥的"常胜军""常捷军"进行英勇的斗争，使侵略者"呼救无人""梦魂屡惊"。

第五，在19世纪中叶的亚洲民族解放运动中，太平天国起义是时间最久、规模最大、影响最深的一次。它和其他亚洲国家的民族解放运动汇合在一起，冲击了西方殖民主义者在亚洲的统治。

金句　　自从一八四〇年鸦片战争失败那时起，先进的中国人，经过千辛万苦，向西方国家寻找真理。洪秀全、康有为、严复和孙中山，代表了在中国共产党出世以前向西方寻找真理的一派人物。

——毛泽东

2. 太平天国农民起义失败的原因和教训

太平天国农民起义动摇了清王朝封建统治的基础，有力地打击了西方资本主义侵略者，显示了农民阶级的反抗精神和战斗力量，然而，其失败的原因和教训也是深刻的。

太平天国失败的根本原因，是缺乏先进阶级的领导。农民阶级不是新的生产力和生产关系的代表，无法克服小生产者所固有的阶级局限性，无法从根本上提出完整的、正确的政治纲领和社会改革方案。

太平天国后期无法制止和克服领导集团自身腐败现象的滋生，领导集团的一些人在生活上追求享乐，在政治上争权夺利。太平天国诸王在建都后不久就大兴土木，建立豪华府邸。天王洪秀全养尊处优，沉迷声色；东王杨秀清自恃功高，一切专擅；诸王与部将及广大士兵关系逐渐疏离，诸王之间更是猜忌日生，无法长期保持领导集团的团结。这些都大大削弱了太平天国的向心力和战斗力。

太平天国军事战略上出现了重大失误。比如，没有解决好与捻军这一抗清斗争主力的关系，没有同他们结成同盟，以致丢失了在北方赖以发展的良机，使北伐军艰难支撑直至失败；在天京被围困的情况下死守孤城。拒绝"让城别走"，导致太平天国的最后失败。

太平天国没有科学理论的指导。它是以宗教来发动、组织群众的，但是，拜上帝教教义不仅不能正确指导斗争，而且给农民战争带来了危害。在太平天国后期，洪秀全甚至幻想不动刀兵而定"太平一统"，梦想以虚幻的力量代替农民起义者自身的努力。

太平天国也未能正确地对待儒学等传统文化。他们开始时把儒家经书笼统地斥之为"妖书"，后来虽主张将"四书""五经"删改后加以利用，但原封不动地保留了儒学中的封建纲常伦理原则。

太平天国的领袖们不承认不平等条约，这是很正确的。但他们不能把西方国家的侵略者与人民群众区别开来，而是笼统地把信奉天父上帝的西方人都视为"洋兄弟"，这说明他们对于西方资本主义侵略者还缺乏理性的认识。

太平天国起义及其失败表明，在半殖民地半封建的中国，农民具有伟大的革命潜力，但它自身不能担负起领导反帝反封建斗争取得胜利的重任。单纯的农民战争不可能完成争取民族独立和人民解放的历史任务。

如何看待农民小生产者的局限性？ 难点解析

第一，农民小私有者的特点，决定着农民阶级的自私性。这是和不占有任何生产资料的工人阶级相比较，工人阶级大公无私来自其不占有任何生产资料。而农民阶级（除失去土地的雇农外）则因为占有或多或少的土地等生产资料而具有一定的自私性。这种自私性，表现在农民运动过程中，会有诸多表现：如在定都天京后，洪秀全为天王，视"天国"为自家之物，把显官高爵滥封乱赏给自家兄弟和心腹之人，而不论其贤愚忠奸正邪，可谓"一人得道，鸡犬升天"。东王杨秀清自恃功高，专横跋扈，位居天王之下，称九千岁。他乘天王不理朝政之机，逐渐独揽大权，天国上层矛盾日益激化。

第二，小农经济的生产方式，决定了农民阶级的散漫性。小农经济的生产方式决定了农民阶级缺乏像城市中在近现代企业中劳作的工人阶级的组织纪律性。虽然农民"日出而作，日落而息"地辛苦劳作，但农耕劳作的方式毕竟松散，没有工厂工人那种时间观念和统一步调相互配合的观念。

第三，少有丰富的社会联系。一家一户，自给自足，决定了农民阶级的狭隘性。"鸡犬之声相闻，老死不相往来"是农民的生产和生活状态的形象写照，缺乏彼此之间以及与外界的必要联系，因此，农民阶级缺少对世界发展大势的追求和眼光。

第四，农耕作业的方式，决定了农民阶级的保守性。农耕生产总体上是经验型的生产，因此农民阶级不像在大机器生产环境下工作的城市工人阶级那样具有创新性和开拓性。

正是在上述意义上，马克思才形容农民"是由一些同名数相加形成的，好像一袋马铃薯是由袋中一个个马铃薯所集成的那样"，没有形成一股凝聚的力量。农民阶级需要一个袋子把他们团聚起来。这个袋子就是能够代表历史方向、引领农民阶级的先进阶级。装在袋子里的马铃薯无疑就不是一个个散落的马铃薯了！这个袋子就是先进阶级。

上述农民阶级的弱点或者说阶级局限性，表现在历次旧式农民战争中，太平天国农民运动亦不例外，这些局限性导致了太平天国农民运动的失败。

综上所述，太平天国农民战争的失败表明，在半殖民地半封建社会的中国农民具有巨大的革命潜力，是反帝反封建的主力军。但它自身不能担负起领导反帝反封建斗争取得胜利的重任。单纯的农民战争不可能为中国找到出路，不可能完成争取民族独立和人民解放的历史任务。旧式农民战争只有在先进的工人阶级及其政党——中国共产党——的领导下，才能转变为新式的农民革命运动，才能真正达到并实现农民阶级的愿望和要求。

第二节　洋务运动的兴衰

一、洋务事业的兴办

洋务运动是在 19 世纪 60 年代初第二次鸦片战争结束后，在清政府镇压太平天国起义与捻军起义的过程中兴起的。

1. 洋务派的形成

为了挽救清政府的统治危机，封建统治阶级中的部分成员如奕䜣、曾国藩、李鸿章、左宗棠、张之洞等，主张引进、仿造西方的武器装备和学习西方的科学技术，创设近代企业，以"自强""求富"为目标，兴办洋务。这些官员被称为"洋务派"。

洋务派兴办洋务事业，首先是为了购买和制造洋枪洋炮以镇压农民起义，同时也有借此加强海防、边防，并乘机发展本集团的政治、经济、军事实力的意图。奕䜣认为，太平天国、捻军等农民起义是"心腹之害"，俄国是"肘腋之患"，英国是"肢体之患"，所以剿灭太平军和捻军最为紧要，至于防俄和防英都可靠后处理。具体怎么办？奕䜣提出，根本的方法在于自强，而自强的方法首推练兵。

对洋务派兴办洋务事业的指导思想最先作出比较完整表述的是冯桂芬。他在《校邠庐抗议》一书中强调，为了应对西方的挑战，中国亟须进行改革。他提出了许多关于改革吏治的建议，提出必须改革科举制度，才能向西方学得科学和技术；建议对兵工厂和造船厂的优异工匠应授予举人的功名，对那些能改进西方产品的人应授予进士的功名。他表示要以中国的伦理道德为原本，辅之以西方的富国强兵之术。这个思想后来在张之洞的《劝学篇》中被进一步概括为"中学为体，西学为用"。所谓"中体西用"，就是以中国封建伦理纲常所维护的统治秩序为主体，用西方的近代工业和技术为辅助，并以前者来支配后者。

2. 洋务事业的举办

19世纪60至90年代，洋务派举办的洋务事业归纳起来有三方面：

第一，兴办近代企业

洋务派首先兴办的是军用工业，这些企业都是官办的。最早创办的是1861年的安庆军械所。此外，规模较大的有5个：1865年，曾国藩支持、李鸿章筹办的上海江南制造总局，是当时国内最大的兵工厂；同年，李鸿章在南京设立金陵机器局；1866年，左宗棠在福建创办的福州船政局（附设有船政学堂）是当时国内最大的造船厂；1867年，崇厚在天津建立天津机器局；1890年，张之洞在汉阳创办湖北枪炮厂。

江南机器制造总局和
湖北枪炮厂

洋务派还兴办了一些民用企业。这些企业除少数采取官办或官商合办的方式外，多数都采取官督商办的方式。其中最重要的官督商办企业有轮船招商局、开平矿务局、天津电报局和上海机器织布局，都是李鸿章筹办或控制的。这些官督商办的民用企业，虽然受官僚的控制，发展受到很大限制，但基本上是资本主义性质的近代企业。

第二，建立新式海陆军

19世纪60年代，京师和天津、上海、广州、福州等地的军队纷纷改用洋枪、洋炮，聘用外国教练。李鸿章的淮军、左宗棠的湘军也是用洋枪装备的军队。

1874年，日本派兵侵犯中国台湾，清政府筹办海防，建设海军之议随之兴起。19世纪70至90年代，分别建成福建水师、广东水师、南洋水师和北洋水师。其中北洋水师是清政府的海军主力，拥有舰艇20多艘，这支舰队一直归李鸿章管辖。

第三，创办新式学堂，派遣留学生

洋务派创办的新式学堂主要有三种：一为翻译学堂，如京师同文馆，主要培养翻译人才；二为工艺学堂，培养电报、铁路、矿务、西医等专门人才；三为军事学堂，如船政学堂等，培养新式海军人才。在创办新式学堂的同时，还先后派遣赴美幼童和官费赴欧留学生200多人。

二、洋务运动的历史作用及失败

1. 洋务运动的历史作用

洋务派提出"自强""求富"的主张，通过所掌握的国家权力集中力量优先发展军事工业，同时也试图发展若干民用企业以实现盈利，在客观上对中国的早期工业和民族资本主义的发展起了某些促进作用。但是，洋务派兴办洋务新政，主要是为了维护封建统治，并不是要使中国朝着独立的资本主义方向发展。

洋务运动时期，为了培养通晓洋务的人才，开办了一批新式学堂，派出了最早的官派留学生，这是中国近代教育的开始。与此同时，还翻译了一批近代自然科学书籍，给当时的中国带来了新的知识，使人们开阔了眼界。

洋务运动时期，伴随着资本主义生产方式的出现，传统的"重本抑末"等观念受到冲击，社会风气和价值观念开始变化，工商业者的地位上升。对一部分人来说，传统的"夷夏"观念也有改变，西方的各种技术和器物不再被当作"奇技淫巧"受到排斥，而是被视为模仿、学习的对象。这一切，都有利于资本主义经济的发展，也有利于社会风气的改变。

2. 洋务运动的失败及其原因

洋务运动历时 30 多年，虽然办起了一批企业，建立了海军，却没有使中国富强起来。甲午战争一役，洋务派经营多年的北洋海军全军覆没，标志着以"自强""求富"为目标的洋务运动的失败。洋务运动失败的原因主要是：

首先，洋务运动具有封建性。洋务运动的指导思想是"中学为体，西学为用"，企图以吸取西方近代生产技术为手段，来达到维护和巩固中国封建统治的目的，这就决定了它必然失败的命运。因为新的生产力是同封建主义的生产关系及其上层建筑不相容的，是不可能在封建主义的桎梏下充分地发展起来的。他们既要发展近代企业，却又采取垄断经营、侵吞商股等手段压制民族资本；既想培养洋务人才，又不愿改变封建科举制度。

其次，洋务运动对列强具有依赖性。洋务运动进行之时，清政府已与西方国家签订了一批不平等条约，西方列强正是依据种种特权，从政治、经济等各方面加紧对中国的侵略和控制，它们并不希望中国真正富强起来。而洋务派官员却一再主张对外"和戎"，其所兴办的企业一切仰赖外国，他们企图依赖外国来达到"自强""求富"的目的，无异于与虎谋皮。

最后，洋务企业的管理具有腐朽性。洋务派所创办的一些新式企业虽然具有一定的资本主义性质，但其管理基本上仍是封建衙门式的，使洋务企业缺乏应有的生机和活力。洋务派所办的军事工业完全由官方控制，经营不讲效益，造出的枪炮、轮船往往质量低下。即使是官商合办和官督商办的民用企业，其管理大多也是由政府专门派员，掌握用人理财种种大权，商人没有多少发言权，还要承担企业的亏损。企业内部极其腐败，充斥着营私舞弊、贪污受贿、挥霍浪费等官场恶习。例如，福州船政局的采办系统就存在大量侵吞公款的现象。此外，清朝统治集团中的顽固势力还多方阻挠，一提及修建铁路、电报等，就"痛心疾首"，群起而攻。

正因为如此，洋务运动不可能为中国摆脱贫弱找到出路，也不可能避免最终失败的命运。

第三节 维新运动的兴起和夭折

一、戊戌维新运动的开展

1. 维新派倡导救亡和变法的活动

19 世纪 90 年代以后，中国民族资本主义有了初步发展。1895—1898 年，出现了一个民族资本设厂的高潮，投资额万元以上的商办企业达 50 个，投资额 1200 万元。新兴的民族资产阶级迫切要求挣脱外国资本主义和国内封建势力的压迫和束缚，为在中国发展资本主义开辟道路。甲午战争的惨败，列强在华划分势力范围，民族危机急剧激化，从而激发了新的民族觉醒。而站在救亡图存和变法维新前列的，正是代表民族资本主义发展要求的知识分子。他们把向西方学习推进到一个新的高度，即不但要求学习西方的科学技术，而且要求学习西方资本主义的政治制度和思想文化。在内忧外患的冲击和中西文化的碰撞过程中，人们逐步形成了一个共识：要救国，只有维新，要维新，只有学外国。那时的外国只有西方资本主义国家是进步的，它们成功地建设了资产阶级的国家。日本向西方学习有成效，中国人也想向日本学。在这样的历史条件下，资产阶级的改良思想迅速传播开来，逐步形成为变法维新的思潮，并发展成一场变法维新的政治运动。

以康有为、梁启超、谭嗣同、严复等为主要代表人物的资产阶级维新派，采取了下列行动宣传维新主张：

第一，向皇帝上书。如康有为曾多次向光绪皇帝上书，他在 1895 年曾联合在京参加会试的 1300 多名举人共同发起"公车上书"。康有为成为倡导维新运动的旗手。

第二，著书立说。如康有为写了《新学伪经考》《孔子改制考》等著作，梁启超写了《变法通议》，谭嗣同写了《仁学》，严复翻译了赫胥黎的《天演论》等。

第三，介绍外国变法的经验教训。如康有为向光绪皇帝进呈了《日本变政考》《俄彼得变政记》《波兰分灭记》等书。

第四，办学会。著名的有强学会、南学会、保国会等。

第五，设学堂。重要的有康有为主持的广州万木草堂、梁启超任中文总教习的长沙时务学堂等。

第六，办报纸。影响最大的有梁启超任主笔的上海《时务报》、严复主办的天津《国闻报》以及湖南的《湘报》等。维新派以各种方式宣传变法主张，制造维新舆论，培养变法骨干，组织革新力量，而重点则放在争取光绪皇帝及其周围的帝党官员的支持上，希望通过他们自上而下地实行变法。

2. 维新派与守旧派的论战

当时，封建守旧派和反对改变封建政治制度的洋务派，利用自己的地位和权力，对维新思想发动攻击，斥之为"异端邪说"，指责康有为、梁启超等维新派人士是"名教罪人""士林败类"。于是维新派与守旧派之间展开了一场激烈论战。论战主要围绕以下三个问题展开：

第一，要不要变法。

守旧派坚持"祖宗之法不可变"，否则就是"违背天理"，有的人甚至主张"宁可亡国，不可变法"。而维新派则根据西方进化论的观点，认为自然界和人类社会都是不断发展变化的，"祖宗之法"必然要随着时代的变化而有所改变。他们提出变化是天下的公理法则，变化就能保全自己，不变则会亡国，全变能够强国，小变仍会亡国。只有维新变法，革除积弊，才能挽救中国所面临的危亡局面，以图求存和自强。

第二，要不要兴民权、设议院，实行君主立宪。

守旧派认为，民权之说有百害而无一益。一旦倡导则会天下大乱，使得纲纪不彰。维新派则运用西方资产阶级政治学说,对封建君主专制制度作了批判。谭嗣同指出君为末、民为本。严复甚至认为，国家是人民的公产，王侯将相不过是"通国之公仆隶"，而专制帝王则是"窃国者"。维新派还主张兴绅权，即首先要为正在向资产阶级转化的士绅争取政治地位；认为只有君主立宪制度才是当时中国理想的政治方案，要兴民权、设议院，实行君主立宪。

第三，要不要废八股、改科举和兴西学。

守旧派把西方近代科学技术斥为"奇技淫巧"。洋务派虽认为西方的军事和技术可以学习，但坚持封建的政治制度、科举八股，尤其三纲五常绝对不能触动。而维新派则痛斥八股取士的科举制度是统治者"牢笼天下"的愚民政策，因此要救中国必须废八股、改科举，办学堂、兴西学。

维新派与守旧派的这场论战，实质上是资产阶级思想与封建主义思想在中国的第一次正面交锋。论战所涉及的领域十分广泛，比较集中地反映了近代中国在文化思想领域中学和西学、新学和旧学之争，进一步开阔了新型知识分子的眼界，解放了人们长期受到束缚的思想。通过论战，西方资产阶级社会政治学说在中国得到进一步的传播，戊戌变法运动的帷幕随之拉开。

3. 昙花一现的百日维新

由于民族危机越来越严重，在维新派的推动和策划下，富有爱国心、想要有所作为但又无实权的年轻的光绪皇帝也希望通过变法维新来救亡图存，并从以慈禧太后为首的后党手中夺取统治大权。1898 年 6 月 11 日，他颁布了"明定国是"谕旨，宣布开始变法，并在此后的 103 天中，接连发布了一系列推行新政的政令，史称"戊戌变法"，又称"百日维新"。其内容归纳起来，包括下列方面：

政治方面：改革行政机构，裁撤闲散、重叠机构；裁汰冗员，澄清吏治，提倡廉政；提倡向皇帝上书言事；准许旗人自谋生计，取消他们享受国家供养的特权。

经济方面：保护、奖励农工商业和交通采矿业，中央设立农工商总局与铁路矿务总局，各省设立商务局；提倡开办实业，奖励发明创造；注重农业发展，提倡西法垦殖，建立新式农场；广办邮政，修筑铁路；开办商学、商报，设立商会等各类组织；改革财政，编制国家预决算。

军事方面：裁减旧式绿营兵，改练新式陆军；采用西洋兵制，练洋操，习洋枪等。

文化教育方面：创设京师大学堂，各省书院改为高等学堂，在各地设立中、小学堂；提倡西学，废除八股，改试策论，开经济特科；设立译书局，翻译外国书籍，派人出国留学；奖励新著，奖励创办报刊，准许自由组织学会。

"百日维新"期间颁布的各项政令大多是接受了维新派的建议而制定的，旨在开放一定程度的言论、出版、结社自由，使资产阶级享受一定程度的政治权利，促进资本主义工商业的发展，因此，戊戌维新是一场资产阶级性质的改良运动。但是，在光绪皇帝发布的新政诏令中，并没有采纳维新派多次提出的开国会、定宪法等政治主张。这些政令和措施并未触及封建制度的根本，所要推行的是一种十分温和的不彻底的改革方案。

维新派试图通过光绪皇帝推行的这种改革方案，遭到了封建守旧势力的激烈反对。光绪皇帝所颁布的新政命令，由于中央和地方守旧官僚们的抵制，大多未能付诸实施。聚集在慈禧太后周围的守旧势力力图对维新派进行反击和镇压。经过密谋策划，守旧势力于 1898 年 9 月 21 日发动政变，慈禧太后以"训政"的名义，重新独揽大权，将光绪皇帝软禁于中南海瀛台，同时下令搜捕维新人士。康有为、梁启超被迫逃亡海外。谭嗣同则拒绝了要他出走日本的劝告，坦然表示："各国变法，无不从流血而成；今日中国未闻有因变法而流血者，此国之所以不昌也。有之，请自嗣同始！" 9 月 28 日，谭嗣同、刘光第、林旭、杨锐、杨深秀、康广仁 6 人同遭杀害，史称"戊戌六君子"。临刑前，谭嗣同悲壮地说："有心杀贼，无力回天。死得其所，快哉快哉！"表现了为变法维新而献身的大无畏精神。

1898 年的"百日维新"如同昙花一现，只经历了 103 天就夭折了。除京师大学堂（北京大学的前身）被保留下来以外，其余新政措施大都被废除，维新派人士和参与或同情变法的官员，或被囚禁，或被革职，或遭放逐。戊戌维新运动宣告失败。以慈禧太后为首的保守势力扼杀维新变法的政变，史称"戊戌政变"。

袁世凯在戊戌政变中的作用

二、戊戌维新运动的意义和教训

1. 戊戌维新运动的意义

戊戌维新运动虽然失败了，但它在中国近代史上仍然有着重大的历史意义。

第一，戊戌维新运动是一次爱国救亡运动。维新派在民族危亡的关键时刻，高举救亡图存的旗帜，要求通过变法，发展资本主义，使中国走上富强的道路。维新派的政治实践和思想理论，不仅贯穿着强烈的爱国主义精神，而且推动了中华民族的觉醒。

第二，戊戌维新运动是一场资产阶级性质的政治改良运动。维新派突破洋务派"中体西用"思想的局限，主张用君主立宪制取代君主专制制度。戊戌维新运动虽然未能成功地建立起资本主义的君主立宪制度，其颁布的促进民族资本主义发展的若干措施也未能生效，但在政治、经济等领域一定程度上冲击了封建专制制度。

第三，戊戌维新运动更是一场思想启蒙运动。维新派大力传播西方资产阶级的社会政治学说和自然科学知识，宣传自由平等、社会进化观念，批判封建君权和封建纲常伦理，从而把顽固的封建主义思想壁垒打开了一个缺口，有利于民主思想在中国的传播，有利于人们的思想解放。在维新派的推动下，形成了广泛的文化革新运动。以维新运动为起点，资产阶级新文化开始打破封建文化独占文化阵地的局面。在教育方面，维新派主张采用西方近代教育制度，兴办新式学堂，这对中国近代教育的发展起了积极的推动作用。

第四，维新派在改革社会风习方面也提出了许多新的主张。如主张革除吸食鸦片及妇女缠足等恶俗陋习，提出"剪辫易服"的主张，倡导讲文明、重卫生等。

2. 戊戌维新运动失败的原因和教训

戊戌维新运动的失败，主要是由于维新派自身的局限以及以慈禧太后为首的强大的守旧势力的反对。当时民族资本主义经济力量还十分微弱，民族资产阶级的社会基础相当薄弱。民族资产阶级的政治代表维新派的势力更是非常弱小，很多人自身还保留着封建士大夫的痕迹。他们既没有严密的组织，也不掌握实权和军队，更没有去发动群众。这样，他们就只能把自己实行改革的全部希望寄托在一个没有实权的光绪皇帝身上。在这样的情况下，最终的结局只能是失败。

维新派本身的局限性突出地表现在以下三个方面：

首先，不敢否定封建主义。他们在政治上不敢根本否定封建君主制度，只是幻想依靠光绪皇帝以雷霆之势，通过和平、合法的手段，实现自上而下的改良，让资产阶级和开明士绅的代表参加政权，逐步实现君主立宪。在经济上，他们虽然要求发展民族资本主义，却未触及封建主义的经济基础——封建土地所有制。在思想上，他们虽然提倡学习西学，却仍要打着孔子的旗号，借古代圣贤之名"托古改制"。

其次，对帝国主义抱有幻想。 他们虽然大声疾呼救亡图存，却又幻想西方列强能帮助自己变法维新。维新派尖锐地揭露了俄国侵华的事实，却幻想依靠与英、日结成同盟来抵抗俄国。有人甚至建议聘请日本前首相伊藤博文来中国任维新的顾问。英、日帝国主义虽然表面上同情维新派，但实质上只是为了乘机扩大在华侵略势力，并寻找它们在中国的代理人，同时也是为了与俄国进行争夺。因此，在戊戌政变前夕，维新派分别乞求英、美、日公使的支持，结果都落了空。

最后，惧怕人民群众。 维新派的活动基本上局限于官僚士大夫和知识分子的小圈子。他们不但脱离人民群众，而且惧怕甚至仇视人民群众。康有为在每次上书中，都反复提醒光绪皇帝不要忘记人民反抗的危险。正因为没有人民力量作为后盾，所以当他们得悉守旧派要发动军事政变时，只得打算依靠掌有兵权的袁世凯，结果反被袁世凯出卖。而一旦守旧派操刀反击，维新派也就没有丝毫抵抗的能力。谭嗣同慷慨就义前的临终语"有心杀贼，无力回天"，正反映了这一点。"回天之力"存在于亿万民众之中，这是维新派的志士们所没有认识到的。

戊戌维新运动的失败表明，在半殖民地半封建的旧中国，企图通过统治者走自上而下的改良道路，是根本行不通的，必须用革命的手段，推翻帝国主义、封建主义联合统治的半殖民地半封建的社会制度。"戊戌六君子"流血的教训，促使一部分人放弃改良主张，开始走上革命的道路。随后，孙中山领导的资产阶级民主革命日益发展起来。

强化训练

一、单项选择题

1. 中国旧式农民战争的最高峰是（　　）

A. 义和团运动　　　　　　　　B. 三元里人民抗英斗争

C. 太平天国运动　　　　　　　D. 反教会斗争

2. 太平天国领袖洪秀全创立的宗教是（　　）

A. 基督教　　　B. 拜上帝教　　　C. 白莲教　　　D. 萨满教

3. 太平天国失败的根本原因是（　　）

A. 农民阶级的局限性　　　　　B. 战略失误导致北伐失利

C. 遭到中外反动势力的联合绞杀　　D. 领导集团的内部斗争

4. 以下内容不属于《资政新篇》的是（　　）

  A. 各省设新闻馆   B. 提倡兴办新式学校

  C. 严禁买卖人口和吸食鸦片   D. 撤并政府机构，裁汰冗员

  5. 太平天国运动的革命纲领是（　　　）

  A.《四洲志》   B.《定国是诏》

  C.《应诏统筹全局折》   D.《天朝田亩制度》

  6. 太平天国正式建立起与清政府对峙的农民政权开始于（　　　）

  A. 金田起义   B. 永安建制

  C. 洪秀全东乡称天王   D. 定都天京

  7. 太平天国运动面对着中国历史上历次农民战争所不曾有的新情况，"新情况"是指（　　　）

  A. 尖锐的阶级矛盾   B. 满汉地主阶级的共同镇压

  C. 内讧导致力量削弱   D. 中外反动势力的联合镇压

  8. 洋务运动是在（　　　）结束后，在清政府镇压太平天国起义与捻军起义的过程中兴起的

  A. 第一次鸦片战争   B. 第二次鸦片战争

  C. 中法战争   D. 甲午战争

  9. 以下不属于洋务运动代表人物的是（　　　）

  A. 曾国藩   B. 奕䜣   C. 左宗棠   D. 袁世凯

  10. 1865 年，曾国藩支持、李鸿章筹办的（　　　），是当时国内最大的兵工厂

  A. 上海江南制造总局   B. 金陵机器局

  C. 福州船政局   D. 天津机器局

  11. 在 19 世纪 70 至 90 年代建成的水师中，（　　　）是清政府的海军主力，拥有舰艇 20 多艘

  A. 福建水师   B. 广东水师   C. 南洋水师   D. 北洋水师

  12. 洋务运动后期，洋务派打出的旗号是（　　　）

  A. "师夷长技以制夷"   B. "自强"

  C. "扶清灭洋"   D. "求富"

  13. 对洋务运动的下列评价中，不正确的是（　　　）

  A. 客观上刺激中国资本主义的发展

  B. 对外国经济的扩张起了一些抵制作用

  C. 使中国走上资本主义道路

  D. 引进西方先进技术，培养了一批科技人才

  14. 1895 年，（　　　）联合在京参加会试的 1300 多名举人共同发起"公车上

书",成为倡导维新运动的旗手

    A. 康有为   B. 梁启超   C. 谭嗣同   D. 严复

    15. 维新派同顽固派论战的问题不包括（   ）

    A. 要不要提倡西学   B. 要不要兴民权，实行君主立宪

    C. 要不要变法   D. 要不要社会革命

    16. 戊戌政变后，新政中被保留下来的只有（   ）

    A. 农工商总局   B. 京师大学堂

    C. 译书局   D. 铁路矿务局

    17. 下列对戊戌变法的评价中，不正确的是（   ）

    A. 是中国近代史上首次思想解放运动

    B. 是一次资产阶级的改良运动

    C. 是一次救亡图存的爱国运动

    D. 具有广泛群众基础的变法运动

    18. 由于民族危机越来越严重，在维新派的推动和策划下，1898 年 6 月 11 日，光绪皇帝颁布了"明定国是"谕旨，宣布开始变法，并在此后的 103 天中，接连发布了一系列推行新政的政令，史称"戊戌变法"，又称"百日维新"。戊戌变法是一场资产阶级性质的改良运动，这是因为变法的政令（   ）

    A. 触及了封建制度的根本

    B. 采纳了维新派提出的开国会等政治主张

    C. 一定程度上反映了资产阶级的政治和经济诉求

    D. 带有彻底性和不妥协性

    19. 戊戌维新运动突出的历史功绩在于（   ）

    A. 挽救民族危亡   B. 推动政治改革

    C. 发展社会经济   D. 促进思想启蒙

    20. 下面最能体现维新派的政治主张的是（   ）

    A. 中体西用   B. 君主立宪   C. 预备立宪   D. 民主共和

二、简答题

1.《天朝田亩制度》的主要内容是什么？具有什么样的历史意义？

2.《资政新篇》的主要内容是什么？取得了怎样的实施效果？

3. 洋务派兴办的民用工业有哪些？

4. 维新派宣传维新主张采取了哪些行动？

5. 维新派与守旧派的论战主要围绕哪些问题展开？

6. "百日维新"的内容是什么？

强化训练
参考答案

三、论述题

1. 如何认识太平天国农民战争的意义和失败的原因及教训?

2. 如何认识洋务运动的性质和失败的原因及教训?

3. 如何认识戊戌维新运动的意义和失败的原因及教训?

本章拓展资源

第三章 辛亥革命与君主专制制度的终结

结构导图

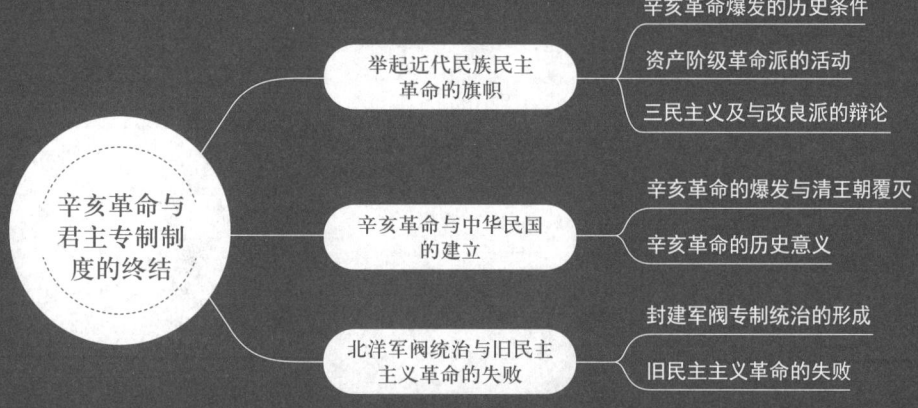

自学指导

一、学习目标

1. 识记：孙中山与兴中会的建立；中国同盟会；"黄花岗起义"；保路风潮；武昌起义；《中华民国临时约法》；袁世凯与复辟帝制；"二次革命"。

2. 领会：清末"新政"及其破产；三民主义学说；革命与改良的辩论；资产阶级革命派的阶级基础和骨干力量；南京临时政府的性质；辛亥革命推翻帝制、建立民国的历史意义。

3. 应用：辛亥革命的历史意义；资产阶级共和国方案在中国行不通。

二、学习重点难点

（1）了解辛亥革命爆发的社会历史条件；（2）认识辛亥革命胜利的历史意义及其失败原因；（3）了解北洋军阀的统治，认识旧民主主义革命让位于新民主主义革命是历史发展的必然趋势。

三、自学建议

本章内容在中国近现代史中十分重要，是了解近代中国巨变的核心内容之一。资产阶级改良运动屡屡碰壁之后，孙中山领导的资产阶级革命运动开始走上历史舞台，通过辛亥革命推翻了清王朝统治，结束了统治中国几千年的封建君主专制制度，开创了完全意义上的近代民族民主革命，为实现中华民族伟大复兴探索了道路。学生在复习中应引起足够重视，了解辛亥革命爆发的历史条件，掌握三民主义的内涵与局限，领会辛亥革命胜利的意义和失败原因，认识旧民主主义的终结。学生可以在熟悉本章框架逻辑的基础上，将文中标题作为简答题题目，尝试找出答案，并进行记忆。建议用4学时完成本章内容的自学和复习。

第一节 举起近代民族民主革命的旗帜

一、辛亥革命爆发的历史条件

1. 民族危机加深，社会矛盾激化

这场革命的发生，是当时民族危机加深、社会矛盾激化的结果，具有历史的必然性。它是当时中国人民争取民族独立、振兴中华深切愿望的集中反映，是当时中国人民为救亡图存而顽强斗争的集中体现。

一方面，列强对华侵略日益扩大，民族危机加深。20 世纪初，帝国主义迫使中国签订《辛丑条约》，加强对清政府的政治控制，扩展在华经济势力。在华投资规模急速扩张，铁路、矿山等的利权更成为帝国主义掠夺的重要目标。1903 年至 1904 年，英国派兵侵入中国西藏地区。1904 年至 1905 年，日、俄两国为了争夺在华利益竟然在中国东北进行战争，清政府却宣称"局外中立"。结果，日本战胜俄国，俄国将所攫得的中国东北南部所有特权"转让"给日本。

另一方面，社会矛盾激化，民变四起。为了对外支付巨额赔款，十多年间清政府的财政开支激增 4 倍之多。在清朝的最后几年，旧税追加，新税层出不穷，各级官吏中饱私囊，以致民怨沸腾。1902 年至 1911 年间，各地较大规模的民变多达 1300 余起。其中包括各阶层人民的反洋教斗争，农民、手工业者的抗租、抗捐、抗税斗争，工人的罢工斗争，商人的罢市斗争等。在一些运动中，资产阶级开始成为主要的角色。这些情况说明，随着晚清政局的演变，人民群众已经不能照旧生活下去了。

2. 清末"新政"及其破产

革命酝酿之际，正是清政府处于内外交困之时。1901 年《辛丑条约》的签订，标志着以慈禧太后为首的清政府彻底放弃了抵抗外国侵略者的念头，甘当"洋人的朝廷"。国人对清政府更为失望，要求变革的呼声日渐高涨。为了摆脱困境，清政府于 1901 年 4 月成立督办政务处，宣布实行"新政"。

"新政"涉及面很宽。一是改革官职，整饬吏治。1901 年总理衙门改为外务部，位列六部之首，新设商部、学部和巡警部等中央部门；二是改革兵制，训练新军，各省筹备武备学堂，裁汰绿营；三是改革学制，提倡新学，从 1906 年起废除科举考试；四是奖励工商业，颁布商法、商律，奖励实业。

迫于内外压力，清政府于 1906 年宣布"预备仿行宪政"，并于 1908 年颁布了《钦定宪法大纲》，制定了一个仿效日本实行君主立宪的方案，规定了 9 年的预备立宪期限。

预备立宪并没有能够挽救清王朝，反而激化了社会矛盾。主要原因在于，清政府改革的根本目的是延续其反动统治。为了巩固皇权，清政府迟迟不答应

资产阶级立宪派提出的关于速开国会的要求,还镇压了立宪派的国会请愿运动,借立宪名义加强皇权。1911 年 5 月,在新成立的责任内阁里,13 名大臣中满族就有 9 人,其中皇族占 7 人,被讥为"皇族内阁"。这不仅使立宪派大失所望,也使统治集团内部因满汉矛盾和中央与地方矛盾的尖锐而分崩离析。

3. 资产阶级革命派的阶级基础和骨干力量

中国的资产阶级民主革命是以孙中山为首的资产阶级革命派率先发动的。阶级基础是中国民族资产阶级。

19 世纪末 20 世纪初,中国民族资本主义得到初步发展。据统计,1895 年至 1911 年间,新设立的资本额超过万元的民族资本厂矿达 800 家,资本额超过 1.6 亿元。随着这类企业数量的增多和规模的扩大,民族资产阶级及与它相联系的社会力量有了明显的发展。为了冲破帝国主义、封建主义的桎梏,发展资本主义,他们需要自己政治利益的代言人和经济利益的维护者。这正是资产阶级革命派形成的阶级基础。

资产阶级革命派的骨干是一批资产阶级、小资产阶级知识分子。这个知识分子群体的出现与戊戌维新运动及 20 世纪初清政府兴学堂、派留学生的措施有关。他们接触到近代西方资本主义的思想文化,开始摸索救国救民的新道路。大批青年知识分子留学日本、欧美,对世界大势与国内民族危机有了更敏锐的认识,成为辛亥革命的中坚力量。

二、资产阶级革命派的活动

1. 孙中山与资产阶级民主革命的开始

1894 年,孙中山北上向李鸿章上书,提出"人能尽其才,地能尽其利,物能尽其用,货能畅其流"的主张,但是李鸿章并没有重视他的意见。孙中山在北上京津的过程中,发现清政府的腐败远超预期,从此放弃改良主张。同年 11 月,孙中山到檀香山组建中国第一个革命团体兴中会,誓词是"驱除鞑虏,恢复中国,创立合众政府"。

1895 年,孙中山在广州举行武装起义,失败后流亡海外,继续从事反清革命活动。1904 年,孙中山发表《中国问题的真解决》一文,指出只有推翻清王朝的统治,建立"中华民国"才能解决中国问题。

2. 资产阶级革命派的宣传与组织工作

历史进入 20 世纪,各种宣传革命的书籍报刊纷纷涌现,民主革命思想得到广泛传播。1903 年,章炳麟发表《驳康有为论革命书》,歌颂革命为"启迪民智,除旧布新"的良药,强调中国人民完全有能力建立民主共和制度。留日学生邹容写成《革命军》,热情讴歌革命,号召人民推翻清朝统治,建立"中

董必武:《在辛亥革命五十周年纪念大会上的讲话》

华共和国"。陈天华写成《警世钟》《猛回头》两本小册子,揭露清政府已经成了帝国主义统治中国的工具,号召人民奋起革命,推翻清政府这个"洋人的朝廷"。

继兴中会之后,其他革命团体也在各地陆续成立。从 1904 年开始,出现了十多个革命团体,其中影响较大的有华兴会、科学补习所、光复会、岳王会等。这些革命团体的建立,为成立全国性的资产阶级政党提供了条件。

中国早期资产阶级革命团体

成立时间	名称	主要成员	领导人	成立地点
1894 年	兴中会	华侨和会党	孙中山	檀香山
1904 年	华兴会	留学生和学界	黄兴、宋教仁	湖南长沙
1904 年	光复会	留学生和学界	蔡元培	上海
1905 年	岳王会	新军、学生	陈独秀	安徽芜湖
1906 年	日知会	学界和新军	刘静庵	湖北武昌

1905 年 8 月 20 日,中国同盟会在日本东京成立。孙中山被推为总理,黄兴被任命为执行部庶务,主持会内日常工作。同盟会以《民报》为机关报,并确定纲领为"驱除鞑虏,恢复中华,创立民国,平均地权"。这是近代中国第一个资产阶级性质的全国性政党。同盟会的成立,标志着中国资产阶级民主革命进入一个新的阶段。

三、三民主义及与改良派的辩论

1. 三民主义

1905 年 11 月,在《民报》发刊词中,孙中山将同盟会纲领概括为民族主义、民权主义、民生主义,后被称为三民主义。

民族主义包括"驱除鞑虏,恢复中华"两项内容。一是要以革命手段推翻清王朝,改变它一贯推行的民族歧视和压迫政策;二是建立中华民族"独立的国家"。孙中山指出,民族主义不是简单的排满,不是针对一切满人,而是要结束清政府的专制统治及其媚外政策。

但是,他们没有正面提出反对帝国主义的主张,甚至幻想承认不平等条约"继续有效",用来换取列强对自己的支持,没有明确地把汉族军阀、官僚、地主作为革命对象,从而给了这部分人后来破坏革命以可乘之机。

民权主义的内容是"创立民国",即推翻封建君主专制制度,建立资产阶级民主共和国。孙中山强调,政治革命应当与民族革命并行。政治革命是扫除"恶劣政治的根本",从而把斗争矛头直接指向集国内民族压迫与封建专制统治于一身的清政府。不过,民权主义强调要建立民主共和国,却忽略了广大劳动群众在国家中的地位，难以使人民的民主权利得到真正的保证。

民生主义指的是"平均地权"，也就是社会革命。孙中山主张：核定全国土地的地价，其现有之地价，仍属原主；革命后的增价，则归国家，为国民共享。国家还可按原定地价收买地主的土地。他试图探讨一种一劳永逸的办法，既使中国富强，又避免贫富悬殊。为此，他希望"举政治革命、社会革命毕其功于一役"。然而，"平均地权"的主张没有正面触及封建土地所有制，不能满足广大农民的土地要求，在革命中难以成为发动广大工农群众的理论武器。

三民主义学说，初步描绘资产阶级共和国的蓝图，是一个比较完整的资产阶级民主革命纲领，推动了革命思想的传播和革命运动的发展。

难点解析　　三民主义是孙中山辛亥革命的指导思想，分民族主义、民权主义、民生主义三部分。民族主义指的是推翻清王朝的统治；民权主义主张建立共和国，是核心；民生主义是要实现人民的富裕，平均地权。

典型例题　　在孙中山的思想中，"平均地权""节制资本"属于（　　　　）

A. 民族主义　　　　　　　　　　B. 民主主义

C. 民权主义　　　　　　　　　　D. 民生主义

2. 关于革命与改良的辩论

1905 年至 1907 年，围绕究竟采用革命手段还是改良方式这个问题，革命派与改良派分别以《民报》《新民丛报》为主要舆论阵地，展开了一场大论战。这场论战主要围绕以下问题展开。

一是要不要以革命手段推翻清王朝。这是论战的焦点。改良派认为，革命会引起下层社会暴乱，招致外国的干涉、瓜分，使中国"流血成河"，所以不能革命，只能改良、立宪。革命派针锋相对地指出，清政府已沦为帝国主义的"鹰犬"，爱国必须革命；革命不免流血，但可"救世救人"，是疗治社会的捷径；革命就是为了建设，破坏与建设是革命的两个方面。

二是要不要推翻帝制，实行共和。改良派认为，中国"民智未开"，没有发展民主政治的能力，如果实行，非亡国不可。革命派指出，不是"国民恶劣"，而是清政府恶劣。民主共和是大势所趋，人心所向。拯救中国必须取法乎上，直接推行民主制度。中国国民自有颠覆专制制度、建立民主共和的能力。

三是要不要进行社会革命。改良派反对土地国有，反对平均地权。他们自称中国社会经济组织优良，美化封建土地所有制。革命派指出，当时的中国存在着"地主强权""地权失平"的现象，必须通过平均地权以实现土地国有，完成社会革命，避免贫富不均等社会问题的出现。

通过这场论战，划清了革命与改良的界限，传播了民主革命思想，促进了革命形势的发展。同时，这场论战也暴露了革命派的弱点。第一，他们主张推翻清政府，但希望通过"有秩序的革命"避免帝国主义的干涉。第二，他们所说的"国民"，主要指资产阶级及其知识分子，而不是广大的劳动群众。第三，对是否废除封建土地所有制语焉不详，并且反对贫苦农民"夺富人之田为己有"。这种局限影响了辛亥革命的进程和结局。

孙中山：《建国方略》

第二节　辛亥革命与中华民国的建立

一、辛亥革命的爆发与清王朝覆灭

1. 武装起义与保路风潮

孙中山领导的同盟会不仅提出了革命纲领，还进行实际的革命活动，先后发动了多次武装起义。其中影响最大的是 1911 年 4 月 27 日举行的广州起义。当天，黄兴率敢死队 120 余人在广州举行起义，大部在激战中牺牲。其中 72 位烈士的遗骸被葬于黄花岗，史称"黄花岗起义"。

同年 5 月，清政府宣布"铁路干线收归国有"，并与四国银行团订立粤汉、川汉铁路借款合同，借"国有"名义把铁路利权出卖给帝国主义，同时借此"劫夺"商股。这激起了湖北、湖南、广东、四川四省的保路风潮，其中以四川为最烈。署理四川总督赵尔丰竟下令向手无寸铁的请愿群众开枪，造成"成都血案"。广大群众忍无可忍，在同盟会会员的参与下，掀起了全川的武装暴动。

2. 武昌首义与各地响应

由于革命形势已经成熟，湖北新军中的共进会和文学社两个革命团体决定联合行动，在武昌举行武装起义。

1911 年 10 月 10 日晚，驻武昌的新军工程第八营的革命党人打响了起义的第一枪。起义军血战通宵，最终占领武昌，取得首义的胜利，3 天之内光复武汉三镇，成立湖北军政府，推黎元洪为都督。

武昌起义掀起了辛亥革命的高潮，大江南北到处燃起革命的烈火。在一个月内，就有 13 个省以及上海和许多州县宣布起义，脱离清政府的统治。腐朽的清王朝迅速土崩瓦解。1912 年 2 月 12 日，清帝被迫退位。延续了两千多年的封建君主专制制度终于覆灭。

在武昌起义和各省政权更迭的过程中，革命派既表现出了革命性和勇敢精神，又暴露出了软弱性和妥协态度。一是革命党人主动将权力让给立宪派或旧官僚；二是在一些省份，旧官僚和立宪派改头换面维持旧政权；三是部分革命党人蜕变为新军阀。这就意味着，革命的基础并不牢固，在它的内部和外部都潜伏着深刻的危机。

3. 中华民国临时政府宣告成立

1911 年底，孙中山从海外回到上海。"独立"各省的代表在南京选举孙中山为临时大总统。1912 年元旦，孙中山在南京宣誓就职，改国号为中华民国，定为民国元年，并成立中华民国临时政府。

南京临时政府是一个资产阶级共和国性质的革命政权。

第一，资产阶级革命派在这个政权中占有领导和主体的地位。孙中山作为临时大总统拥有统治全国和统率海、陆军之权，陆军、外交等重要部的总长和所有各部的次长全由革命党人担任。在作为国家立法机关的临时参议院中，同盟会成员也占多数。

第二，南京临时政府制定的各项政策措施，集中代表和反映了民族资产阶级的愿望和利益。例如：扫除种种封建弊端，保护人权；鼓励发展资本主义工商业，提倡兴办工厂、矿山、银行、垦殖事业等；宣布禁止刑讯，保护华侨、禁止贩卖华工，禁止买卖人口、废除奴婢，禁止鸦片等；宣布改革文化教育制度，否定忠君尊孔教育，废止小学读经，禁用清政府颁行的各种教科书等。

南京临时政府也有它的局限性。一是试图承认不平等条约和外债，来换取列强承认中华民国。二是没有提出可以满足农民土地要求的政策和措施，反而以保护私有财产为借口，维护封建土地制度以及官僚、地主所占有的土地和财产。

4.《中华民国临时约法》

1912 年 3 月，临时参议院颁布《中华民国临时约法》（以下简称《临时约法》）。这是中国历史上第一部具有资产阶级共和国宪法性质的法典。

《临时约法》规定，"中华民国之主权属于国民全体"，而"以参议院、临时大总统、国务员、法院行使其统治权"。

《临时约法》规定，参议院行使立法权，参议员由各省选派。临时大总统代表临时政府总揽政务。国务总理及各部总长称国务员，辅佐临时大总统负其责任。法院行使司法权。参议院有权弹劾大总统和国务员。

《临时约法》还规定，中华民国国民一律平等，享有人身、财产、集会、结社、出版、言论等自由，享有请愿、陈诉、考试、选举与被选举等民主权利。

这样，《临时约法》就以根本大法的形式废除了两千多年来的封建君主专制制度，确认了资产阶级共和国的政治制度。

二、辛亥革命的历史意义

在近代历史上，辛亥革命是中国人民为救亡图存、振兴中华而奋起革命的一座里程碑，它使中国发生了历史性的巨变，具有伟大的历史意义。

第一，辛亥革命推翻了清王朝的统治，沉重打击了中外反动势力。在这以后，帝国主义和封建势力在中国再也不能建立起比较稳定的统治，从而为中国人民斗争的发展开辟了道路。

第二，辛亥革命结束了中国延续两千多年的封建君主专制制度，建立了中国历史上第一个资产阶级共和政府，使民主共和的观念开始深入人心。

第三，辛亥革命推动了中国人民的思想解放。激发了人民的爱国热情和民族觉醒，打开了禁锢思想进步的闸门。

第四，辛亥革命推动了近代中国的社会变革。推动了民族资本主义经济的发展，男子剪辫、女子放足之风迅速席卷全国。这些变化不仅改变了社会风气，也有助于人们的精神解放。

第五，辛亥革命打击了帝国主义的侵略势力，推动了亚洲各国民族解放运动的高涨。

习近平：《在纪念孙中山先生诞辰 150 周年大会上的讲话》

第三节　北洋军阀统治与旧民主主义革命的失败

一、封建军阀专制统治的形成

1. 袁世凯窃国，辛亥革命流产

辛亥革命取得了巨大的成功，但仍以失败而告终。北洋军阀首领袁世凯在帝国主义和国内反动势力以及附从革命的旧官僚、立宪派的共同支持下，窃夺了辛亥革命的果实。

武昌起义后，袁世凯以武力压迫革命派。帝国主义列强调动军舰在长江游弋，为袁世凯助威，并攻击孙中山"缺乏管理国家的经验"。立宪派、旧官僚等则从内部施加压力，大造大总统职位"非袁莫属"的舆论。孙中山不得不表示只要清帝退位、袁世凯宣布拥护共和，就可以把临时大总统的职位让给他。

袁世凯得到许诺后，加紧"逼宫"。1912 年 2 月 12 日，清帝退位。次日，袁世凯致电临时政府，宣布赞成共和，孙中山向参议院提出辞职咨文，但附以南京为首都、总统在南京就职、遵守约法三个条件，力图以此制约袁世凯。袁世凯不肯离开其北京老巢，指使部下在北京发动"兵变"，西方列强也调兵进京配合。3 月 10 日，袁世凯在北京就职。4 月 1 日，孙中山正式卸去临时大总统职务。

毛泽东在《青年运动的方向》（1939 年）一文中对辛亥革命的评价

2. 北洋军阀的专制统治

袁世凯窃夺辛亥革命的果实之后，建立了代表大地主和买办资产阶级利益的北洋军阀反动政权。

首先，在政治上，北洋政府实行军阀官僚的专制统治。以袁世凯为首的封建军阀大力扩充军队，建立特务、警察系统。他们制定《暂行新刑律》《戒严法》等一系列反动法令，剥夺《临时约法》赋予人民的各种政治权利。

另一方面，袁世凯毁弃资产阶级民主制度。1913 年 3 月，他指使心腹收买刺客暗杀了宋教仁。10 月，强迫议员投票选举他为正式大总统。11 月，下令解散国民党，致使国会不足法定人数，无法开会。1914 年 1 月，宣布停止参议院、众议院两院议员的职务，遣散议员。5 月，他公然撕毁《临时约法》，炮制了一个《中华民国约法》，用总统制取代内阁制。不久，他又通过修改《总统选举法》，使大总统不仅可以无限期连任，而且可以推荐继承人。这样，袁世凯形同封建君主，中华民国只剩下一块空招牌了。

军阀们为了实行专制统治，不惜投靠帝国主义。1915 年 5 月，为了让日本支持复辟帝制，袁世凯竟然基本接受日本提出的严重损害中国权益的"二十一条"要求。

为了达到专制独裁的目的，袁世凯公然进行帝制复辟活动。1915 年 12 月 12 日，袁世凯发表接受帝位申令。31 日，下令以 1916 年为"中华帝国洪宪元年"，准备在元旦举行登基大典。因遭到举国反对，其只当了 83 天皇帝就被迫取消帝制和洪宪年号。1917 年 6 月，前清官僚张勋率"辫子军"北上，拥废帝溥仪复辟，仅 12 天就在全国人民的声讨中失败了。

其次，在经济上，北洋政府竭力维护帝国主义、地主阶级和买办资产阶级的利益。军阀、官僚本身就是大地主，他们还以各种手段兼并土地。许多自耕农和半自耕农陷入破产和丧失土地的境地，变成佃农和雇农。

军阀与官僚还借助于政治势力，组成官僚买办资本集团，操纵、垄断财政金融和工业、运输业。如以梁士诒为首的交通系集团，控制了铁路和交通银行。交通银行具有代理国库、发行纸币的特权，为北洋政府经理外债、内债和税收，还直接控制了一些工矿企业。

再次，在文化思想方面，尊孔复古猖獗一时。1913 年 6 月，袁世凯向全国发布《通令尊崇孔圣文》。不久，又命令全国恢复祀孔、祭孔典礼，恢复跪拜礼节，中、小学恢复尊孔读经。一些清朝遗老遗少、保守分子攻击民主共和，宣传封建伦常，甚至要求将孔教定为"国教"。

总之，北洋政府从政治上、经济上和文化思想上对辛亥革命进行了全面的倒行逆施，中国重新落入了黑暗的深渊。

二、旧民主主义革命的失败

1. 挽救共和的努力及其受挫

孙中山一度受到袁世凯的欺骗。1913 年宋教仁被刺后，他看清了袁世凯的真面目，发动武装反袁的"二次革命"。敌人在军事上占绝对优势，国民党方面缺乏兵力和财力，内部意见又不一致，斗争只坚持了两个月就失败了。

1914 年，孙中山在日本组织中华革命党，坚持反袁武装斗争。中华革命党提不出能够动员群众的纲领，入党者又须宣誓绝对服从孙中山个人，带有强烈的宗派性，脱离群众，参加的人数很少，社会影响有限。

1915 年 12 月 25 日，蔡锷等人在云南组织"护国军"，宣布"独立"，发动护国战争，很快形成席卷半个中国的护国运动。

皖系段祺瑞掌握北洋政府后，拒绝恢复《临时约法》和国会。1917 年 7 月，孙中山率领部分国会议员南下。9 月，在广州成立以孙中山为大元帅的护法军政府，并出师北伐，发动第一次护法战争。不久，西南军阀与直系军阀勾结，擅自实行停战，并且排挤孙中山，改组军政府。1918 年 5 月 21 日，孙中山愤然离开广州去上海。护法运动的失败，使他认识到"南与北如一丘之貉"，想依靠南方军阀来反对北洋军阀，是行不通的。

1919 年 10 月，孙中山将中华革命党改组为中国国民党。1921 年统一两广，发布北伐令，发动第二次护法战争。1922 年 6 月，陈炯明炮轰孙中山的驻地，孙中山登上永丰舰，奋起反击。8 月 9 日，孙中山离开广州前往上海。第二次护法战争失败。

孙中山并没有找到中国的真正出路。中国的旧民主主义革命已经陷入绝境，中国民族资产阶级再也不能领导中国革命前进了。

2．辛亥革命失败的原因和教训

辛亥革命只把一个皇帝赶跑，中国仍旧在帝国主义和封建主义的压迫之下，反帝反封建的革命任务并没有完成。

难点解析

"辛亥革命的胜利"指的是推翻了清王朝，结束了两千多年的封建君主专制制度。但这一果实马上被袁世凯窃取了，袁世凯窃夺辛亥革命的胜利果实之后，建立了代表大地主和买办资产阶级利益的北洋军阀反动统治，不惜投靠帝国主义。北洋军阀政府从政治、经济和文化思想上对辛亥革命进行了全面的抹杀。革命派想在中国建立一个独立、民主的资产阶级共和国的梦想破灭了。毛泽东所说的"只把一个皇帝赶跑"指的就是辛亥革命没有完成反帝反封建的革命任务，辛亥革命失败后，以孙中山为代表的革命派继续反对封建军阀的专制统治，努力挽救共和制度，但还是以失败告终。

典型例题

毛泽东在谈到辛亥革命时指出，"有它胜利的地方，也有它失败的地方。你们看，辛亥革命把皇帝赶跑，这不是胜利了吗？说它失败，是说辛亥革命只把一个皇帝赶跑"。毛泽东这里所说的"只把一个皇帝赶跑"是指（　　　）

A．没有推翻帝制

B．反帝反封建的革命任务没有完成

C. 孙中山没有继续革命

D. 袁世凯窃夺了胜利果实

辛亥革命为什么会失败?

从根本上说,是因为在帝国主义时代,在半殖民地半封建的中国,资本主义的建国方案是行不通的。帝国主义决不容许中国建立一个独立、富强的资产阶级共和国,从而使自己失去中国这个被剥削、奴役的对象。帝国主义与以袁世凯为代表的大地主大买办势力以及旧官僚、立宪派一起勾结起来,从外部和内部绞杀了这场革命。

这场革命之所以失败,从主观方面来说,在于它的领导者资产阶级革命派本身存在着许多局限性。主要是:

第一,没有提出彻底的反帝反封建的革命纲领。不仅没有明确的反帝纲领,甚至幻想以妥协退让来换取帝国主义对中国革命的承认和支持。他们只强调反满和建立共和政体,并没有认识到必须反对整个封建统治阶级,甚至还把政权拱手让给了袁世凯。

第二,不能充分发动和依靠人民群众。由于中国民族资产阶级同封建势力有千丝万缕的联系,因而不敢依靠反封建的主力军农民群众。在革命的过程中,正因为中国民主革命的主力军农民没有被动员起来,这个革命的根基就显得相当单薄。

第三,不能建立坚强的革命政党。同盟会内部的组织比较松懈,派系纷杂,缺乏一个统一和稳定的领导核心。孙中山指出:辛亥革命之所以失败,"非袁氏兵力之强,实同党人心之涣"。

资产阶级革命派的这些弱点、错误,根源于中国民族资产阶级的软弱性和妥协性。辛亥革命的失败表明,资产阶级共和国的方案没有能够挽救中国,先进的中国人需要进行新的探索,为中国谋求新的出路。

强化训练

一、单项选择题

1. 1903 年至 1904 年,英国派兵侵入中国(　　)地区,中华民族危机加深

A. 广东　　　　　B. 广西　　　　　C. 新疆　　　　　D. 西藏

2. 在 1902 年至 1911 年间各阶层人民各种斗争中,(　　)开始成为一些运动的主要角色

A. 地主阶级　　　B. 农民阶级　　　C. 资产阶级　　　D. 无产阶级

3. 清政府 1906 年宣布"预备仿行宪政",并于 1908 年颁布《钦定宪法大纲》,

预备立宪并没有能够挽救清王朝，反而激化了社会矛盾，加重了危机。主要原因在于清政府的根本目的是（　　）

A. 延续其反动统治　　　　　　　B. 维护帝国主义的利益

C. 改变中国的社会性质　　　　　D. 救亡图存

4. 1911 年 5 月，在新成立的责任内阁里，13 名大臣中满族就有 9 人，其中皇族占 7 人，被讥为（　　）

A."影子内阁"　　B."傀儡内阁"　　C."皇族内阁"　　D."看守内阁"

5.（　　）年，孙中山北上向李鸿章上书，提出"人能尽其才，地能尽其利，物能尽其用，货能畅其流"的主张，但是李鸿章并没有重视他的意见

A. 1894　　　　B. 1895　　　　C. 1898　　　　D. 1900

6. 孙中山在《建国方略》中说，国人对待自己革命的态度，以庚子之役为界，"前后相较，差若天渊"。人们对待孙中山倡导革命的态度发生根本变化的原因是（　　）

A. 民族资产阶级革命力量有了极大增强

B. 清政府彻底沦为帝国主义统治中国的工具

C. 农民斗争不能胜利

D. 资产阶级改革未能成功

7. 近代中国第一个资产阶级革命团体的是（　　）

A. 同盟会　　　B. 岳王会　　　C. 光复会　　　D. 兴中会

8. 如下不属于 1904 年以后出现的资产阶级革命团体的是（　　）

A. 华兴会　　　B. 兴中会　　　C. 科学补习所　　　D. 岳王会

9. 1905 年至 1907 年资产阶级革命派和改良派论战，争论的焦点是（　　）

A. 要不要实行君主立宪　　　　　B. 要不要以革命手段推翻清王朝

C. 要不要推翻帝制实行共和　　　D. 要不要进行社会革命

10. 同盟会的机关刊物是（　　）

A.《民报》　　B.《新民丛报》　　C.《苏报》　　D.《国民报》

11. 武昌起义的导火索是（　　）

A. 黄花岗起义　　B. 保路运动　　C. 广州起义　　D. 萍浏澧起义

12. 1911 年 10 月 10 日爆发的（　　），推翻了清王朝，建立了亚洲第一个民主共和国——中华民国

A. 广州起义　　　B. 长沙起义　　　C. 武昌起义　　　D. 南昌起义

13. 1912 年 2 月 12 日（　　），延续了两千多年的封建君主专制制度终于覆灭

A. 中华民国成立   B. 清帝被迫退位

C.《中华民国临时约法》颁布   D.《中华民国约法》颁布

14. 1912 年 3 月，临时参议院颁布的（   ）是中国历史上第一部具有资产阶级共和国宪法性质的法典

A.《钦定宪法大纲》   B.《中华民国宪法》

C.《中华民国临时约法》   D.《中华民国约法》

15. 1913 年宋教仁被刺后，孙中山开始看清了袁世凯的真面目，毅然发动武装反袁的（   ）

A. 二次革命   B. 护国战争   C. 护法运动   D. 广州起义

16. 近代中国第一个资产阶级共和国方案是（   ）

A. 戊戌维新提出的方案   B. 旧三民主义学说

C. 新三民主义学说   D.《资政新篇》提出的方案

17. 1914 年，孙中山在日本组织（   ），坚持反袁武装斗争

A. 同盟会   B. 国民党   C. 中华革命党   D. 中国国民党

18. 北洋军阀反动政权代表着（   ）

A. 工人阶级和农民阶级利益   B. 地主阶级和资产阶级利益

C. 地主阶级和小资产阶级利益   D. 大地主和买办资产阶级利益

19. 辛亥革命中资产阶级革命派的弱点，错误根源于（   ）

A. 没有提出彻底的反帝反封建的革命纲领

B. 中国民族资产阶级的软弱性和妥协性

C. 不能充分发动和依靠人民群众

D. 不能建立坚强的革命政党

20. 同盟会成立后的第一次大规模武装起义是（   ）

A. 广州起义   B. 惠州起义   C. 黄花岗起义   D. 萍浏醴起义

21. 孙中山先生受到世人敬仰，其丰功伟绩有（   ）

①建立中国同盟会 ②提出三民主义 ③亲自发动武昌起义 ④建立中华民国

A. ①②③   B. ①②④   C. ②③④   D. ①③④

22. 教育家叶圣陶在一则日记中写道："课毕后阅报纸，见专电栏中有云，武昌已为革（命）党所据，新军亦起而响应……从此而万恶之政府即以推倒，亦未可知也。"这则日记最有可能写于（   ）

A. 1895 年   B. 1898 年   C. 1911 年   D. 1949 年

23. 某处名胜古迹有这么一副对联："废两千年帝制，首义归功先行者；积四十载经验，遗言启迪后来人"你认为该对联评价的历史人物是（   ）

A. 洪秀全　　　　B. 康有为　　　　C. 陈独秀　　　　D. 孙中山

24. 洋务运动、戊戌维新运动和辛亥革命，三者的相似因素有（　　）

A. 发展资本主义　　　　　　　　B. 救亡图存

C. 强调变革　　　　　　　　　　D. 反帝反封建

25. 对于中国民族资产阶级所存在的局限性，毛泽东曾经用"不是他们从娘肚子里带出来的老毛病吗？"来形容。这一"老毛病"指的是（　　）

A. 软弱性　　　　B. 斗争性　　　　C. 革命性　　　　D. 不彻底性

二、简答题

1. 20 世纪初民主革命思想广泛传播的代表性人物有哪些？主要观点是什么？

2. 孙中山旧三民主义学说的基本内容是什么？

3. 革命派与改良派关于革命与改良的辩论的主要内容和意义是什么？

4. 南京临时政府的性质是什么？为什么？

5.《中华民国临时约法》的主要内容是什么？

6. 袁世凯窃夺辛亥革命的果实后，孙中山为挽救共和进行了哪些斗争？

三、论述题

1. 为什么说辛亥革命是中国人民为救亡图存、振兴中华而奋起革命的里程碑？

2. 辛亥革命失败的原因是什么？从中揭示的教训是什么？

3. 为什么说孙中山先生是近代中国民主革命的先行者？

强化训练
参考答案

 **本章拓展资源** 📅

第四章 中国共产党成立和中国革命新局面

结构导图

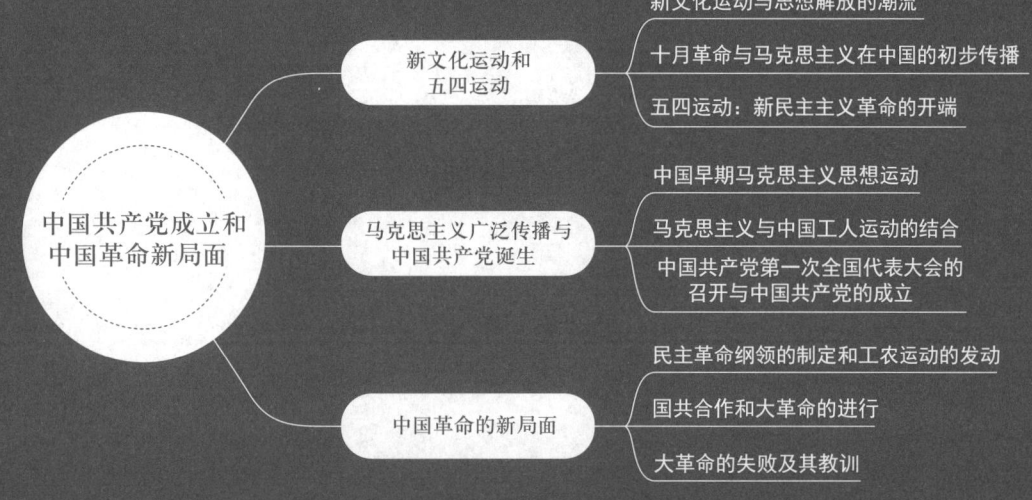

自学指导

一、学习目标

1. 识记：新文化运动；五四运动；李大钊与马克思主义在中国的传播；早期马克思主义者的队伍；中国共产党的早期组织；中共一大；中共二大；中共三大；中共四大；国民党一大；北伐战争。

2. 领会：五四以前新文化运动的局限；十月革命对中国先进分子的影响；五四运动爆发的社会历史条件；新民主主义革命的开端；早期马克思主义思想运动的历史特点；中国共产党的早期组织及其活动；中国共产党成立的历史意义；中国共产

党成立初期领导发动的工农运动；中国共产党制定的民主革命纲领及其意义；第一次国共合作的政治基础及组织形式；国民革命的兴起；北伐战争的胜利原因；国民革命的意义以及失败的原因与教训。

3. 应用：中国共产党人的初心和使命；伟大建党精神。

二、学习重点难点

（1）新文化运动对思想解放的促进，五四以前新文化运动的局限性；(2)十月革命对中国先进分子的影响；(3)五四运动的发生、发展及其历史意义；五四运动后，马克思主义在中国的传播，中国的先进知识分子为什么选择和怎样选择了马克思主义；(4)中国共产党成立的历史条件、历史特点以及历史意义；(5)第一次国共合作的形成，北伐战争的胜利进展以及大革命失败的原因。

三、自学建议

本章主要讲述 1915 年新文化运动到 1927 年大革命失败这段历史，重点讲述历史和人民选择马克思主义、成立中国共产党的历史必然性。学生在自学和复习中，应了解五四运动爆发的时代背景，掌握五四运动后马克思主义在中国得到比较广泛的传播并同中国工人运动相结合的客观历史条件，领会中国共产党成立是中华民族发展史上开天辟地的大事变，思考国民革命兴起及失败的意义和教训。学生可以在熟悉本章结构导图的基础上，依照逻辑顺序记忆。建议用 4 学时完成本章内容的自学和复习。

第一节　新文化运动和五四运动

一、新文化运动与思想解放的潮流

1. 新文化运动的兴起及其意义

近代以来，为挽救国家危亡，中国先进分子曾历尽千辛万苦，向西方国家寻找真理。但是，中国人学习西方的努力在实践中却一再碰壁。辛亥革命的失败和北洋军阀统治的建立，更使人们陷入深深的绝望、苦闷和彷徨中。一些先进的中国知识分子认为，必须改造中国的国民性。他们决心发动一场新的启蒙运动，使人们从封建思想的束缚中解放出来。这个运动后来被称为新文化运动。

寻找思想文化
上的新出路

新文化运动是从 1915 年 9 月陈独秀在上海创办《青年杂志》（后改名《新青年》）开始的。1917 年 1 月，蔡元培出任北京大学校长。他聘请陈独秀为北大文科学长，《新青年》编辑部也随之迁至北京。李大钊、鲁迅、胡适等加入编辑部并成为主要撰稿人。《新青年》杂志和北京大学成为新文化运动的主要阵地。

新文化运动的基本口号是提倡民主和科学。民主，既是指资产阶级民主主义制度，也是指资产阶级民主主义思想。科学，则有广狭二义：狭义的是指自然科学，广义也包括社会科学。新文化运动的倡导者以进化论观点和个性解放思想为主要武器，猛烈抨击以维护封建专制为宗旨和基本内容的孔学，大力提倡新道德、反对旧道德，提倡新文学、反对旧文学，动摇了封建正统思想的统治地位，在中国社会掀起一股思想解放的潮流，冲破了禁锢人们思想的闸门。当封建主义还在政治和社会生活中占据支配地位时，新文化运动对资产阶级民主主义的提倡，客观上仍然具有振聋发聩的作用。

2. 五四以前新文化运动的局限

第一，新文化运动的倡导者批判孔学，是为了给中国发展资本主义扫清障碍。但是，由于资产阶级共和国的方案在中国行不通，所以从根本上说，提倡资产阶级民主主义，并不能为人们提供一种有效的思想武器去认识中国，去对中国社会进行改造。

第二，新文化运动的倡导者把改造国民性置于优先地位。但是，离开改造产生封建思想的社会环境的革命实践，仅仅依靠少数人的呐喊，依靠有限的宣传手段，要根本改造由这种社会环境所产生的思想、所造成的国民性，是不可能的。

第三，那时的许多领导人物，还没有马克思主义的批判精神，他们使用的方法，一般还是资产阶级的方法。他们中有的人看问题很片面，坏就是绝对的坏，好就是绝对的好。这种形式主义看问题的方法，影响了运动后来的发展。

金句

> 对于现状，对于历史，对于外国事物，没有历史唯物主义的批判精神，所谓坏就是绝对的坏，一切皆坏；所谓好就是绝对的好，一切皆好。
>
> ——毛泽东

二、十月革命与马克思主义在中国的初步传播

1. 十月革命对中国先进分子的影响

1917 年俄国爆发的十月社会主义革命如何推动中国先进分子把目光从西方转向东方，从资产阶级民主主义转向社会主义？

第一，十月革命昭示人们，资本主义制度并不是永恒的，无产阶级和其他劳动群众一旦觉醒起来、组织起来，完全可以依靠自身的力量创造出维护绝大多数人利益的崭新社会制度。

第二，十月革命发生在其国情与中国相同（封建压迫严重）或近似（经济文化落后）的俄国，因而对中国先进分子具有特殊吸引力。

第三，十月革命诞生的社会主义俄国号召反对帝国主义，并以新的平等的态度对待中国，有力推动了社会主义思想在中国的传播。

第四，十月革命中俄国工人、农民和士兵群众的广泛发动并由此赢得胜利的事实，给予中国先进分子新的革命方法的启示，推动他们去研究这个革命所遵循的主义。

这样，在十月革命后、五四运动前后的中国思想界，就产生了一批赞成俄国十月社会主义革命、具有初步共产主义思想的知识分子。

2. 李大钊率先在中国举起马克思主义旗帜

李大钊先后发表《法俄革命之比较观》《庶民的胜利》《Bolshevism 的胜利》等文章，热情讴歌十月革命是"二十世纪中世界革命的先声"，确信"将来的环球，必是赤旗的世界"。五四运动后，李大钊发表《我的马克思主义观》一文，比较系统地介绍了马克思主义理论，在当时思想界产生重大影响，标志着马克思主义在中国进入比较系统的传播阶段。

三、五四运动：新民主主义革命的开端

1. 五四运动的爆发

五四运动是在新的时代条件和社会历史条件下发生的。第一，是新的社会力量的成长、壮大。在第一次世界大战期间，中国的资本主义经济得到迅速发展。中国资产阶级和工人阶级也进一步成长起来。五四运动前夕，中国产业工人已达 200 万人左右。这样，五四运动就获得了比以往革命斗争更加广泛的

群众基础。第二，是新文化运动掀起的思想解放的潮流。受其影响的年轻一代知识界，尤其是那些具有初步共产主义思想的知识分子，为五四运动准备了最初的群众队伍和骨干力量。第三，是俄国十月革命对中国的影响。

五四运动的直接导火线，是巴黎和会上中国外交的失败。在1919年1月起召开的巴黎和会上，中国政府代表提出废除外国在华势力范围、撤退外国在华驻军等七项希望和取消日本强加的"二十一条"及换文的陈述书，遭到拒绝。这个由几个西方列强把持的会议，竟规定德国应将在中国山东获得的一切特权转交给日本，而北洋政府居然准备在这一和约上签字。消息传到国内，激起了各阶层人民的强烈愤怒。

五四运动开始时，英勇地出现在斗争前面的是学生。1919年5月4日，北京十几所学校的学生三千余人在天安门前集会。他们高呼"外争主权、内除国贼""取消二十一条""还我青岛"等口号，随后举行示威游行。

学生的爱国行动遭到北洋政府的严厉镇压。在此关口，中国工人阶级开始以独立的姿态登上政治舞台。从6月5日起，上海六七万工人为声援学生先后举行罢工。工人罢工推动了商人罢市、学生罢课。随后，这场反帝爱国运动扩展到了20多个省区、100多个城市。

迫于人民群众的压力，北洋政府不得不释放被捕学生，罢免亲日派官僚曹汝霖、章宗祥、陆宗舆。6月28日，中国政府代表没有出席巴黎和约签字仪式。五四运动的直接斗争目标得以实现。

2. 五四运动的历史特点

五四运动具有以辛亥革命为代表的旧民主主义革命所不具备的历史特点。

五四运动是一场以先进青年知识分子为先锋、广大人民群众参加的彻底反帝反封建的伟大爱国革命运动，是一场中国人民为拯救民族危亡、捍卫民族尊严、凝聚民族力量而掀起的伟大社会革命运动，是一场传播新思想新文化新知识的伟大思想启蒙运动和新文化运动，以磅礴之力鼓动了中国人民和中华民族实现民族复兴的志向和信心。

3. 五四运动的历史意义

第一，五四运动是中国旧民主主义革命走向新民主主义革命的转折点，在近代以来中华民族追求民族独立和发展进步的历史进程中具有里程碑意义。即它以彻底反帝反封建的革命性、追求救国强国真理的进步性、各族各界群众积极参与的广泛性，推动了中国社会进步，促进了马克思主义在中国的传播，促进了马克思主义同中国工人运动的结合，为中国共产党的成立做了思想上干部上的准备，为新的革命力量、革命文化、革命斗争登上历史舞台创造了条件。因此，五四运动成为中国新民主主义革命的开端。

第二，五四运动以全民族的力量高举起爱国主义的伟大旗帜，孕育了以爱国、进步、民主、科学为主要内容的伟大五四精神，其核心是爱国主义。

第三,五四运动以全民族的行动激发了追求真理、追求进步的伟大觉醒。它实现了中国人民和中华民族自鸦片战争以来的第一次全面觉醒。

第四,五四运动以全民族的搏击培育了永久奋斗的伟大传统,也标志着中国青年成为推动中国社会变革的急先锋。

第二节　马克思主义广泛传播与中国共产党诞生

一、中国早期马克思主义思想运动

1. 早期马克思主义者的队伍

五四运动后，在李大钊等的影响和当时形势的推动下，中国出现了一批具有初步共产主义思想的知识分子。中国先进分子选择了马克思主义，这是具有伟大历史意义的事件。毛泽东指出："自从中国人学会了马克思列宁主义以后，中国人在精神上就由被动转入主动。从这时起，近代世界历史上那种看不起中国人，看不起中国文化的时代应当完结了。"

中国早期信仰马克思主义的人物，主要有三种类型：

一是新文化运动的精神领袖，主要代表人物是李大钊、陈独秀。

二是五四爱国运动的左翼骨干，主要代表为毛泽东等。

三是一部分原中国同盟会会员、辛亥革命时期的活动家，其代表为董必武等。

中国早期马克思主义者的队伍中，李大钊、陈独秀属于先驱者和擎旗人，毛泽东等五四运动的左翼骨干则是其主体部分。

2. 早期马克思主义思想运动的特点

第一，重视对马克思主义基本理论的学习，明确地同第二国际的社会民主主义划清界限。在当时的国际共产主义运动中，存在着马克思主义与社会民主主义、修正主义的严重对立。中国先进分子对社会民主主义、修正主义采取了明确的批判态度。

第二，注意从中国的实际出发，学习、运用马克思主义。中国先进分子一旦学得马克思主义，就主张运用它去研究和解决中国面临的实际问题。1919年8月,李大钊在《再论问题与主义》一文中针对胡适提出的"多研究些问题，少谈些'主义'"的主张，强调社会问题"必须有一个根本解决，才有把一个一个的具体问题都解决了的希望"。

第三，开始提出知识分子应当同劳动群众相结合的思想。李大钊主张知识分子向农村去，到民间去。正是在他的指引下，北京大学的邓中夏等开始到工人中去进行活动。尽管当时到工人中去的知识分子为数不多，但这毕竟是一个重要开端，它预示着先进知识分子应当遵循的新方向和应当走的新道路。

3. 新文化运动的发展

五四以前的新文化运动主要是资产阶级民主主义的新文化反对封建主义的旧文化的斗争，五四以后的新文化运动则发展到了一个新阶段，马克思主义开始逐步在思想文化领域中发挥指导作用。这主要是指：

第一，中国先进分子在接受马克思主义之后，并没有抛弃而是继承了五四运动的民主和科学的精神，并赋予它们新的含义，使它们在更高层次上得到了发扬。

第二，马克思主义的传播，并没有中断或取消五四运动以前开始的反封建的思想启蒙工作，而是克服了以往启蒙者的弱点，有力推动了反封建的启蒙运动。

二、马克思主义与中国工人运动的结合

1. 中国共产党的早期组织

随着中国工人阶级开始作为独立的政治力量登上历史舞台和马克思主义在中国的逐步传播，建立一个以马克思主义为指导的工人阶级政党的任务被提上了日程。

最早酝酿在中国建立共产党的是陈独秀和李大钊。他们逐步认识到，要用马克思主义改造中国，就必须建立一个无产阶级政党，使其充当革命的组织者和领导者。1920 年 2 月，陈独秀和李大钊商讨了在中国建立共产党组织的问题。4 月，俄共（布）远东局派维经斯基来华。他先后在北京、上海会见李大钊、陈独秀等，这对中国共产党的创建起了一定的促进作用。8 月，中国工人阶级政党最早的组织在中国工人阶级最密集的中心城市上海建立，陈独秀任书记。11 月，共产党早期组织拟定了《中国共产党宣言》。在上海成立的共产党早期组织，实际上是中国共产党的发起组织，是各地共产主义者进行建党活动的联络中心。

同年 10 月，李大钊等在北京成立共产党早期组织；11 月，将其定名为中国共产党北京支部，李大钊任书记。1920 年秋至 1921 年春，董必武、陈潭秋、包惠僧等在武汉，毛泽东、何叔衡等在长沙，王尽美、邓恩铭等在济南，谭平山、谭植棠等在广州，都成立了共产党早期组织。在日本、法国成立了由留学生和华侨中先进分子组成的共产党早期组织。

2. 中国共产党早期组织的活动

中国共产党早期组织成立后，着重进行了以下几方面的工作：

第一，研究和宣传马克思主义，研究中国实际问题。

共产党早期组织的成员着重从马克思、恩格斯、列宁的原著来学习马克思

主义。上海、北京的共产党早期组织还积极进行马克思主义著作的译介工作。1920 年 8 月，陈望道翻译的《共产党宣言》中文全译本公开出版，在建党的思想理论准备中，起了十分重要的作用。为扩大马克思主义思想阵地，共产党早期组织成员同反马克思主义的思想流派进行了斗争：在与张东荪、梁启超关于社会主义的论战中，强调资本主义道路在中国走不通，中国的出路只能是社会主义；在同无政府主义者的论战中指出，必须用革命手段夺取政权。这些同反马克思主义思潮进行的斗争，推动了一批倾向社会主义的进步分子走上了马克思主义的道路。

第二，到工人中去进行宣传和组织工作。

关于"问题与主义"
之争等三次论战

马克思主义思想运动成为知识分子与工人群众相结合的运动。一是创办了一批专门供工人阅读的进行马克思主义启蒙教育的刊物。如上海有《劳动界》，北京有《劳动音》和《工人月刊》，济南有《济南劳动月刊》等。二是创办了各种形式的工人学校。三是在 1920 年 11 月，共产党早期组织领导的第一个工会——上海机器工会宣告成立。武汉、长沙、广州、济南等地的工人也相继成立工会。工会开始发动工人开展罢工斗争。工人的觉悟程度和组织程度在斗争中进一步提高。

第三，进行关于建党问题的讨论和实际组织工作。

1920 年 8 月，留法勤工俭学的蔡和森在给毛泽东的信中提出首先要建立共产党。因为他是革命运动的发动者、宣传者、先锋队、作战部，得到毛泽东的赞同。在共产党早期组织领导下，1920 年 8 月，上海社会主义青年团成立。随后，北京、广州、长沙、武昌等地也成立了团组织。各地团组织通过引导青年学习马克思主义，参加实际斗争，为党造就了一批后备力量。

共产党早期组织进行的这些活动，促进了马克思列宁主义的传播及其与中国工人运动的结合。在中国创建共产党的条件基本具备了。

<hr>

难点解析　　正确认识中国共产党成立的必然性。

（1）资产阶级共和国方案在中国的试验失败，中国共产党诞生是中国历史发展的时代需要。

北洋军阀统治期间，军阀混战连绵不断，民不聊生，帝国主义与中华民族的矛盾、封建主义与人民大众的矛盾不仅没有解决，许多方面还更为激化。挽救民族危亡、解除人民痛苦，成为人们最迫切的期待。随着封建帝制的崩溃，受西方政治体制的影响，中国政坛也兴起了一股议会竞选、政党组阁的风潮。各派政治势力为了在国会选举中获得席位，争取在权力分配时得到更多利益，纷纷组建各自的政党，使中国一度呈现出政党林立的局面。1912 年前后的几年间，涌现出大大小小的政党几百个，争权夺利，喧嚣一时。但大多数政党思想庞杂，组织涣散，有的政见不一，多次改组；有的根基浅薄，转瞬即逝；也有的内部对立，不欢而散。即使少数坚持下来的政党，也在纷繁复杂的斗争中束手无策。这股热闹一时的政党政治，不久也就销声匿迹了。

这些都说明，资产阶级共和国方案在中国行不通，中国迫切需要有一个能够为彻底反帝反封建的民族民主革命指明正确方向、选择正确道路的先进政党。因此，中国共产党的诞生是中国历史发展的时代需要。

（2）马克思主义在中国的广泛传播，为中国共产党的创建奠定了思想基础。

俄国十月革命的影响，特别是五四运动极大地推动了马克思主义在中国的广泛传播。据统计，五四时期在报刊上发表的介绍马克思主义的文章多达数百篇，其中很大一部分是马克思、恩格斯著作的译文。北京、上海、武汉、长沙、济南等地先后成立了马克思主义研究会，并展开了多种形式的学习宣传活动。陆续出版了若干种介绍马克思主义的著作，先后印发了许多通俗的有关马克思、列宁的小册子。当时创办的四百多种刊物中，宣传马克思主义或倾向于社会主义的达二百多种。1920 年 11 月，《共产党》（月刊）在上海创办，标志着中国共产党和共产主义旗帜在中国大地上树立起来了。但是，各种资产阶级和小资产阶级的思想流派的影响并不是短时期就能消除的。这些思想流派经过论争之后，一批倾向社会主义的进步分子逐步划清了社会主义同资本主义的界限，从而走上了马克思主义的道路。马克思主义传入中国时间并不长，却在当时发挥了极其重要的作用，产生了广泛的社会影响，为中国共产党的创建奠定了思想基础。

（3）中国工人阶级的成长和工人运动的兴起，为中国共产党的创建奠定了阶级基础。

五四运动中，中国工人阶级作为新兴的社会力量第一次被人们所认识。五四运动前后，产业工人达到 200 万左右，此外还有 1000 多万手工业工人。中国工人阶级的人数虽然不多，但它同先进的经济形式相联系，是中国先进生产力的代表。并且，由于它深受外国资本、本国封建势力和资本家三重压迫剥削，因而更具有强烈的改变现状的要求，在革命斗争中比任何别的阶级都要坚决和彻底。中国工人阶级在斗争中迫切期待着致力于工人阶级和劳苦大众解放的无产阶级政党的产生。但无产阶级政党不可能自发地产生，必须要有中国先进分子来组织。

（4）早期党的地方组织的形成，为中国共产党的创建准备了组织基础。

1920 年 6 月，陈独秀、李汉俊等开会商议成立党组织事宜，会上起草了具有党纲、党章性质的若干条文。关于党的名称，陈独秀征询李大钊的意见，李大钊主张定名为"共产党"，陈独秀表示同意。8 月，中国共产党的最早组织在上海成立，主要成员有陈独秀、李汉俊、李达等十多人。9 月，《新青年》杂志从 8 卷 1 号开始改为上海党的早期组织的理论刊物。上海共产党早期组织成立后，其联系指导北京、武汉、长沙、济南、广州等各地马克思主义者建党，这为统一的中国共产党的创建准备了组织基础。

三、中国共产党第一次全国代表大会的召开与中国共产党的成立

1. 中国共产党第一次全国代表大会

中国共产党第一次全国代表大会于 1921 年 7 月 23 日在上海法租界望志路 106 号开幕。由于会场受到暗探注意和法租界巡捕房搜查，最后一天的会议转移到嘉兴南湖的游船上举行。这条游船后来被称为"红船"。参加大会的代表，代表全国 50 多名党员。他们是：李达、李汉俊（上海），张国焘、刘仁静（北京），毛泽东、何叔衡（长沙），董必武、陈潭秋（武汉），王尽美、邓恩铭（济南），陈公博（广州），周佛海（旅日）；包惠僧受陈独秀派遣出席了会议。出席会议的还有共产国际代表马林和尼克尔斯基。陈独秀、李大钊因分别在广州和北京事务繁忙未出席会议。

中共一大宣告中国共产党正式成立。大会确定党的名称为"中国共产党"，并通过了中国共产党第一个纲领，明确"革命军队必须与无产阶级一起推翻资本家阶级的政权"，"承认无产阶级专政，直到阶级斗争结束"，"消灭资本家私有制"，以及联合第三国际。大会决定首先集中精力组织工人，决定设立中央局作为中央的临时领导机构，选举产生了以陈独秀为书记的中央局。

中共一大的召开，说明了中国共产党从一开始就坚持以马克思主义为行动指南，把为中国人民谋幸福、为中华民族谋复兴确立为自己的初心使命。

2. 中国共产党成立的历史特点

中国共产党是在特定的社会历史条件下成立的，具有以下两方面特点：

一方面，它成立于俄国十月革命取得胜利，第二国际社会民主主义、修正主义破产之后。它所接受的，是具有完整的科学世界观和社会革命论的马克思主义。

另一方面，它是在半殖民地半封建中国的工人运动基础上产生的。中国工人阶级深受帝国主义、本国资产阶级和封建势力的三重压迫，具有坚强的革命性。

所以，中国共产党一开始就是一个以马克思列宁主义理论为基础的党，是一个区别于第二国际旧式社会改良党的新型工人阶级革命政党。

习近平：《在庆祝中国共产党成立 100 周年大会上的讲话》（节选）

3. 中国共产党成立的历史意义

第一，中国共产党的诞生，从根本上改变了近代以后中国人民的反帝反封建斗争没有先进的坚强的政党作为凝聚力量的领导核心的局面。

第二，中国共产党一经成立，就把实现共产主义作为党的最高理想和最终目标，义无反顾肩负起实现中华民族伟大复兴的历史使命。

> 然而这种革命，已经不是旧的、被资产阶级领导的、以建立资本主义的社会和资产阶级专政的国家为目的的革命，而是新的、被无产阶级领导的、以在第一阶段上建立新民主主义的社会和建立各个革命阶级联合专政的国家为目的的革命。
>
> ——毛泽东

金句

第三，中国共产党的先驱们创建了中国共产党，形成了坚持真理、坚守理想，践行初心、担当使命，不怕牺牲、英勇斗争，对党忠诚、不负人民的伟大建党精神，这是中国共产党的精神之源。正是对这一精神的坚守与践行、光大与发扬，构建起中国共产党人的精神谱系。

总之，中国共产党的成立，深刻改变了近代以后中华民族发展的方向和进程，深刻改变了中国人民和中华民族的前途和命运，深刻改变了世界发展的趋势和格局。

第三节　中国革命的新局面

一、民主革命纲领的制定和工农运动的发动

1. 民主革命纲领的制定

1922年7月在上海举行的中国共产党第二次全国代表大会，通过对中国社会经济政治状况的分析，揭示出中国社会的半殖民地半封建性质，指出党的最高纲领是实现社会主义、共产主义。但党在现阶段的纲领，即最低纲领是：打倒军阀；推翻国际帝国主义的压迫；统一中国为真正民主共和国。大会指出，为实现反帝反军阀的革命目标，必须联合全国一切革命党派，联合资产阶级民主派，组成"民主主义的联合战线"。中共二大第一次提出了反帝反封建的民主革命纲领，为中国人民指出了明确的斗争目标。

2. 工农运动的发动

在中国共产党的领导、组织和推动下，从1922年1月香港海员罢工到1923年2月京汉铁路工人罢工，掀起了中国工人运动的第一个高潮。在13个月中，全国发生了包括安源路矿工人罢工、开滦五矿工人罢工等在内的大小罢

工 100 余次，参加者在 30 万人以上。

通过领导工人斗争，中国共产党密切了同工人阶级的联系，党的自身建设也得到加强。在工人斗争中涌现出的一批优秀人物，如苏兆征、史文彬、项英、邓培、王荷波等先后加入党组织，后来成为重要领导骨干。1924 年上半年，650 名党员中，工人党员占到 40%。次年 1 月，占到 50% 以上。

同时，中国共产党也开始从事发动农民的工作。1921 年 9 月，浙江萧山县衙前村成立了中国第一个农民协会，开展反抗地主压迫的斗争。1922 年 6 月，彭湃来到家乡广东海丰县赤山约，经过艰苦的工作，成立了农会。次年元旦，召开海丰全县农民代表大会，海丰总农会宣告成立，全县范围的农民运动轰轰烈烈地开展起来。这种新式的农民运动，在中国共产党成立前是不曾有的。

3. 青年运动和妇女运动的开展

这一时期，中国共产党领导的青年运动和妇女运动也得以初步开展。

1921 年 6 月至 7 月，张太雷作为正在筹建的中国共产党的代表，出席了在莫斯科召开的共产主义国际第三次代表大会和青年国际第二次代表大会。此后，他根据青年国际的指示和中共中央局决定，负责对已停止活动的社会主义青年团组织进行恢复和整顿。1922 年 5 月，上海、北京等 17 个地方建立了社会主义青年团组织，团员总数约 5000 人。1922 年 5 月 5 日至 10 日，青年团第一次全国代表大会在广州召开，中国社会主义青年团宣告成立。

1921 年 8 月，中国共产党帮助在上海颇有影响的中华女界联合会进行改组，作为党的临时中央妇女机构。同年 11 月，中共中央局发出《关于建立与发展党团工会组织及宣传工作等》的通告，要求各地区切实注意"青年团"及"女界联合会"的工作。为培养妇女运动的骨干，1922 年，上海党组织以中华女界联合会名义开办上海平民女校。

二、国共合作和大革命的进行

1. 国共合作的形成

1923 年 2 月 7 日，京汉铁路罢工遭到反动军阀血腥镇压，造成二七惨案。此后，中国工人运动暂时转入低潮。中国共产党从中看到，这时的中国革命力量远不如帝国主义和封建势力强大。所以二七惨案后，中国共产党决定采取更为积极的步骤，联合孙中山领导的中国国民党。

此时的孙中山因依靠军阀打军阀屡遭挫折，陷于苦闷。他看到中国共产党领导工人运动所产生的影响，认识到中国共产党是一支新兴的、生机勃勃的革命力量，愿意与中国共产党合作。

1922 年 8 月，中共中央一些领导人在杭州开会，讨论国共合作问题。1923 年 1 月，共产国际执委会作出《关于中国共产党与国民党的关系问题的决议》，对国共合作起了推动作用。1923年6月在广州举行的中国共产党第三次全国代表大会，正确估计了孙中山的革命立场和国民党进行改革的可能性，决定共产党员以个人身份加入国民党，以实现国共合作。明确规定共产党员加入国民党时，党必须在政治上、思想上、组织上保持自己的独立性。

中共三大后，国共合作步伐大大加快。国民党改组很快进入实行阶段。1924年1月，中国国民党第一次全国代表大会由孙中山主持在广州举行。大会审议通过的《中国国民党第一次全国代表大会宣言》，对三民主义作出新的解释，即"新三民主义"。其在民族主义中突出了反对帝国主义的内容；在民权主义中强调民主权利应"为一般平民所共有"；把民生主义概括为"平均地权"和"节制资本"两大原则（后来又提出"耕者有其田"的主张）。新三民主义的政纲同中国共产党在民主革命阶段的纲领基本一致，因而有了国共合作的政治基础。

国民党一大确认了共产党员以个人身份加入国民党的原则，事实上确认了联俄、联共、扶助农工的三大革命政策，标志着第一次国共合作正式形成。

2. 大革命的准备与进行

国共合作实现后，以广州为中心，汇集全国革命力量，很快开创了反对帝国主义和封建军阀的革命新局面。

第一，国共合作促进了工农运动的恢复和发展。1924年，工人运动开始复兴。1925年5月在广州举行的第二次全国劳动大会上，中华全国总工会成立。农民运动也逐步发展。广东各县农民纷纷建立农民协会，组织自卫军，同土豪劣绅和贪官污吏进行斗争。从1924年7月起，在广州开办六届农民运动讲习所，先后由共产党人彭湃、毛泽东等主持，培养了一批农民运动骨干。学生运动和妇女运动也得到发展。

第二，为造就革命武装的骨干力量，在共产党人建议下，国民党一大决定创办一所陆军军官学校（即黄埔军校），于1924年5月开学。中国共产党从各地选派大批党团员和革命青年到黄埔军校学习。在日益高涨的革命形势下，中国共产党还进行了创建直接领导的革命武装的尝试。1926年初，建立了由共产党员叶挺指挥的国民革命军第四军独立团。

第三，为加强对日益高涨的革命运动的领导，1925年1月，中国共产党第四次全国代表大会在上海举行。其重大历史功绩是：提出了无产阶级在民主革命中的领导权问题，提出了工农联盟问题，对民主革命的内容作了更加完整的规定。这是对中国革命问题认识的重大进展。

第四，北方地区的革命运动也迅速发展起来。李大钊和北方党组织进行了争取冯玉祥及其国民军的工作，开展了争取关税自主运动等。

1925年5月，英、日等国军警在上海制造枪杀中国民众的五卅惨案，导致五卅运动爆发。以此为起点，掀起了全国范围的大革命高潮。同年 6 月开始的省港大罢工，前后坚持了 16 个月之久，是中国工人运动史上持续时间最长的一次政治大罢工。10 多万集中在广州的有组织的罢工工人，成为广州革命政府的有力支柱。

在革命蓬勃发展的有利形势下，国共两党合作进行了讨伐广东境内军阀买办势力的广东战争，统一并巩固了广东革命根据地。1925 年 7 月 1 日，国民政府在广州建立。随后，将黄埔军校校军和驻广东的粤军、湘军、滇军先后改编为国民革命军 6 个军，共 8.5 万人。

当时，北洋军阀统治着全国大部分地区。直系军阀吴佩孚控制着湖南、湖北、河南三省和直隶（河北）保定一带，约有兵力 20 万人；由直系分立出来的孙传芳盘踞在江苏、浙江、安徽、江西、福建五省，约有兵力 20 万人；奉系军阀张作霖控制着东北三省、热河、察哈尔、京津地区和山东，有兵力 30 多万人。

1926 年 7 月，以推翻北洋军阀统治为目标的北伐战争开始。国民革命军在工农群众的支援下，采取各个击破的战略，至同年 11 月，基本摧毁了北洋军阀吴佩孚、孙传芳的主力，革命势力发展到长江流域和黄河流域的大部分地区。"打倒列强，除军阀"的歌声响彻大江南北。随着北伐的胜利进军，中国历史上空前广大的人民解放运动得以形成。以湖南为中心，广大农村掀起了大革命的风暴；工人运动迅速走向高涨，帝国主义、封建主义的统治受到严重打击。

3. 大革命中的中国共产党

在大革命中，中国共产党起着独特的、不可替代的作用。没有中国共产党，不会有这场大革命。这是因为：

第一，大革命是在反对帝国主义、反对军阀的政治口号下进行的。而提出这个口号的，正是中国共产党。

第二，大革命是在以国共合作为基础的统一战线的组织形式下进行的。而中国共产党正是国共合作的倡导者和统一战线的组织者。

第三，大革命是近代中国历史上空前广泛而深刻的群众运动。而中国共产党正是人民群众的主要发动者和组织者。

第四，大革命的主要斗争形式是革命战争。共产党人不仅帮助和推动了国民革命军的建立，而且在军队中进行了卓有成效的政治工作；共产党员在战斗中更是身先士卒，起着先锋作用和表率作用。由共产党直接领导的第四军独立团，在北伐中战功卓著，使第四军赢得了"铁军"的称号。此外，共产党人还建立了一定数量的工农武装（工人纠察队、农民自卫军等），配合正规军作战，而上海工人的起义武装更是充当了解放上海的主力。

三、大革命的失败及其教训

1. 大革命的失败

北洋军阀势力的迅速崩溃，使帝国主义列强感到震惊。它们在中国集结兵力、制造事端，企图以武力相威胁，阻挡中国革命前进的步伐；同时开始对当时任国民革命军总司令的蒋介石进行拉拢。

1925 年孙中山病逝后，原先就坚持反共立场的国民党右派重新活跃起来，国民党内部左右两派进一步分化，国共合作建立的统一战线面临复杂局面。1926 年 3 月，蒋介石制造中山舰事件，打击共产党和工农革命力量；5 月，在国民党二届二中全会上提出所谓《整理党务决议案》，更加公开地实行反共步骤。1927 年 3 月国民革命军占领南京后，游弋在长江江面的英、美军舰借口保护侨民，猛烈炮轰南京，使中国军民遭到重大伤亡。南京事件加速了蒋介石同帝国主义势力勾结的步伐。4 月 12 日，蒋介石在上海发动反共政变，以"清党"为名，在东南各省大规模捕杀共产党员和革命群众。

在大革命紧急关头，1927 年 4 月 27 日至 5 月 9 日，中国共产党第五次全国代表大会在武汉举行。党的五大提出争取无产阶级对革命的领导权，建立革命民主政权和实行土地革命等一些正确的原则，但对无产阶级如何争取革命领导权、如何领导农民实行土地革命，特别是如何建立党领导的革命武装等问题，没有提出有效的具体措施，难以承担起挽救革命的任务。

7 月 15 日，时任武汉国民政府主席的汪精卫在武汉召开"分共"会议，并在其辖区内对共产党员和革命群众实行搜捕和屠杀。国共合作全面破裂，大革命最终失败。

2. 大革命失败的教训

大革命的失败原因是多方面的。

客观上，是由于反革命力量强大，资产阶级发生严重动摇，蒋介石集团、汪精卫集团先后叛变革命。

主观上，一是由于这时的中国共产党还处在幼年时期，缺乏应对复杂环境的政治经验，缺乏对中国社会和中国革命基本问题的深刻认识，还不善于将马克思列宁主义基本原理同中国革命的具体实际结合起来；二是由于党内以陈独秀为代表的右倾思想发展为右倾机会主义错误并在党的领导机关中占了统治地位，党和人民不能组织有效抵抗，致使大革命在强大的敌人突然袭击下遭到惨重失败。

大革命从兴起到失败的经验教训表明：

第一，中国共产党能否将马克思主义基本原理同中国革命的具体实际紧密结合，对中国革命至关重要。作为共产国际的一个支部，中国共产党直接受共产国际的领导。共产国际及其在中国的代表虽然对这次大革命起了积极作用，但由于并不真正了解中国的情况，也出了一些错误主意，这对大革命后期右倾机会主义错误在中共中央领导机关中占据统治地位有直接影响。

第二，中国共产党不但要建立革命的统一战线，而且要始终保持自身的独立性，实行"又团结又斗争"的方针，争取无产阶级在革命中的领导权。

第三，根据中国当时的国情，要取得革命胜利，必须坚持武装斗争，组建由党直接统率和指挥的军队；必须解决农民的土地问题，以充分发动农民参加革命，扩大革命力量；党必须加强自身建设，加强党的民主集中制，既要发展党的组织和注重党员数量，更要巩固党的组织和注重党员质量。

大革命虽然失败了，但它的历史意义仍然是不可磨灭的。

第一，中国共产党人在大革命中领导了全国反帝反封建的伟大斗争，在中国革命史上写下了光荣的一页。

第二，中国共产党开始探索马克思主义中国化的途径，初步提出了新民主主义革命的基本思想。

第三，中国共产党从大革命的失败中汲取深刻历史教训，开始懂得进行土地革命和掌握革命武装的重要性。

第四，中国人民的觉悟程度和组织程度在大革命中有了明显提高，中国共产党开始掌握了一部分革命武装。

所有这些，为把中国革命推进到一个新的阶段——土地革命战争阶段准备了必要的条件。

强化训练

一、单项选择题

1. 新文化运动是从 1915 年 9 月（　　　）在上海创办《青年杂志》（后改名《新青年》）开始的。

A. 陈独秀　　　　　B. 李大钊　　　　　C. 鲁迅　　　　　D. 胡适

2. 在中国大地上率先举起马克思主义旗帜的是（　　　）

A. 陈独秀　　　　　B. 胡适　　　　　C. 李大钊　　　　　D. 蔡元培

3. 标志中国新民主主义革命开端的运动是（　　　）

A. 保路运动　　　　　　　　　　B. 五四运动

C. 五卅运动　　　　　　　　　　D. 一二·九运动

4. 在五四运动中，开始以独立的姿态登上历史舞台，成为革命的领导阶级的是（　　　）

A. 农民阶级　　　B. 工人阶级　　　C. 小资产阶级　　　D. 民族资产阶级

5. 五四运动后,李大钊发表（   ）一文,比较系统地介绍了马克思主义理论,在当时思想界产生重大影响,标志着马克思主义在中国进入比较系统的传播阶段

    A.《法俄革命之比较观》　　　　　B.《庶民的胜利》

    C.《Bolshevism 的胜利》　　　　　D.《我的马克思主义观》

6. 1920 年 4 月,俄共（布）远东局派（   ）来华,先后在北京、上海会见李大钊、陈独秀等,对中国共产党的创建起了一定的促进作用

    A. 马林　　　　　B. 尼克尔斯基　　　　C. 维经斯基　　　　D. 越飞

7. 1920 年 8 月,（   ）翻译的《共产党宣言》中文全译本公开出版,在建党的思想理论准备中,起了十分重要的作用

    A. 蔡和森　　　　B. 李达　　　　　C. 陈望道　　　　D. 李汉俊

8. 中国共产党的成立,是中华民族发展史上开天辟地的大事变,具有伟大而深远的意义,中国共产党成立于（   ）

    A. 1919 年 5 月　　B. 1920 年 7 月　　C. 1921 年 5 月　　D. 1921 年 7 月

9. 1921 年 6 月至 7 月,（   ）作为正在筹建的中国共产党的代表,出席了在莫斯科召开的共产主义国际第三次代表大会和青年国际第二次代表大会

    A. 李大钊　　　　　B. 李达　　　　　C. 恽代英　　　　D. 张太雷

10. 中共二大制定的最低纲领不包括（   ）

    A. 消除内乱,打倒军阀,建设国内和平

    B. 推翻国际帝国主义的压迫,达到中华民族完全独立

    C. 统一中国为真正的民主共和国

    D. 实现社会主义、共产主义

11. 中国共产党决定以个人身份加入国民党以实现国共合作的会议是（   ）

    A. 中共一大　　　B. 中共二大　　　C. 中共三大　　　D. 中共四大

12. 1923 年 6 月,中国共产党第三次全国代表大会在（   ）举行

    A. 上海　　　　　B. 广州　　　　　C. 武汉　　　　　D. 济南

13. 第一次国共合作正式形成的标志是（   ）

    A. 中共一大的召开　　　　　　　B. 中共二大的召开

    C. 中共三大的召开　　　　　　　D. 国民党一大的召开

14. 第一次国共合作的政治基础是（   ）

    A. 三民主义　　　　　　　　　　B. 三大政策

    C. 新三民主义　　　　　　　　　D. 资产阶级民主主义

15. 1925 年全国范围大革命风暴兴起的标志是（   ）

    A. 京汉铁路工人罢工　　　　　　B. 一二·九运动

C. 安源路矿工人罢工　　　　　　　D. 五卅运动

16. 1925 年 6 月开始的（　　），前后坚持了 16 个月之久，是中国工人运动史上持续时间最长的一次政治大罢工

　　A. 京汉铁路工人罢工　　　　　　B. 开滦五矿工人罢工

　　C. 安源路矿工人罢工　　　　　　D. 省港大罢工

17. 第一次国共合作时期的国民党，其性质是（　　）

　　A. 工人、农民、城市小资产阶级和民族资产阶级组成的革命联盟

　　B. 代表小资产阶级和民族资产阶级利益的政党

　　C. 帝国主义操纵和控制的政党

　　D. 代表大地主、大资产阶级利益的政党

18. 第一次国共合作全面破裂，国民革命最终失败的标志是（　　）

　　A. 中山舰事件　　　　　　　　　B. 四一二政变

　　C. 马日事变　　　　　　　　　　D. 七一五政变

19. 以下不属于大革命失败的客观原因的是（　　）

　　A. 反革命力量强大

　　B. 资产阶级发生严重动摇

　　C. 中国共产党还处在幼年时期，缺乏应对复杂环境的政治经验

　　D. 蒋介石集团、汪精卫集团先后叛变革命

20. 大革命是在国共合作的条件下进行的，没有国共合作，不会在短时间内掀起这样一场革命。这场革命中，中国共产党起着独特的、不可代替的作用。没有中国共产党，不会有这场大革命。以下不属于中国共产党在大革命中的独特的、不可代替的作用表现是（　　）

　　A. 中国共产党是大革命的政治口号"反对帝国主义、反对军阀"的提出者

　　B. 中国共产党是国共合作的倡导者和统一战线的领导者

　　C. 中国共产党是人民群众的主要发动者和组织者

　　D. 中国共产党帮助和推动了国民革命军的建立

21. 五四运动后，社会主义思潮在中国蓬勃兴起，马克思主义开始在知识界得到传播。中国早期信仰马克思主义的人物，就主要类型而言，不包括（　　）

　　A. 五四运动的左翼骨干

　　B. 五四以前的新文化运动的精神领袖

　　C. 原中国同盟会会员，辛亥革命时期的活动家

　　D. 工人群众中的活跃分子

22. 2018 年 5 月 4 日，习近平在纪念马克思诞辰 200 周年大会上发表讲话指

出，"十月革命一声炮响，为中国送来了马克思列宁主义，给苦苦探寻救亡图存出路的中国人民指明了前进方向、提供了全新选择。"十月革命之所以能够给中国送来马克思列宁主义，推动中国的先进分子从资产阶级民主主义转向社会主义，其原因不包括（　　　）

A. 十月革命启示中国人经济文化落后的国家也可以用社会主义思想指引自己走向解放之路

B. 社会主义俄国号召反对帝国主义，并以新的平等的态度对待中国，有力地推动了社会主义思想在中国的传播

C. 十月革命中俄国工人、农民和士兵群众的广泛发动并由此赢得胜利的事实，推动中国的先进分子，开始用无产阶级的世界观作为观察国家命运的工具，重新考虑自己的问题

D. 新经济政策的成功显示了社会主义制度的优越性吸引着中国的先进分子

23. 五四运动以后，在李大钊等的影响和当时形势的推动下，一批爱国的进步青年，走上了马克思主义的道路。为适应中国社会发展和革命发展的需要，早期马克思主义者在中国掀起了一场研究、传播马克思主义的思想运动。下面各项不属于中国早期马克思主义思想运动的特点是（　　　）

A. 重视对马克思主义基本理论的学习，从一开始就坚持了马克思主义的革命原则和正确方向

B. 明确提出了"马克思主义中国化"的命题

C. 注意从中国实际出发，学习、运用马克思主义的理论去研究和解决中国面临的实际问题

D. 开始提出知识分子应当同劳动群众相结合的思想，主张知识分子"向农村去""到民间去"

二、简答题

1. 早期马克思主义思想运动有哪些特点？

2. 中国共产党早期组织开展了哪些活动？

3. 为什么说中国共产党的成立是"开天辟地的大事变"？

4. 中国共产党成立后，中国革命呈现了哪些新面貌？

5. 什么是中国共产党人的初心使命？为什么必须"不忘初心、牢记使命"？

6. 伟大建党精神是什么？

7. 国共合作对工农运动的恢复和发展发挥了什么样的作用？

8. 大革命从兴起到失败留下了哪些经验教训？

9. 大革命的历史意义是什么？

强化训练
参考答案

三、论述题

1. 为什么说五四运动是中国新民主主义革命的开端?

2. 中国的先进分子为什么和怎样选择了马克思主义?

3. 为什么说没有中国共产党就不会有国民革命?

📖 **本章拓展资源** _____

第五章　中国革命的新道路

结构导图

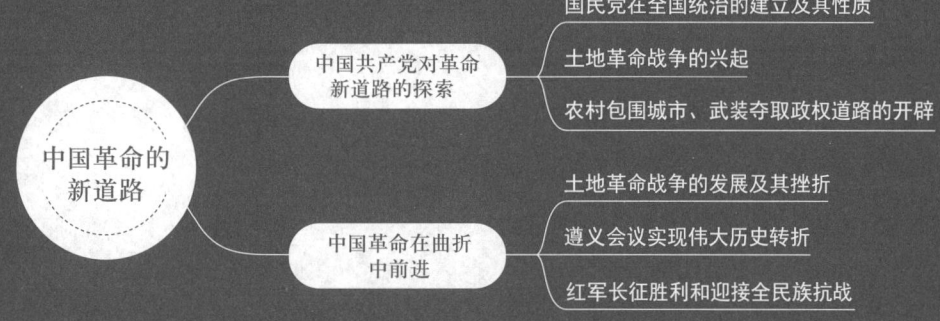

中国革命的新道路
- 中国共产党对革命新道路的探索
  - 国民党在全国统治的建立及其性质
  - 土地革命战争的兴起
  - 农村包围城市、武装夺取政权道路的开辟
- 中国革命在曲折中前进
  - 土地革命战争的发展及其挫折
  - 遵义会议实现伟大历史转折
  - 红军长征胜利和迎接全民族抗战

自学指导

一、学习目标

1. 识记：东北易帜；国民党的独裁统治；革命危急时刻加入共产党的代表人物；八七会议；南昌起义；秋收起义；三湾改编；古田会议；中华苏维埃第一次全国代表大会；赣南会议；中央红军的战略大转移；遵义会议的召开及其意义。

2. 领会：南昌起义的意义；井冈山农村革命根据地创建的意义；中国红色政权存在和发展的原因及条件；以毛泽东为代表的中国共产党人对革命新道路的艰辛探索；红军反"围剿"作战的胜利；土地革命战争中的阶级路线和土地分配方法；革命根据地的建设；20 世纪二三十年代中国共产党内连续出现"左"倾错误的原因。

3. 应用：红军长征的胜利及其意义；长征精神。

二、学习重点难点

（1）中国共产党人对中国革命新道路的艰辛探索；（2）农村包围城市、武装夺取政权理论的主要内容；（3）遵义会议的历史意义；（4）长征精神及其当代价值。

三、自学建议

本章主要讲述 1927 年大革命失败至 1937 年全民族抗日战争爆发前夕这 10 年，即第二次国内革命战争时期（也称土地革命战争时期）的历史。经过艰辛探索，中国共产党将马克思主义基本原理和中国具体实际相结合，找到适合中国国情的革命新道路，是这一时期突出的历史贡献。学生在自学和复习中，应了解国民党政权独裁统治的性质，掌握中国共产党开辟农村包围城市、武装夺取政权革命新道路的历史进程，领会蕴含其中的理论与实践创造；认识土地革命前中期中国共产党内"左"倾错误及其危害，领会中国共产党人通过遵义会议实现中国革命的伟大转折，取得长征胜利的意义。学生可以在熟悉本章结构导图的基础上，依照逻辑顺序记忆。建议用 2 学时完成本章内容的自学和复习。

第一节　中国共产党对革命新道路的探索

一、国民党在全国统治的建立及其性质

1．国民党在全国统治的建立

1927 年七一五反革命政变后，南京和武汉两个"国民政府"经过一段时间相互争斗，达成妥协，实现了宁汉合流。在此基础上，1928 年 2 月，南京国民政府改组，武汉国民政府不复存在。其后，国民党政府的军队继续北伐，于 6 月进驻北京、天津一带。奉系首领张作霖在退回关外途中，被日本人预埋的炸药炸死。其子张学良于同年 12 月 29 日从东北发出通告，宣布"遵守三民主义，服从国民政府，改易旗帜"。北洋军阀不再作为独立的政治力量继续存在。这样，国民党就在全国范围内建立了自己的统治。

2．一党专政的军事独裁统治

国民党所实行的是代表地主阶级、买办性大资产阶级利益的一党专政和军事独裁统治。1928 年 10 月，国民党中央常务委员会通过《训政纲领》，规定"由中国国民党全国代表大会代表国民大会领导国民，行使政权"；其全国代表大会闭会时，"以政权付托中国国民党中央执行委员会执行之"；"指导监督国民政府重大国务之施行，由中国国民党中央执行委员会政治会议行之"。这样，北洋政府时期还在形式上存在的议会制度也被彻底废除了。

国民党政府是怎样实行一党专政的军事独裁统治的呢？

首先，建立了庞大的军队和全国性特务系统。据 1929 年 3 月的官方材料，"全国军额达二百余万"；国民党建立的庞大特务系统，主要任务就是反对共产党，破坏革命运动，绑架或暗杀革命者和异己分子。广大人民被置于国民党武装和特务系统的严密控制和监视之下。

其次，大力推行保甲制度。规定十户为甲，十甲为保，分设甲长、保长。保甲内各户要互相监视、互相告发，"共具联保连坐切结"。

最后，历行文化专制主义。大批进步书刊被查禁，许多进步作家被监视、拘捕乃至杀害。

国民党政府主要是通过这些方法来维护帝国主义、封建主义、官僚资本主义的利益，巩固自身统治的。

如何评价国民党政权的历史作用　　　　　难点解析

社会上流行着一种错误观点，认为"宁汉合流"后建立起的国民党政权对当时的经济社会发展起了推动作用，甚至还拿这一时期的经济、教育、文化等

方面取得的进步来美化国民党政权。事实果真如此吗？应当如何评价这一时期国民党政权的历史作用？

第一，我们看问题不但要看到表面，更要看其实质。1927年大革命失败后，国民党已经不再是工人、农民、城市小资产阶级和民族资产阶级的革命联盟，而是变成了一个由代表地主阶级、买办性的大资产阶级利益的反动集团所控制的政党。这是问题的实质。尽管国民党政权从巩固自身统治的利益出发，也要做形式上统一中国的努力，也要在教育、民生等方面做一些改良，但从根本上来说，还是以维护自己的统治为目的。

第二，我们也要看到，国民党政权与北洋军阀政权虽然在本质上没有根本区别，但还是有一些不同的特点。其一，国民党是一个复杂的政党，它虽然被这个反动集团所控制、所领导，但有一部分领导人物不属于这个集团，而且受到这个集团打击、排挤和歧视；它的不少党员、干部并不满意甚至反对这个集团的领导；在国民党及其统治的军政机关里，都有不少民主分子。这些复杂的情况，使得蒋介石集团反共反人民的政策难以贯彻到底。其二，由于国民党曾经是旧民主主义革命的一面旗帜和大革命时期统一战线的组织形式，由于帝国主义列强一度对它作出过一两项表面上的让步（如承认中国关税自主、允诺取消领事裁判权），一时使人认为它仍在维护民族权利；由于它形式上暂时地统一了中国，因此，这个政权曾经在一个时期内，使一些人尤其是民族工商业者产生过幻想，以为中国可能由此走上独立发展资本主义的道路。

大量事实证明，国民党政权实行的是代表地主阶级、买办性的大资产阶级利益的一党专政和军事独裁统治。民族资产阶级曾经追随过国民党蒋介石集团，但很快又对这个政权产生不满，他们中的一部分人形成了在野反对派。宋庆龄在当时说过："因此，我不得不率直地宣布，既然组织国民党的目的是以它为革命的机器，既然它未能完成它所以被创造起来的任务，我们对它的灭亡就不必惋惜。我坚决地相信：只有以群众为基础并为群众服务的革命，才能粉碎军阀、政客的权力，才能摆脱帝国主义的枷锁，才能真正实行社会主义。我深信：虽然今天当权的反动势力在进行恐怖活动，中国千百万真正的革命者必不放弃自己的责任；反之，由于国家当前形势的危急，他们将加紧工作，朝着革命所树立的目标胜利前进。"

典型例题　1928年10月，国民党中央常务委员会通过（　　　），成为其实行代表地主阶级、买办性大资产阶级利益的一党专政和军事独裁统治的基础
　　A.《中华民国临时约法》　　　　　B.《中华民国约法》

C.《训政纲领》　　　　　　D.《中华民国宪法》

二、土地革命战争的兴起

1. 大革命失败后的艰难环境

在国民党统治下，中国社会的半殖民地半封建性质没有改变，全国陷入一片白色恐怖之中。共产党被宣布为"非法"，加入共产党成为最大的"犯罪"，共产党的组织不断遭到破坏，党的活动被迫转入地下，许多共产党员和党的领导干部被捕、被杀。据中共六大时的不完全统计：从1927年3月到1928年上半年，被杀害的共产党员和革命群众达31万多人，其中共产党员2.6万人。汪寿华、萧楚女、熊雄、陈延年、赵世炎、夏明翰、郭亮、罗亦农、向警予、陈乔年、周文雍等党的重要活动家和领导人英勇牺牲。据1927年11月统计，全党党员人数由1927年5月中共五大时的57967人锐减到1万余人。革命的工会、农民协会等也到处被查禁或解散，工农运动走向低落。反革命力量大大超过了有组织的革命力量，年轻的中国共产党面临着成立后从未遇到过的严峻考验。

中国共产党人英勇就义的故事

2. 独立高举革命旗帜

面对极端的白色恐怖，中国共产党人没有被吓倒、被征服、被杀绝，毅然带领人民群众同国民党反动统治进行英勇的抗争。夏明翰，身陷牢狱仍坚贞不屈，写就"砍头不要紧，只要主义真"的就义诗，表达了共产党员的信念之光不灭。年逾半百的教育家徐特立，文学家郭沫若，在国民革命军中担任高中级领导职务的贺龙、叶剑英、彭德怀等，都在这时加入了中国共产党。在黑暗的中国，共产党独立高举起革命旗帜。

3. 开展武装反抗国民党反动统治的斗争

怎样坚持革命，革命应当走什么道路？对此，中国共产党人开始了艰难的探索。

在革命的危急关头，1927年7月中旬，中共中央政治局临时常委会决定了三件大事：一是将党所掌握和影响的部队向南昌集中，准备起义；二是组织湘、鄂、赣、粤四省的农民发动秋收起义；三是召集中央紧急会议，讨论和决定大革命失败后的新方针。

同年8月7日，中共中央在汉口秘密召开紧急会议（即八七会议），确定了土地革命和武装起义的方针。毛泽东在发言中突出地强调："以后要非常注意军事。须知政权是由枪杆子中取得的。"八七会议给正处在思想混乱和组织涣散中的中国共产党指明了新的出路，这是由大革命失败到土地革命战争兴起的历史性转变。

1927 年 8 月 1 日，在以周恩来为书记的前敌委员会领导下，贺龙、叶挺、朱德、刘伯承等率领共产党掌握和影响的军队 2 万多人，在南昌打响了武装反抗国民党反动派的第一枪。南昌起义是中国共产党独立领导革命战争、创建人民军队和武装夺取政权的开端。9 月 9 日，毛泽东等领导的湘赣边界秋收起义爆发，公开打出了"工农革命军"的旗帜。在攻打中心城市长沙受挫后，毛泽东果断改变计划，决定向敌人控制比较薄弱的农村转移。9 月 29 日，在江西永新县三湾村进行了著名的三湾改编，从组织上确立了党对军队的领导，成为建设无产阶级领导的新型人民军队的重要开端。10 月 7 日，起义部队抵达江西省宁冈县茅坪，开始了创建井冈山农村革命根据地的斗争，这是中国人民革命史上具有决定意义的新起点。

三湾改编后士兵的精神面貌

12 月 11 日，中共广东省委书记张太雷和叶挺、叶剑英等领导了广州起义，对国民党的屠杀政策发动了又一次英勇反击，但在敌人的强势进攻下，起义最终失败。实践再一次证明：面对国民党新军阀在中心城市拥有强大武装的形势，想通过城市武装起义或攻占大城市来夺取革命胜利是不可能的。

金 句

在严酷的斗争和血的教训中，我们党深刻认识到，没有革命的武装就无法战胜武装的反革命，就无法担起领导中国革命的重任，就无法夺取中国革命的胜利，就无法改变中国人民和中华民族的命运。

——习近平

从 1927 年大革命失败到 1928 年初，中国共产党还先后在海陆丰、琼崖、鄂豫边、赣西南、赣东北、湘南、湘鄂西、闽西、陕西等地区领导了近百次武装起义。一些起义部队在数省边界地区的偏僻山村坚持下来，开展游击战争。中国革命由此发展到了一个新的阶段，即土地革命战争时期。

三、农村包围城市、武装夺取政权道路的开辟

1. 井冈山革命根据地的建立

大革命失败后，集中体现中国革命正确方向的是毛泽东、朱德领导的井冈山革命根据地的斗争。1927 年 11 月，湘赣边界第一个红色政权——茶陵县工农兵政府成立。1928 年 2 月中旬，打破江西国民党军队对井冈山地区的进攻，井冈山根据地初步建立起来。1928 年 4 月下旬，朱德、陈毅率领南昌起义保留下来的部队和湘南起义农军，与毛泽东领导的部队会师，成立工农革命军第四军（后改称"工农红军第四军"），朱德任军长，毛泽东任党代表和军委书记。井冈山根据地的建立，点燃了工农武装割据的星星之火，为中国革命开辟出了农村包围城市、武装夺取政权这样一条前人没有走过的正确道路。

2. 开辟农村包围城市、武装夺取政权的道路

1928 年 6 月，中国共产党第六次全国代表大会，在继续把城市工作的复兴视为革命高潮到来的决定条件的同时，肯定了农村根据地和红军是决定革命新高潮的更大的发展基础和重要力量。1929 年 9 月，中共中央给红四军前委的指示信指出：先有农村红军，后有城市政权，这是中国革命的特征，这是中国经济基础的产物。

在中国革命新道路开辟过程中，毛泽东作出了卓越贡献，提出了农村包围城市、武装夺取政权的思想。

毛泽东不仅在实践中首先把武装斗争的立足点放在农村，而且从理论上逐步对中国革命道路问题作出明确说明。1928 年 10 月和 11 月，毛泽东写了《中国的红色政权为什么能够存在？》和《井冈山的斗争》两篇文章，明确指出以农业为主要经济的中国革命，以军事发展暴动，是一种特征；深刻论证了红色政权能够长期存在并发展的主客观条件，提出了工农武装割据的思想。1930年 1 月，毛泽东在《星星之火，可以燎原》一文中进一步指出：红军、游击队和红色区域的建立和发展，是半殖民地中国在无产阶级领导之下的农民斗争的最高形式和半殖民地农民斗争发展的必然结果，并且无疑义地是促进全国革命高潮的最重要因素。同年 5 月，毛泽东在《反对本本主义》一文中，提出"没有调查，没有发言权"和"中国革命斗争的胜利要靠中国同志了解中国情况"的重要思想，表现了毛泽东开辟新道路、创造新理论的革命首创精神。

1929 年 12 月，红四军在福建上杭县古田村召开党的第九次代表大会（古田会议），通过了毛泽东起草的决议，确立了思想建党、政治建军原则，规定红军是一个执行革命的政治任务的武装集团，必须绝对服从共产党的领导，必须担负打仗、筹款和做群众工作的任务，必须加强政治工作。古田会议确立了马克思主义建党建军原则，创造性地解决了在农村环境中、在党组织和军队以农民为主要成分的条件下，如何保持党的无产阶级先锋队性质和建设党领导的新型人民军队的重大问题。

随着革命新道路的开辟，中国革命开始走向复兴。到 1930 年夏，共产党领导人民群众建立了大小十几块农村根据地，红军发展到约 7 万人，连同地方武装共约 10 万人。重要的根据地有赣南、闽西、湘鄂西、鄂豫皖、闽浙赣、湘鄂赣、湘赣、广西的左右江、广东的东江和琼崖等。红军游击战争实际上已经成为中国革命的主要形式，农村根据地成为积蓄和锻炼革命力量的主要战略阵地。

3. 反"围剿"战争与土地革命

红军和根据地的存在和发展，使国民党统治当局感到震惊和恐慌。从1930 年 10 月起，蒋介石集重兵向南方各根据地的红军发动大规模"围剿"。

从 1930 年 10 月到 1931 年 7 月，红一方面军在毛泽东、朱德等指挥下，贯彻积极防御的方针，实行"诱敌深入""避敌主力、打其虚弱"等一整套行之有效的战术，连续粉碎了国民党军队的三次"围剿"。1933 年 3 月，取得了第四次反"围剿"战争的胜利。鄂豫皖、湘鄂西等根据地的反"围剿"战争也取得重大胜利。

金句

> 经过了一次大革命的政治经济不平衡的半殖民地的大国，强大的敌人，弱小的红军，土地革命——这是中国革命战争四个主要的特点。这些特点，规定了中国革命战争的指导路线及其许多战略战术的原则。第一个特点和第四个特点，规定了中国红军的可能发展和可能战胜其敌人。第二个特点和第三个特点，规定了中国红军的不可能很快发展和不可能很快战胜其敌人，即是规定了战争的持久，而且如果弄得不好的话，还可能失败。
>
> ——毛泽东

《井冈山土地法》
（节选）

红军反"围剿"战争的胜利和革命根据地的发展，与土地革命的开展密切相关。1931 年 2 月，毛泽东总结根据地土地革命的经验，要求各地各级工农民主政府发布公告，明确规定农民已经分得的田归农民个人私有，可以自主租借买卖，别人不得侵犯。毛泽东和邓子恢等一起制定了土地革命中的阶级路线和土地分配方法：坚定地依靠贫农、雇农，联合中农，限制富农，保护中小工商业者，消灭地主阶级；以乡为单位，按人口平分土地，在原耕地的基础上，实行抽多补少、抽肥补瘦。土地革命的开展，充分调动了广大农民发展生产和参军参战的积极性。

在根据地军民进行反"围剿"作战的同时，国民党统治区的共产党人和进步文化界人士还在文化战线上开展了反"围剿"斗争，形成了左翼文化运动。鲁迅的杂文，瞿秋白的评论，茅盾的小说《子夜》，聂耳作曲、田汉作词的《义勇军进行曲》，邹韬奋主办的《生活周刊》等，都在群众中产生了广泛而深刻的影响，对传播进步思想、推动抗日救亡运动起到了重要作用。

第二节　中国革命在曲折中前进

一、土地革命战争的发展及其挫折

1. 农村革命根据地的建设

1931 年 11 月，中华苏维埃第一次全国代表大会在江西瑞金召开。大会通过了《中华苏维埃共和国宪法大纲》以及土地法令、劳动法等，选举产生了中华苏维埃共和国中央执行委员会，成立了中华苏维埃共和国临时中央政府，毛泽东当选为主席。

中华苏维埃共和国是中国历史上第一个全国性的工农民主政权，是中国共产党在局部地区执政的重要尝试，扩大了党和红色政权的影响，一定程度上加强了对处于被分割状态的各根据地的中枢指挥作用，推动了各根据地的政权、经济、文化教育和党的自身建设，开创了土地革命战争新局面。

中华苏维埃共和国实行工农兵代表大会制度，各级苏维埃政府广泛吸收工农群众代表参加政权管理，行使当家作主的权利。苏维埃政府注重廉政建设，严惩腐败分子，成为中国历史上从未有过的真正廉洁的政府。苏维埃政府重视司法建设，临时中央政府先后颁布 120 多部法律、法令，初步建立起具有鲜明阶级性和时代特征的法律体系。在苏维埃政府领导下，根据地军民积极进行经济建设，努力打破敌人的经济封锁。苏维埃政府注重发展文化教育事业，工农群众开始获得享受文化教育的权利。在领导根据地建设中，党的建设也得到加强，"苏区干部好作风，自带干粮去办公；日着草鞋干革命，夜走山路访贫农"等民歌广泛传唱。

革命根据地生机勃勃的景象，同国民党统治区民不聊生的悲惨景象形成鲜明对照，使身陷苦难深渊的中国人民看到了光明和希望。

2. 土地革命战争的严重挫折

中国革命的复兴和发展并不是一帆风顺的。从大革命失败到遵义会议召开前，"左"倾错误先后三次在党中央领导机关取得了统治地位，尤其是以王明为代表的"左"倾教条主义错误，使中国革命遭受严重挫折。

1931 年 1 月，中共扩大的六届四中全会在上海召开，以王明为代表的"左"倾教条主义在党内开始长达 4 年的错误领导。会后，国民党统治区内党的工作出现一系列非常情况，党组织遭到严重破坏。在上海的中央委员和政治局委员都已不到半数，根据共产国际执行委员会远东局提议，1931 年 9 月成立临时中央政治局（临时中央），由博古（秦邦宪）负总的责任。

在 20 世纪 30 年代前期、中期，中国共产党内屡次出现严重的"左"倾错误，其原因是多方面的。第一，八七会议后党内一直存在着浓厚的"左"倾情绪始终没有得到认真清理；第二，共产国际对中国革命的错误指导；第三，主要原因在于党的马克思主义理论准备不足，缺乏实践经验，不善于把马克思列宁主义与中国实际全面地、正确地结合起来。

对于王明等人的"左"倾错误，毛泽东等进行了坚决抵制和斗争。在中共中央主持工人运动工作的刘少奇多次提出过反对冒险主义的主张。但是，王明等人破坏党的民主集中制、压制党内民主，大搞宗派主义。在 1931 年 11 月中央苏区第一次党代表大会（即赣南会议）上，毛泽东的正确主张被指责为"狭隘的经验论""富农路线""极严重的一贯的右倾机会主义错误"。会议根据中共临时中央政治局的指示，设立中央革命军事委员会，取消红一方面军总司令和总政治委员、总前敌委员会书记的名义，这就剥夺了毛泽东对中央根据地红军的领导权。临时中央政治局迁到中央根据地后，全面推行"左"倾教条主义错误，在福建开展了反对"罗明路线"的斗争，接着又在江西开展反对邓（小平）、毛（泽覃）、谢（唯俊）、古（柏）的斗争，其矛头实际上都是对着毛泽东的正确主张的。

王明等人的"左"倾教条主义错误，使红军和根据地损失了90%，国民党统治区党的力量几乎损失了100%，红军在第五次反"围剿"作战中遭到失败，不得不退出南方根据地实行战略转移——长征。

二、遵义会议实现伟大历史转折

1. 红军开始长征

1934年10月，中共中央、中革军委率中央红军主力等8.6万余人踏上战略转移的漫漫征程，开始了世界历史上前所未有的壮举。1935年3月、4月，红四方面军从川陕根据地出发长征。同年11月，红二、六军团（后组成红二方面军）从湘鄂川黔根据地出发长征。

长征初期，中央领导人又犯了退却中的逃跑主义错误。在强渡湘江后，中央红军锐减到3万多人。严酷的事实教育了广大共产党员和红军指战员，促使他们对"左"倾错误领导产生了怀疑和不满。

2. 遵义会议实现伟大历史转折

1934年12月，中央政治局在贵州黎平举行会议，根据毛泽东的建议放弃到湘西北同红二、六军团会合的计划，改向贵州北部进军。

1935年1月15日至17日，中共中央在遵义召开政治局扩大会议，即遵义会议。会议集中解决了当时具有决定意义的军事和组织问题，增选毛泽东为中央政治局常委，委托张闻天起草《中央关于反对敌人五次"围剿"的总结的决议》。会后不久，中央政治局常委决定由张闻天代替博古负总的责任，毛泽东为周恩来在军事指挥上的帮助者，后成立由毛泽东、周恩来、王稼祥组成的三人小组，负责全军的军事行动。

遵义会议是党的历史上一个生死攸关的转折点，事实上确立了毛泽东在党中央和红军的领导地位，开始确立以毛泽东为主要代表的马克思主义正确路线在党中央的领导地位，开始形成以毛泽东同志为核心的第一代中央领导集体，在最危急关头挽救了党、挽救了红军、挽救了中国革命。遵义会议的鲜明特点是坚持真理、修正错误，确立党中央的正确领导，创造性地制定和实施符合中国革命特点的战略策略，开启了中国共产党独立自主解决中国革命实际问题的新阶段。

三、红军长征胜利和迎接全民族抗战

1. 红军长征的胜利

遵义会议后，在毛泽东等的指挥下，中央红军采取灵活机动的战略战术，四渡赤水河，巧渡金沙江，强渡大渡河，飞夺泸定桥，翻越人迹罕至的夹金山，于 1935 年 6 月抵达四川懋功（今小金）地区，与红四方面军会师。之后，党同张国焘的分裂主义进行了坚决斗争，决定将北上红军改称陕甘支队，先行北上，于 10 月 19 日到达陕北吴起镇；11 月初，在甘泉地区同在陕甘根据地的红十五军团会合，中国共产党所领导的革命力量有了新的落脚点和战略基地。至此，中央红军主力行程二万五千里、纵横 11 个省的长征胜利结束。1936 年 10 月，红四方面军和红二方面军先后同红一方面军在甘肃会宁、隆德将台堡（今属宁夏）会合，三大主力红军的长征胜利结束。

2. 长征的伟大意义

中国工农红军长征是一次理想信念的伟大远征，是一次检验真理的伟大远征，是一次唤醒民众的伟大远征，是一次开创新局的伟大远征。

第一，长征的胜利，极大地促进了党在政治上和思想上的成熟。中国共产党进一步认识到，只有把马克思主义基本原理同中国革命具体实际结合起来，独立自主解决中国革命的重大问题，才能把革命事业引向胜利。

第二，长征的胜利，是中国革命转危为安的关键。毛泽东曾形象地指出："长征是历史纪录上的第一次，长征是宣言书，长征是宣传队，长征是播种机。"

第三，长征宣告了国民党反动派消灭中国共产党和红军的图谋彻底失败，宣告了中国共产党和红军肩负着民族希望胜利实现了北上抗日的战略转移，实现了中国共产党和中国革命事业从挫折走向胜利的伟大转折，开启了中国共产党为实现民族独立、人民解放而斗争的新的伟大进军。

第四，长征铸就了伟大的长征精神，这就是：把全国人民和中华民族的根本利益看得高于一切，坚定革命的理想和信念，坚信正义事业必然胜利的精神；为了救国救民，不怕任何艰难险阻，不惜付出一切牺牲的精神；坚持独立自主、实事求是，一切从实际出发的精神；顾全大局、严守纪律、紧密团结的精神；紧紧依靠人民群众，同人民群众生死相依、患难与共、艰苦奋斗的精神。长征精神为中国革命不断从胜利走向胜利提供了强大精神动力。

长征一结束，中国革命的新局面就开始了。

3. 总结历史经验，迎接全民族抗战

红军长征到达陕北后，为端正思想路线、纠正错误，毛泽东、党中央深刻总结历史经验，加强共产党自身的思想理论建设。

1935 年 12 月，毛泽东作《论反对日本帝国主义的策略》的报告，阐明党的抗日民族统一战线的新政策，系统说明了党的政治策略上的诸问题。1936

年 12 月，他写了《中国革命战争的战略问题》，总结土地革命战争中党内在军事问题上的争论，系统说明了有关中国革命战争战略方面的诸问题。1937 年夏，他在抗日军政大学讲授《实践论》《矛盾论》，从马克思主义认识论的高度，总结中国共产党的历史经验，深入论证马克思列宁主义基本原理同中国具体实际相结合的原则，在理论上武装了全党，为即将到来的全民族抗日战争从思想上、政治上和组织上奠定了坚实基础。

毛泽东谈为写《中国革命战争的战略问题》读过的书

强化训练

一、单项选择题

1. 1927 年（　　）后，南京和武汉两个"国民政府"经过一段时间相互争斗，达成妥协，实现了宁汉合流

    A. 四一二政变　　　　　　　　　　B. 七一五政变

    C. 马日事变　　　　　　　　　　　D. 迁都之争

2. 国民党在全国范围内建立起自己的统治的标志是（　　）

    A. 东北易帜　　　　　　　　　　　B. 宁汉合流

    C. 七一五政变　　　　　　　　　　D. 南京国民政府改组

3. （　　）身陷牢狱仍坚贞不屈，写就"砍头不要紧，只要主义真"的就义诗，表达了共产党员的信念之光不灭

    A. 蔡和森　　　　B. 向警予　　　　C. 夏明翰　　　　D. 赵世炎

4. 1927 年国民党叛变革命后，面对极端的白色恐怖，年逾半百的教育家（　　）毅然加入了中国共产党

    A. 谢觉哉　　　　B. 吴玉章　　　　C. 林伯渠　　　　D. 徐特立

5. 1927 年 8 月 7 日，中共中央在（　　）秘密召开紧急会议（即八七会议），确定了土地革命和武装起义的方针

    A. 汉口　　　　　B. 武昌　　　　　C. 上海　　　　　D. 南京

6. 1927 年 9 月 9 日，毛泽东等领导的湘赣边界秋收起义爆发，公开打出了（　　）的旗帜

    A. 工农红军　　　　　　　　　　　B. 革命军

    C. 工农革命军　　　　　　　　　　D. 工农自卫军

7. 1927 年 10 月 7 日，秋收起义部队抵达江西省宁冈县茅坪，开始了创建（　　）的斗争

    A. 中央革命根据地　　　　　　　　B. 湘鄂赣革命根据地

C. 湘赣边革命根据地   D. 井冈山革命根据地

8. 1927 年 12 月 11 日，中共广东省委书记（   ）和叶挺、叶剑英等领导了广州起义，一度成立了苏维埃政府，但在敌人的强势进攻下，起义最终失败

A. 瞿秋白   B. 恽代英   C. 张太雷   D. 蔡和森

9. 1927 年 11 月，湘赣边界第一个红色政权——（   ）工农兵政府成立

A. 茶陵县   B. 宁冈县   C. 永新县   D. 兴国县

10. 1928 年 4 月下旬，朱德、陈毅率领南昌起义保留下来的部队和湘南起义农军，与毛泽东领导的部队会师，成立工农革命军（   ）

A. 第一军   B. 第二军   C. 第三军   D. 第四军

11. 1928 年 6 月，中国共产党第六次全国代表大会，在继续把（   ）的复兴视为革命高潮到来的决定条件的同时，肯定了农村根据地和红军是决定革命新高潮的更大的发展基础和重要力量

A. 农村工作   B. 城市工作   C. 政治工作   D. 思想工作

12. 在根据地军民进行反"围剿"作战的同时，国民党统治区的共产党人和进步文化界人士还在文化战线上开展了反"围剿"斗争，形成了（   ）

A. 革命统一战线   B. 新文化运动

C. 第二条战线   D. 左翼文化运动

13. 1931 年 11 月，当选为中华苏维埃共和国中央执行委员会主席的是（   ）

A. 毛泽东   B. 周恩来   C. 项英   D. 王稼祥

14. 1930 年 1 月，毛泽东提出以乡村为中心思想的重要著作是（   ）

A.《井冈山的斗争》   B.《星星之火，可以燎原》

C.《反对本本主义》   D.《中国革命和中国共产党》

15. 根据共产国际执行委员会远东局提议，1931 年 9 月成立临时中央政治局（临时中央），由（   ）负总的责任

A. 王稼祥   B. 张闻天   C. 周恩来   D. 秦邦宪

16. 遵义会议后，全权负责红军的军事行动的新的三人团是（   ）

A. 毛泽东、周恩来、王稼祥   B. 毛泽东、周恩来、张闻天

C. 张闻天、周恩来、王稼祥   D. 毛泽东、周恩来、彭德怀

17. 1935 年 11 月初，中央红军主力在甘泉地区同在陕甘根据地的（   ）会合，中国共产党所领导的革命力量有了新的落脚点和战略基地

A. 红二军团   B. 红六军团

C. 红七军团   D. 红十五军团

二、简答题

1. 国民党政府是怎样实行一党专政的军事独裁统治的?

2. 大革命失败后中国共产党面临怎样的艰难环境?

3. 为什么说八七会议是由大革命失败到土地革命战争兴起的历史性转变?

4. 古田会议的主要内容和历史意义是什么?

5. 随着革命新道路的开辟,中国革命开始走向复兴有哪些表现?

6. 土地革命中的阶级路线和土地分配方法是什么?

7. 20 世纪 30 年代前中期中国共产党内出现严重的"左"倾错误的原因是什么?

8. 红军长征到达陕北后,毛泽东、党中央是如何总结历史经验、加强思想理论建设的?

三、论述题

1. 试述毛泽东提出的农村包围城市武装夺取政权思想。

2. 试述中华苏维埃共和国的各项建设。

3. 为什么说遵义会议实现了伟大历史转折?

4. 结合历史背景试述长征的伟大意义。

强化训练
参考答案

📖 **本章拓展资源** _____

第六章　中华民族的抗日战争

结构导图

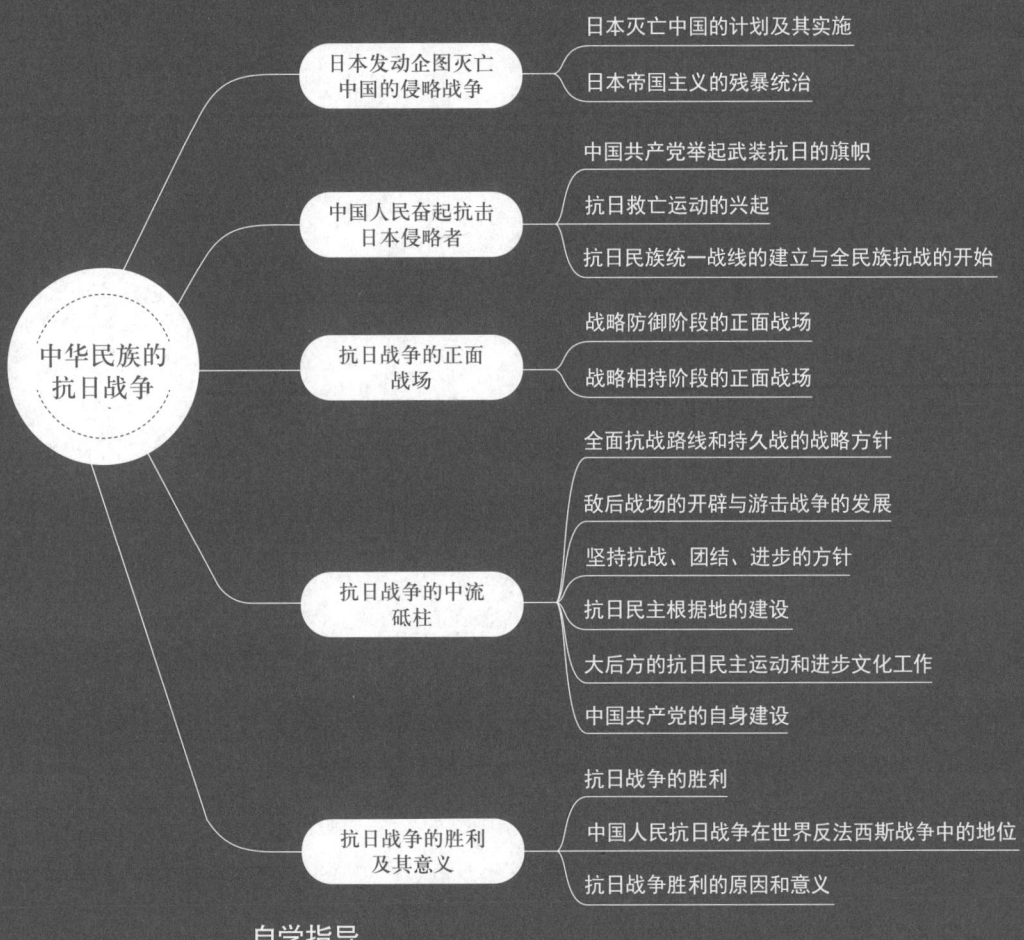

- 中华民族的抗日战争
  - 日本发动企图灭亡中国的侵略战争
    - 日本灭亡中国的计划及其实施
    - 日本帝国主义的残暴统治
  - 中国人民奋起抗击日本侵略者
    - 中国共产党举起武装抗日的旗帜
    - 抗日救亡运动的兴起
    - 抗日民族统一战线的建立与全民族抗战的开始
  - 抗日战争的正面战场
    - 战略防御阶段的正面战场
    - 战略相持阶段的正面战场
  - 抗日战争的中流砥柱
    - 全面抗战路线和持久战的战略方针
    - 敌后战场的开辟与游击战争的发展
    - 坚持抗战、团结、进步的方针
    - 抗日民主根据地的建设
    - 大后方的抗日民主运动和进步文化工作
    - 中国共产党的自身建设
  - 抗日战争的胜利及其意义
    - 抗日战争的胜利
    - 中国人民抗日战争在世界反法西斯战争中的地位
    - 抗日战争胜利的原因和意义

自学指导

一、学习目标

1. 识记：日本侵华的战略方针；日本灭亡中国计划的实施；中国共产党举起武装抗日的旗帜；一二·九运动；中国共产党

提出抗日民族统一战线的新政策；西安事变及其和平解决；卢沟桥事变；抗日民族统一战线正式形成；战略防御阶段正面战场爱国官兵的英勇抗战；中国共产党的全面抗战路线；中国共产党在抗日民族统一战线中坚持独立自主原则；中国共产党巩固抗日民族统一战线的策略总方针；"三三制"民主政权建设；中国共产党在国民党统治区开展的抗日民主运动；《关于若干历史问题的决议》；解放区战场的全面反攻。

2. 领会：日本帝国主义残暴统治的表现；抗日救亡运动的兴起；抗日民族统一战线的建立与全民族抗战的开始；国民党的片面抗战路线；战略相持阶段国民党的消极抗战；持久战的战略总方针；中国共产党坚持抗战、团结、进步的方针；"马克思主义中国化"命题的提出；新民主主义理论的系统阐明；整风运动的过程和意义；中共七大的历史意义；中国战场是世界反法西斯战争的东方主战场。

3. 应用：七七事变前中国人民奋起抗击日本侵略者；正面战场的地位与作用；游击战争的战略地位和作用；中国共产党是抗日战争的中流砥柱；抗日战争胜利的原因；抗日战争胜利对实现中华民族伟大复兴的意义。

二、学习重点难点

（1）日本帝国主义给中华民族造成的极为深重的灾难；（2）抗日民族统一战线的建立；（3）抗日战争的正面战场在不同阶段的地位和作用；（4）中国共产党是抗日战争的中流砥柱；（5）中国共产党的自身建设；（6）中国人民抗日战争在世界反法西斯战争中的地位；（7）抗日战争胜利的原因和意义。

三、自学建议

中国人民抗日战争是 20 世纪中国和人类历史上的重大事件，这一伟大胜利是中华民族从近代以来陷入深重危机走向伟大复兴的历史转折点。本部分是"中国近现代史纲要"的重要核心内容，学生在自学和复习中应引起足够重视，重点领会和理解日本帝国主义的残暴统治、中国人民奋起抗击日本侵略者的兴起过程、中国共产党是抗日战争的中流砥柱、中国人民抗日战争胜利对实现中华民族伟大复兴的意义。学生可以在熟悉本章框架逻辑的基础上，将文中标题作为简答题题目，尝试找出答案，并进行记忆。建议用 4 学时完成本章内容的自学和复习。

第一节　日本发动企图灭亡中国的侵略战争

一、日本灭亡中国的计划及其实施

1. 日本侵华的战略方针

明治维新后，日本开始走上资本主义道路，逐渐发展为军国主义国家。第一次世界大战后，日本军国主义势力进一步控制本国政权，对内镇压人民，对外侵略扩张。

1927 年，日本首相田中义一主持召开"东方会议"，宣示了《对华政策纲要》，企图把"满蒙"从中国本土彻底分割出去，并决心为之诉诸武力。日本军国主义势力主张："惟欲征服支那，必先征服满蒙；如欲征服世界，必先征服支那。"1929 年 10 月，由美国开始的经济危机席卷资本主义世界。为摆脱危机，日本军国主义者加紧实施既定的侵华政策。

2. 从九一八事变到七七事变

1931 年 9 月 18 日深夜，日本关东军炸毁"南满铁路"沈阳北郊柳条湖附近的一段路轨，反诬中国军队所为，当即炮轰东北军驻地北大营，接着向沈阳城等地发动进攻。这就是九一八事变。日本变中国为其独占殖民地的侵略战争由此开始。至 1932 年 2 月，中国东北全境沦陷。

国民党政府对日本的侵略采取妥协退让方针。1931 年 7 月，蒋介石既已提出"攘外必先安内"的方针。九一八事变后，国民党政府电告东北军："日本此举不过寻常寻衅性质，为免除事件扩大起见，绝对抱不抵抗主义。"国民党政府将其军队主力用于"剿共"，对日一再妥协退让。国际联盟和英、美等国采取对日姑息、纵容政策。这使得日本对中国的侵略计划步步得逞。

1935 年，日本在华北制造一系列事端，中国在河北、察哈尔两省的主权大部丧失，华北成为日军可以自由出入的"真空地带"。接着，日本策动华北五省（河北、察哈尔、绥远、山西、山东）两市（北平、天津）"防共自治运动"，制造傀儡政权。这就是华北事变。

之后，日本加紧发动全面侵华战争的部署。1936 年 8 月，法西斯军人控制的广田弘毅内阁制定了"南攻南洋群岛、北攻西伯利亚""先打中国"的侵略计划。11 月，日本同德国签订《反共产国际协定》，欧亚两个法西斯国家打着"反共"旗号结成反动同盟。

1937 年 7 月 7 日，卢沟桥事变（即七七事变）发生。当夜，日军在卢沟桥以北举行军事演习，借口一名士兵失踪，要求进入宛平县城搜查，遭拒绝后即开炮轰城，向中国驻军进攻。日本全面侵华战争由此开始。

二、日本帝国主义的残暴统治

日本侵略者在其占领区实行残暴的殖民统治，这给中华民族造成了极为深重的灾难。

第一，制造惨绝人寰的大屠杀，残害中国人民。1937年12月，日军占领南京后，展开烧、杀、淫、掠"大竞赛"。中国平民和被俘士兵被集体射杀、火焚、活埋及用其他方法处死者达30万人以上，无数妇女遭到蹂躏残害，无数儿童死于非命，1/3建筑遭到毁坏，大量财物遭到掠夺。"南京大屠杀"是骇人听闻的反人类罪行。日军在其他许多地方制造的惨案不计其数，并炮制无人区；对抗日根据地发动毁灭性的"扫荡""清乡"，实行"三光"政策。据不完全统计，在晋冀鲁豫等7个根据地，中国军民被杀戮318万人，被焚房屋1952万间。日军悍然实行细菌战、化学战，对中国军民实行惨无人道的活体试验。日军731部队等将带有病毒的投掷器投放到中国许多地区，造成大量中国平民死亡。日军还掳掠和残害中国劳工，成批的劳工被折磨致死，形成许许多多"万人坑"。日本侵略者还强迫中国等国妇女充当日军性奴隶，形成了丑陋的"慰安妇"制度。

金句
　　正确对待和深刻反省日本军国主义的侵略历史，是建立和发展中日关系的重要政治基础。日本军国主义惨无人道的侵略行径、令人发指的屠杀罪行、野蛮疯狂的掠夺破坏，给中国人民和广大亚洲国家人民带来了惨绝人寰的灾难。事实不容抹杀，也是抹杀不了的。任何否认侵略历史甚至美化侵略战争和殖民统治的言论，都不能不引起中国人民和亚洲国家人民的极大愤慨、严厉谴责、高度警惕。

——习近平

第二，疯狂掠夺中国的资源和财富。日本侵略者控制了东北的经济命脉，肆意掠夺矿产资源；除直接夺取和通过伪政权间接搜刮外，还以低廉价格强制"收购"粮食等农产品，以支持其长期战争。

第三，强制推行奴化教育，肆意摧残中国文化。日本侵略者企图以此达到泯灭中国民众的民族意识和反抗精神、维护其殖民统治的目的。

总之，日本侵略者在中国犯下的罪行罄竹难书。据不完全统计，战争期间，中国军民伤亡人数超过3500万；按1937年的比价，中国直接经济损失1000多亿美元，间接经济损失5000多亿美元。

第二节　中国人民奋起抗击日本侵略者

一、中国共产党举起武装抗日的旗帜

在民族危亡的严重关头，中国共产党率先举起武装抗日旗帜，与国民党当

局的不抵抗主义形成鲜明对照。中共中央发布一系列文告，号召全国工农武装起来，进行民族自卫战争。1932 年 4 月 15 日，中华苏维埃共和国临时中央政府宣布对日作战。

中国共产党不仅积极参加和推动各地抗日救亡运动，而且直接领导了东北人民的抗日武装斗争。中共中央先后派周保中、赵一曼等到东北，加强中共满洲省委及各级地方党组织的领导力量。中共满洲省委和各地党组织派出大批党员、干部到抗日义勇军中工作。1933 年初，中国共产党领导的抗日游击队先后在东北各地崛起。1934 年，各抗日游击队先后改编为东北人民革命军；1936 年 2 月后，陆续改建为东北抗日联军。东北抗日联军同日军进行了艰苦卓绝的斗争，沉重打击了侵略者。

二、抗日救亡运动的兴起

九一八事变后，抗日救亡运动在全国兴起。中国共产党及其领导的工农红军和广大工人、农民是抗日救亡运动的中坚力量。北平、南京、上海等地学生举行罢课、示威等活动，并到南京请愿，要求蒋介石出兵东北，收复失地。民族资产阶级及其政治代表也要求国民党当局变更"剿共"政策，"全国一致对外"。

国民党军队中的部分爱国官兵自发进行了抗战，中国共产党人开始同他们合作抗日。在东北，中共满洲省委同以原东北军为主体的抗日义勇军进行合作。其领导人之一李杜后来加入中国共产党。1932 年一·二八事变后，国民党第十九路军奋起抗日，中共中央号召各界民众支援。1933 年 5 月，原西北军将领冯玉祥成立察哈尔民众抗日同盟军，并谋求同共产党合作。在该军中工作的共产党员约 300 人。其北路军前敌总指挥吉鸿昌不久加入中国共产党（1934 年被国民党当局杀害）。同年 11 月，第十九路军将领蔡廷锴、蒋光鼐以及国民党内爱国人士李济深、陈铭枢等发动反蒋抗日的福建事变。此前，其代表同红军代表签署了《反日反蒋的初步协定》。

1934 年 4 月，由中国共产党提出，宋庆龄、何香凝、李杜等 1779 人领衔，以"中国民族武装自卫委员会筹备委员会"名义，发表《中国人民对日作战的基本纲领》，在该纲领上签字的群众达几十万人。

三、抗日民族统一战线的建立与全民族抗战的开始

1. 一二·九运动与中共的抗日民族统一战线新政策

华北事变后，中日民族矛盾进一步激化。在中国共产党救亡图存、全民抗战的号召和地下党组织领导下，1935 年 12 月 9 日，北平学生举行声势浩大的抗日游行，喊出"反对华北自治""打倒日本帝国主义""停止内战，一致对外"等口号，遭到国民党军警镇压。12 月 16 日，北平学生和市民 1 万多人召开市

民大会，会后举行了更大规模的示威游行。由此开始的一二·九运动迅速波及全国。它促进了中华民族觉醒，标志着中国人民抗日救亡运动新高潮的到来。

中国共产党及时提出了抗日民族统一战线的新政策。1935年8月1日，中共驻共产国际代表团草拟"八一宣言"，不久公开发表。宣言主张停止内战，组织国防政府和抗日联军，对日作战。12月，中共中央在陕北瓦窑堡召开政治局扩大会议，提出党的基本策略任务是建立广泛的抗日民族统一战线，批评了党内长期存在的"左"倾冒险主义、关门主义错误倾向。中国共产党在新的历史时期即将到来时掌握了政治主动权。

1936年5月，在中国共产党人的积极参与下，宋庆龄等爱国民主人士发起成立全国各界救国联合会。中国共产党对驻扎在西北地区以张学良为首的东北军和以杨虎城为首的第十七路军的统战工作取得突破。

日本对华北的侵略，进一步威胁到美、英等国在华利益和国民党当局的统治地位。蒋介石的对日态度及内外政策发生了某些变化，并着手整军备战。他还开始试探"政治解决"共产党和红军问题，国共两党就合作抗日进行初步磋商。1936年5月，毛泽东、朱德联名发布《停战议和一致抗日通电》，放弃反蒋口号。9月1日，中共中央明确提出党的总方针是"逼蒋抗日"。

2. 西安事变及其和平解决

在中日民族矛盾日益尖锐的情况下，蒋介石"攘外必先安内"的方针没有根本改变。1936年12月初，他到达西安，逼张学良、杨虎城"剿共"。张、杨在向蒋介石要求抗日遭拒后，于12日凌晨毅然实行"兵谏"，扣留蒋介石，并通电全国，提出停止内战、一致抗日等八项主张。这就是西安事变。中共中央派周恩来于17日到达西安。在弄清情况后，党中央以中华民族团结抗日大局为重，独立自主确定了用和平方式解决西安事变的方针。周恩来与张、杨共同努力，经过谈判，迫使蒋介石作出"停止剿共，联红抗日"的承诺。西安事变的和平解决成为时局转换的枢纽，十年内战局面基本结束，国内和平初步实现。

为促进国共两党合作，1937年2月，中共中央致电国民党五届三中全会，提出停止内战等五项要求。如果国民党将这五项要求定为国策，中国共产党愿意实行包括停止武力推翻国民党政府的方针在内的四项保证。上述主张在全国引起巨大反响，也得到国民党内抗日派的赞同。国民党五届三中全会表示同意国共两党进行谈判，并在会议文件上第一次写上了"抗日"字样。

国共两党实行第二次合作成为不可抗拒的历史潮流。

3. 国共合作，共赴国难

卢沟桥事变爆发后，当地中国驻军奋起抵抗。中国由此进入全民族抗战阶段，并开辟了世界反法西斯战争的东方主战场。

事变发生的第二天，中国共产党通电全国，号召全中国同胞团结起来，筑成抗日民族统一战线的坚固长城。8月25日，中共中央革命军事委员会发布命令，宣布红军改名为国民革命军第八路军（简称八路军）。朱德任总指挥，彭德怀任副总指挥，全军约4.6万人。9月，陕甘宁根据地改称陕甘宁边区，仍是中共中央所在地。接着，南方八省的红军游击队（琼崖红军游击队除外），改编为国民革命军陆军新编第四军（简称新四军）。叶挺任军长，项英任副军长，全军1.03万余人。

9月22日，国民党中央通讯社发表《中共中央为公布国共合作宣言》；23日，蒋介石发表实际上承认共产党合法地位的谈话。以国共两党第二次合作为基础的抗日民族统一战线正式形成，形成了共同抗击日本侵略者的战略局面。

4. 全民族同仇敌忾，奋起抗战

抗日战争是中华民族全民族的反侵略战争，是正义战争。

中华儿女为民族独立和自由不惜抛头颅、洒热血。华北农村一位名叫邓玉芬的妇女，把丈夫和5个孩子送上前线，他们全部战死沙场。工人、农民、知识分子和其他爱国人士积极投入抗日洪流。民族工商业者踊跃为前线捐赠钱物，一些人还不避艰险，把工厂迁往大后方。中华民族革命同盟、国家社会党、中国青年党、中华职业教育社、乡村建设派等，一致拥护国共两党合作抗日。少数民族群众也积极参加抗日战争，如马本斋领导的冀中回民支队就进行了大小战斗870多次。许多台湾同胞回到祖国大陆，组织各种抗日团体和抗日武装。港澳同胞和海外华侨也以各种方式参加抗日活动，以陈嘉庚为主席的华侨筹赈祖国难民总会，分支机构遍及东南亚。日本侵略者突然发现，它面对的是原来没有预计到的整个中华民族组成的抗日民族统一战线。

第三节 抗日战争的正面战场

一、战略防御阶段的正面战场

1. 爱国官兵英勇抗战

抗日战争时期中国始终存在着两个战场，即中国共产党领导的敌后战场和国民党领导的正面战场。从1937年7月卢沟桥事变到1938年10月广州、武汉失守，中国抗战处于战略防御阶段。

在战略防御阶段，日本侵略者以国民党军队为主要作战对象。以国民党军队为主体的正面战场担负了抗击日军战略进攻的主要任务，组织了淞沪、忻口、徐州、武汉会战等一系列大战役。1938年3月，李宗仁等部在台儿庄战役中取得大捷。

国民党军队的爱国将士表现了空前的民族义愤和抗战热情。在北平南苑的战斗中，第二十九军副军长佟麟阁、第一三二师师长赵登禹先后阵亡。在淞沪会战中，第八十八师五二四团团附谢晋元率孤军据守四行仓库，被上海市民誉为"八百壮士"。

2. 国民党的片面抗战路线

这一时期，正面战场除台儿庄战役取得大捷外，其他战役几乎都以退却、失败而结束。造成这种状况的客观原因，是日军在力量对比上占很大优势，主观原因则是国民党战略指导方针的失误。蒋介石集团在决心抗战的同时，却又害怕群众的广泛动员可能危及自身统治，因而实行片面抗战路线，即不敢放手发动和武装民众，将希望单纯寄托在政府和正规军的抵抗上；在战略战术上，进行单纯的阵地防御战。这使得大多数作战未能给敌人以更大消耗，并导致中国在短时间内丧失大片国土。

二、战略相持阶段的正面战场

1. 国民党抗战日趋消极

抗日战争进入相持阶段后，日本对国民党政府采取以政治诱降为主、军事打击为辅的方针。国民党在重申坚持持久抗战的同时，其对内对外政策发生重大变化。1939年1月，国民党五届五中全会把对付共产党作为重要议题，确定"防共""限共""溶共"的方针。会后，国民党当局陆续制定和秘密颁发《防制异党活动办法》等一系列反共文件。蒋介石还将"抗战到底"解释为"恢复卢沟桥事变以前的状态"。这标志着国民党政府逐步转变为消极抗战。

日军在对国民党进行政治诱降的同时，为巩固占领区，继续对国民党军队发动过若干次进攻性打击。国民党军队也进行过几次较大战役，大体上保住了西南、西北大后方地区。1939年12月，国民党军队攻克昆仑关，消灭日军4000余人。1940年5月，在枣宜会战中，第三十三集团军总司令张自忠殉国。但此时期国民党对抗战在全局上渐趋消极，基本上实行保守的收缩战略，以保存实力；同时又抽出相当多的兵力用来限制、打击共产党及其领导的人民军队，制造了多次反共"摩擦"事件。

1941年12月，日军发动太平洋战争后，美国提议设立中国战区。为配合英、美打击日军，国民政府命令各战区发起攻击。在1942年的第三次长沙会战中，日军死伤5万余人。同年2月，国民政府军事委员会命令中国远征军进入缅甸对日作战。陆军第二〇〇师师长戴安澜在缅北殉国。

2. 豫湘桂大溃败

在世界反法西斯战争胜利发展、抗日敌后战场开始局部反攻的有利条件下，国民党军队的战斗力却日益下降。在1944年4月至1945年1月的豫湘桂战役中，国民党军队大溃败，丢失拥有146座大小城市、6000多万人口的20

《大公报》在《今年应为新生之年！》一文中对豫湘桂大溃败的抨击

多万平方公里的国土。豫湘桂大溃败成为大后方人心变动的重要转折点。国民党统治区民生凋敝、民怨沸腾、民变蜂起，国民党统治陷入深刻危机。

第四节 抗日战争的中流砥柱

一、全面抗战路线和持久战的战略总方针

1. 全面的全民族抗战路线

与国民党的片面抗战路线不同，中国共产党实行全面抗战路线，即人民战争路线。两条不同抗战路线的存在，是中国一切问题的关键。

1937年8月，中国共产党在陕北洛川召开政治局扩大会议，制定了抗日救国十大纲领，强调要打倒日本帝国主义，关键在于使已经发动的抗战成为全面的全民族抗战。必须实行全国军事总动员、全国人民总动员；必须改革政治机构，给人民以充分的抗日民主权利，并适当改善工农大众生活；必须坚持统一战线中无产阶级的领导权，在敌人后方放手发动独立自主的山地游击战争，在国民党统治区放手发动抗日群众运动。

2. 持久战的战略总方针

1938年5月至6月间，毛泽东发表《论持久战》的讲演，总结全民族抗战10个月来的经验，批驳了"亡国论""速胜论"等错误观点，系统地阐明了持久战方针。毛泽东指出，中日战争是半殖民地半封建的中国和帝国主义的日本之间在20世纪30年代进行的一个决死的战争。一方面，日本是强国，中国是弱国，强国弱国的对比，决定了抗日战争只能是持久战。另一方面，日本是小国，发动的是退步的、野蛮的侵略战争，在国际上失道寡助；而中国是大国，进行的是进步的、正义的反侵略战争，在国际上得道多助。中国已经有了代表中华民族和中国人民根本利益的、在政治上成熟的中国共产党及其领导的抗日根据地和人民军队。因此，最后胜利又将是属于中国的。

毛泽东强调，"兵民是胜利之本"。战胜日本的侵略，必须进行人民战争。

毛泽东科学预见了抗日战争的发展进程，即抗日战争将经过战略防御、战略相持、战略反攻三阶段。战略相持阶段是最关键阶段，只要坚持持久抗战、坚持抗日民族统一战线，中国将在这个阶段获得转弱为强的力量。

《论持久战》系统阐明了抗日战争的发展规律和坚持抗战、争取抗战胜利必须实行的战略总方针，是中国共产党领导抗日战争的纲领性文献，对全国抗战的战略指导产生了积极影响。

与此同时，毛泽东还写了《抗日游击战争的战略问题》，特别强调了抗日战争全过程中游击战争的重要战略地位。

二、敌后战场的开辟与游击战争的发展

1. 敌后战场的开辟和发展

为贯彻执行全面抗战路线，中国共产党作出了开辟敌后战场的战略决策。

八路军刚开赴前线时，主要是直接在战役上配合国民党军队作战。1937年9月，八路军第一一五师主力在晋东北平型关附近伏击日军，歼敌1000余人，击毁汽车100多辆，取得全民族抗战以来中国军队主动寻歼敌人的第一次重大胜利，打破了日军不可战胜的神话。

接着，八路军三个师又配合国民党军队进行忻口战役，相继取得雁门关伏击战、夜袭阳明堡日军机场等胜利。

1937年11月太原失守后，八路军在敌后实施战略展开，发动独立自主的敌后游击战争，先后开辟晋察冀、晋西北、晋冀豫、山东和大青山等抗日根据地。在华北，以国民党为主体的正规战争结束，以共产党为主体的游击战争上升到主要地位。新四军则挺进长江南北，创建华中抗日根据地。

到1938年10月，八路军和新四军同日、伪军作战1600多次，毙伤、俘敌5.4万人。到1940年底，人民抗日武装部队发展到50万人，在华北、华中、华南创建了16块根据地。1944年春季，敌后战场人民军队转入攻势作战，抗击着全部侵华日军的64%。

在艰苦的敌后抗战中，涌现出无数可歌可泣的英雄事迹，涌现出东北抗联8名女战士、"狼牙山五壮士"、新四军"刘老庄连"等众多英雄群体。东北抗日联军第一路军总司令兼政治委员杨靖宇、东北抗联第二路军副总指挥赵尚志、八路军副参谋长左权、新四军第四师师长彭雪枫等身先士卒，在作战中以身殉国。

2. 游击战争的战略地位和作用

在全民族抗战中，游击战被提到战略地位，具有全局性意义。

在战略防御阶段，从全局看，国民党正面战场的正规战是主要的，敌后游击战是辅助的。但是，游击战在敌后的广泛开展和敌后抗日根据地的开辟，迫使敌人不得不把用于进攻的兵力抽调回来保守其占领区，从而对阻止日军进攻、减轻正面战场压力、使战争转入相持阶段起了关键性作用。

在战略相持阶段，敌后游击战争成为主要的抗日作战方式。日军逐步将主要兵力用于打击敌后战场的人民军队，以保持和巩固其占领地。1939年至1940年，仅华北地区的日军出动千人以上对敌后抗日根据地的大"扫荡"就有109次，使用总兵力50万人以上。为打击日本侵略者，人民军队在有利条件下也进行过运动战。如1940年8月至翌年1月，八路军总部在华北发动了一次大规模的对日军的进攻，陆续参战部队达105个团20余万人，史称百团大战。但是，人民军队在大部分时间里所进行的主要是游击战。削弱敌人、壮大自己，逐步改变敌强我弱态势，为实行战略反攻准备条件，这个任务主要是

由人民军队进行的游击战来完成的。

在 1945 年 8 月反攻阶段到来前夕，人民军队发展到 120 万人、民兵为 220 万人，根据地达 19 块。

在全民族抗战过程中，中国共产党发挥了中流砥柱作用，领导全国人民，指挥八路军、新四军和华南抗日武装等全国各地的革命抗日武装力量，对敌作战 12.5 万余次，消灭日、伪军 171.4 万余人，其中日军 52.7 万余人，为坚持抗战、夺取抗战最后胜利作出了彪炳史册的贡献。

全民族抗战时期中国共产党领导的人民军队主要战绩统计

（ 1937.9—1945.10 ）

类别		日军	伪军	合计
消灭日、伪军	毙伤（人）	520463	490130	1010593
	俘虏（人）	6213	512933	519146
	投降反正（人）	746	183632	184378
	小计（人）	527422	1186695	1714117
主要缴获	长短枪（支）	682831		
	轻重机枪（挺）	11895		
	各种口径炮（门）	1852		
作战总次数（次）		125165		

资料来源：中共中央党史研究室：《中国共产党的九十年（新民主主义革命时期）》，中共党史出版社、党建读物出版社 2016 年版，第 263-264 页。

究竟哪个政治力量是中国人民抗日战争的中流砥柱？

难点解析

全民族抗战之初，国民党因其抗战表现比较积极而声望高涨。但在进入相持阶段后，其声望随着其抗日态度的日渐消极而不断下滑，更在豫湘桂大溃败后一落千丈。与此形成鲜明对比的是，中国共产党在人们心目中的地位节节上升。在全民族抗战前，由于地处偏远，再加上国民党的新闻封锁、丑化报道，不少人对中国共产党有误解。中国共产党人通过自己的努力，在抗战中赢得了人民的理解与支持。人民在实践中认识到，共产党是代表民族利益、积极抗战的中坚力量。

中国共产党的影响从局部走向全国甚至世界。时任中国战区参谋长的史迪威曾说："我根据我的所见评判国民党与共产党"，国民党"腐败，玩忽职守，混乱"，"欺骗、黑市与敌人做交易"；共产党是"减税，减租，减息"，提高生产和生活水平，参加管理，实践诺言。人们逐渐开始把民族的希望寄托于共产党身上。周恩来指出："1944 年，不仅小资产阶级，连民族资产阶级也靠拢了我们。"著名侨领陈嘉庚，曾是坚决的"拥蒋派"，在参观抗战时期的延安后，他断定："中国的希望在延安。"

需明确的是，中国共产党之所以能够发挥中流砥柱作用，还有一个重要原因是不断加强自身建设，成长为政治上成熟、思想上统一、组织上团结、作风上民主的全国性马克思主义大党，成为中国人民的领导核心。历史证明，没有全民族抗战，没有中国共产党的中流砥柱作用，就不可能有中国人民抗日战争的伟大胜利。

三、坚持抗战、团结、进步的方针

1. 统一战线中的独立自主原则

抗日民族统一战线是以国共合作为基础的。由于国共两党代表不同的阶级利益，参加抗战的目的不尽相同，实行的抗战路线不同，统一战线内部不可避免地存在着矛盾和斗争。

全民族抗战伊始，中共中央就提出必须在统一战线中坚持独立自主原则：共产党必须保持在思想上、政治上和组织上的独立性，放手发动群众，壮大人民力量；必须坚持对人民军队的绝对领导，冲破国民党的限制和束缚，努力发展人民武装和抗日根据地；必须对国民党采取又团结又斗争、以斗争求团结的方针。这样做的目的，就是力争中国共产党对抗日战争的领导权，使自己成为团结全民族抗战的中坚力量。这是把抗日战争引向胜利的中心一环。

2. 击退国民党的反共摩擦

抗日战争相持阶段到来后，由于以蒋介石为代表的国民党亲英美派开始推行消极抗日、积极反共的政策，团结抗战的局面逐步发生严重危机，出现了中途妥协和内部分裂两大危险。1939 年冬至 1940 年春，国民党顽固派发动第一次反共高潮，人民军队给予坚决还击。1941 年 1 月，国民党顽固派发动第二次反共高潮，在皖南以 8 万余兵力包围袭击新四军军部及所属部队 9000 多人（除约 2000 人突围外，一部分被打散，大部牺牲或被俘）。蒋介石竟诬称新四军"叛变"，宣布取消其番号。对于国民党当局的倒行逆施，中国共产党以抗日大局为重，在军事上严守自卫，在政治上坚决反击，赢得了国内外舆论的同情和支持。1943 年春，国民党顽固派策划发动第三次反共高潮，由于中国共产党及时进行揭露和斗争而被制止。

3. 巩固抗日民族统一战线的策略总方针

为了抗日民族统一战线的坚持、扩大和巩固，中国共产党总结反"摩擦"斗争的经验，制定了"发展进步势力、争取中间势力、孤立顽固势力"的策略总方针。进步势力主要是指工人、农民和城市小资产阶级，他们是统一战线的基础，抗日战争的主要依靠力量。中间势力主要是指民族资产阶级、开明绅士和地方实力派。顽固势力是指大地主大资产阶级的抗日派，即以蒋介石集团为代表的国民党亲英美派。中国共产党对顽固派贯彻又联合又斗争的政策。在同顽固派作斗争时，坚持有理、有利、有节的原则。上述原则和方针的提出和贯彻实施，对坚持全民族抗战到底具有十分重大的意义。

四、抗日民主根据地的建设

抗日民主根据地是认真贯彻和实现全面抗战路线、争取胜利的坚强阵地。1941年5月中共中央批准颁布的《陕甘宁边区施政纲领》，全面体现了中国共产党关于根据地建设的基本方针。

1. "三三制"的民主政权建设

加强政权建设，是抗日根据地建设的首要的、根本的任务。根据地政权是共产党领导的抗日民族统一战线性质的政权，在工作人员分配上实行"三三制"原则，即共产党员、党外进步人士和中间派各占1/3。这样做，可以容纳各方面的代表，团结一切赞成抗日又赞成民主的各阶级、阶层。

抗日民主政权普遍采取民主集中制，各级抗日民主政权机构的领导人都经过人民选举产生。抗日民主政权努力发扬政治民主，保障人民民主自由权利；实行各民族平等团结、共同抗日的基本政策，在少数民族聚居地区试行民族区域自治。

毛泽东在回答中国共产党能否跳出"其兴也浡焉，其亡也忽焉"的治乱兴衰历史周期率问题时说："我们已经找到新路，我们能跳出这周期率。这条新路，就是民主。只有让人民来监督政府，政府才不敢松懈。只有人人起来负责，才不会人亡政息。"

2. 减租减息，发展生产

抗日民主政权十分重视根据地的经济建设。停止实行没收地主土地的政策，普遍实行减租减息政策，以减轻农民所受的封建剥削，提高他们的抗日和生产的积极性；同时实行交租交息，以利于联合地主阶级抗日。抗日民主政权发动农民组织劳动互助，动员农民开荒地、修水利，帮助农民改良耕作技术，推广优良品种。

1940年至1943年，抗日根据地出现了严重的经济困难。为克服根据地面临的严重困难局面，毛泽东提出了"发展经济，保障供给"的经济工作和财政工作总方针，发出了"自己动手，丰衣足食"的号召，领导根据地军民开展了大生产运动。八路军第三五九旅艰苦奋斗，使荒凉的南泥湾变成了"陕北江南"。

同时，抗日民主政权还厉行精兵简政等。经过一系列努力，根据地军民终于战胜了困难，为坚持抗战、争取胜利奠定了物质基础。

3. 文化建设与干部教育

全民族抗战开始后，延安成为革命者向往的"圣地"。中共中央及时作出大量吸收知识分子的决定，把发展抗日的革命文化运动提上重要议事日程，中国人民抗日军事政治大学、鲁迅艺术学院、马列学院等一批干部学校和专门学校创办起来。各根据地还创办大批中小学和开展冬学运动。哲学社会科学和自然科学研究也得到重视，1940年创办了延安自然科学院。

抗日根据地政治民主、政府廉洁、民族团结、经济发展，同国民党统治区的政治专制、吏治腐败形成鲜明对照。越来越多的人从中国共产党领导的抗日根据地中看到了未来中国的希望。以陕甘宁边区为代表的抗日根据地实行新民主主义的政治、经济、文化政策，成为新民主主义中国的雏形。

五、大后方的抗日民主运动和进步文化工作

1. 抗日民主运动的开展

抗战时期的国民党统治区被称为大后方。全民族抗战开始后，各界人士要求国民党实行抗战民主。1939年10月，国民参政会中一些党派的代表发起宪政座谈会，批评国民党一党专政，宪政运动在国民党统治区普遍开展起来。

中国共产党在大后方开展了促进团结抗日等大量卓有成效的工作。1939年1月后，由中共中央南方局具体领导对国民党统治区的工作。1944年9月，中共参政员林伯渠在国民参政会上正式提出立即结束国民党一党统治、建立各抗日党派民主联合政府的主张，得到各界热烈响应。但是，蒋介石公开反对召开各党派会议、成立民主联合政府。1945年5月，国民党第六次全国代表大会制定了抢夺人民抗战胜利果实、准备发动内战的反动方针。

中共南方局还直接对大后方的工商界人士做了大量工作。周恩来当时说：1944年，不仅小资产阶级，连民族资产阶级也靠拢了我们。

2. 抗战文化工作的开展

全民族抗战开始后，在中国共产党推动和影响下，文化界各抗敌协会相继成立，成为文化界广泛的抗日民族统一战线建立的重要标志。

1938年初，周恩来担任国民政府军事委员会政治部副部长后，掌管宣传工作的政治部第三厅在周恩来、郭沫若的参与和领导下，汇聚了一大批文化界爱国人士，成为扩大统一战线、推动抗日文化工作的重要阵地。

武汉失守前后，一大批文化界人士迁移到重庆和桂林、昆明等地。中共中央南方局设立了文化工作委员会，具体领导大后方的进步文化工作。

中国共产党的《新华日报》《群众》周刊在国民党统治区公开发行，及时宣传党的主张，鼓舞和激励群众的抗战热情。

国民党统治区的抗日民主运动和进步文化工作，是全民族抗日战争中的一

条重要的战线，对于激发大后方人民的爱国民主意识、坚持国共合作团结抗战、支援抗战前线、积蓄革命力量等发挥了重要的作用。

六、中国共产党的自身建设

1. "马克思主义的中国化"命题的提出

1938 年 9 月至 11 月，中国共产党在延安召开了扩大的六届六中全会。在这次全会上，毛泽东明确提出"马克思主义的中国化"命题。他强调："马克思主义的中国化，使之在其每一表现中带着中国的特性，即是说，按照中国的特点去应用它，成为全党亟待了解并亟须解决的问题。"为了推进马克思主义中国化的事业，他向全党提出了普遍地深入地学习马克思列宁主义的理论，学习我们的历史遗产并给以批判的总结和调查研究当前运动的特点及其规律性的任务。

中共六届六中全会是一次具有重大历史意义的会议。全会基本纠正了王明的右倾错误，进一步巩固了毛泽东在全党的领导地位，统一了全党的思想和步调，推动了各项工作迅速发展。

1943 年，针对国民党借共产国际宣告解散而鼓吹"共产主义不适合中国国情"、要求解散中国共产党等论调，中共中央进行有力批驳，指出中国共产党人把中华民族"一切优秀传统看成和自己血肉相连的东西，而且将继续加以发扬光大"，使马克思列宁主义"更进一步地和中国革命实践、中国历史、中国文化深相结合起来"。

2. 新民主主义理论的系统阐明

为了将丰富的中国革命实际经验马克思主义化，以更好地指导抗日战争和中国革命，1939 年、1940 年之交，毛泽东撰写了《〈共产党人〉发刊词》《中国革命和中国共产党》《新民主主义论》等一批重要理论著作，对新民主主义理论作了系统阐明。

首先，毛泽东揭示了中国半殖民地半封建社会的性质和主要特征，明确了近代中国社会的主要矛盾和中国革命发生及发展的原因，阐明了中国共产党领导的整个中国革命运动，包括民主主义革命和社会主义革命两个阶段。而1919 年五四运动以后的中国民主革命，已经是无产阶级领导的人民大众的反帝反封建的新民主主义革命。

其次，毛泽东还阐明了中国共产党在新民主主义革命阶段的基本纲领。即：政治上，推翻帝国主义和封建主义的压迫，建立一个以无产阶级为领导的、以工农联盟为基础的各革命阶级联合专政的新民主主义共和国；政体是民主集中制的人民代表大会制度。经济上，没收操纵国计民生的大银行、大工业、大商业归新民主主义国家所有，建立国营经济；没收地主阶级土地归农民所有，并引导个体农民发展合作经济；允许民族资本主义经济的发展和富农经济的存在。文化上，废除封建买办文化，发展无产阶级领导的人民大众的反帝反封建的中华民族的新文化，即民族的科学的大众的文化。

最后，毛泽东总结中国共产党成立以来的历史经验，指出统一战线、武装斗争、党的建设，是中国共产党在中国革命中战胜敌人的三个主要法宝。

总之，新民主主义理论是马克思主义中国化的重大理论成果。它的提出和系统阐明，标志着毛泽东思想得到多方面展开而趋于成熟。这个理论从思想上武装了中国共产党人，使他们极大地增强了参加和领导抗日战争以及整个新民主主义革命的自觉性。

3. 整风运动和《关于若干历史问题的决议》

遵义会议以来，党的路线已走上马克思主义的正确轨道，但对曾经给党的事业造成严重危害的主观主义、教条主义还没有来得及从思想上进行认真清理。这就有必要集中开展一场普遍的马克思主义思想教育运动，总结和吸取经验教训，以提高广大党员的思想理论水平，增强党的凝聚力和战斗力。为此，中国共产党在全党范围内开展了一场整风运动。

1941 年 5 月，毛泽东作了《改造我们的学习》的报告。整风运动首先在党的高级干部中进行。1942 年 2 月，毛泽东先后作了《整顿党的作风》和《反对党八股》的讲演，整风运动在全党范围普遍展开。全党普遍整风的内容是反对主观主义、宗派主义、党八股以树立马克思主义的作风。反对主观主义以整顿学风，是整风运动最主要的任务。要克服主观主义，必须以科学的态度对待马克思主义，发扬理论联系实际的马克思主义的学风，一切从实际出发，实事求是。反对宗派主义以整顿党风，反对党八股以整顿文风，也是整风运动的重要任务。

在整风运动中，全党党员，特别是党的高级干部，认真学习马克思主义著作和党的整风运动文献，联系党的历史，联系个人的思想实际和工作实际，开展批评与自我批评，端正了思想路线，增强了运用马克思主义的立场、观点、方法解决中国革命实际问题的自觉性和能力。

在整风运动中，党中央于 1942 年 5 月召开延安文艺座谈会。在毛泽东延安文艺座谈会讲话精神指引下，广大文艺工作者创作了一大批反映现实生活的为群众喜闻乐见的优秀作品。

在深入总结历史经验的基础上，1944 年 5 月 21 日至 1945 年 4 月 20 日，中共扩大的六届七中全会在延安召开，会议原则通过了《关于若干历史问题的决议》，对建党以后特别是党的六届四中全会至遵义会议前这一段党的历史及其经验教训进行了总结，对党的若干重大历史问题作出结论。《决议》使全党特别是党的高级干部对中国革命基本问题的认识达到了一致，增强了全党团结，为党的七大胜利召开创造了充分条件，有力促进了中国革命事业发展。至此，整风运动胜利结束。

整风运动是一次深刻的马克思主义思想教育运动，也是一场思想解放运动。它坚持马克思主义同中国实际相结合的正确方向，使实事求是的思想路线在全党范围确立起来。

4. 中共七大和毛泽东思想指导地位的确立

1945 年 4 月 23 日至 6 月 11 日，中国共产党第七次全国代表大会在延安举行。中共七大制定了党的政治路线，以及新民主主义国家在政治、经济、文化方面的纲领，提出实现中国工业化的宏伟任务。

中共七大把党在长期奋斗中形成的优良作风概括为三大作风，即理论和实践相结合的作风、和人民群众紧密联系在一起的作风、自我批评的作风。

毛泽东在大会预备会上强调看齐意识。他说："我们要向中央基准看齐，向大会基准看齐。看齐是原则，有偏差是实际生活，有了偏差，就喊看齐。"

中共七大将以毛泽东为主要代表的中国共产党人把马克思列宁主义基本原理同中国具体实际相结合所创造的理论成果，正式命名为毛泽东思想，并规定为党的一切工作的指针。把毛泽东思想确立为党的指导思想并写入党章，是中共七大的历史性贡献。

中共七大在党的历史上具有重要里程碑意义，标志着党在政治上思想上组织上走向成熟。它为建立新民主主义的新中国制定了正确路线方针政策，确立了毛泽东在党中央和全党的领导核心地位、毛泽东思想在全党的指导地位，形成了一支高举毛泽东旗帜的久经考验的政治家集团，并为党后来不断从胜利走向胜利指明了正确方向、开辟了正确道路。

在延安时期，中国共产党形成了以坚定正确的政治方向、解放思想实事求是的思想路线、全心全意为人民服务的根本宗旨、自力更生艰苦奋斗的创业精神为主要内容的延安精神，这是党的宝贵精神财富。

第五节 抗日战争的胜利及其意义

一、抗日战争的胜利

1. 解放区战场的全面反攻

1945 年上半年，世界反法西斯战争进入最后阶段。4 月，包括解放区代表董必武在内的中国代表团出席了联合国制宪会议，中国成为联合国的创始国和联合国安理会常任理事国之一。

7 月 26 日，中、美、英三国发表波茨坦公告，敦促日本投降。8 月 9 日，苏联红军进入中国东北，同中国军民一道对日作战。同日，毛泽东发表《对日寇的最后一战》的声明。随后，朱德总司令发布七道全面反攻命令。抗日战争进入全面反攻阶段。这时，国民党军队主要集中在西南、西北地区，而日军在华北、华中和华南占领的大部分城镇、交通要道都处在共产党领导的敌后军民包围中。各根据地军民向日、伪军发起猛烈的全面反攻，很快解放大片国土。

2. 日本投降和台湾光复

8月15日，日本天皇裕仁发布《终战诏书》，日本无条件投降。9月2日，日本代表在投降书上签字。侵华日军128万人向中国投降。至此，中国抗日战争胜利结束，世界反法西斯战争也胜利结束。9月3日成为中国人民抗日战争胜利纪念日。

10月25日，中国政府在台湾举行受降仪式。被日本占领50年之久的台湾以及澎湖列岛，重归中国主权管辖。这是抗日战争取得完全胜利的重要标志。

二、中国人民抗日战争在世界反法西斯战争中的地位

1. 世界反法西斯战争的东方主战场

中国人民抗日战争从一开始就具有拯救人类文明、保卫世界和平的重大意义，是世界反法西斯战争的重要组成部分，中国战场是世界反法西斯战争的东方主战场。

第一，中国人民抗日战争是世界反法西斯战争的东方主战场。在世界反法西斯战争中，中国人民抗日战争开始最早，持续时间最长。中国抗战在1931年九一八事变后即已开始。从1937年中国全民族抗战开始到1939年9月大战在欧洲爆发之前，当英、美、法实行绥靖政策的时候，中国人民孤军奋战，英勇抗击了百万日军的进攻。

第二，中国的抗战牵制和削弱了日本的力量，使之不敢贸然北进，从而使苏联得以集中兵力对付德国，避免东西两面作战；同时也推迟了日本发动太平洋战争的时间，并使之在发动和进行战争时由于兵力不足而不能全力南进，从而减轻了美、英军队所受压力。中国坚持持久抗战，抗击和牵制着日本陆军主力，并为同盟国军队实施战略反攻创造了有利条件。

第三，中国作为亚洲太平洋地区盟军对日作战的重要后方基地，还为盟国提供了大量战略物资和军事情报。

总之，中国是世界参加反法西斯战争的五个大国之一。中国是在亚洲大陆上反对日本侵略者的主要国家。14年中，中国军民共歼灭日军150余万人。中国人民为了自己的解放，为了帮助各同盟国，付出了巨大牺牲，作出了伟大贡献。

2. 世界反法西斯力量对中国的援助

中国的抗日战争得到了世界上所有爱好和平与正义的国家和人民、国际组

织及各种反法西斯力量的同情和支持。

苏联是最早为中国抗战提供援助的国家。太平洋战争爆发前后，美国采取了支持中国、联合中国共同抗日的政策。美国陆军航空队退役军官陈纳德还曾组建美国援华志愿航空队，冒险开辟驼峰航线。英、法等国也向中国提供了经济援助或开展军事合作。

朝鲜、越南、加拿大、印度、新西兰、波兰、丹麦以及德国、奥地利、罗马尼亚、保加利亚、日本等国的反法西斯战士直接投身中国抗战。

三、抗日战争胜利的原因和意义

1. 抗日战争胜利的原因

中国人民抗日战争的胜利，是近代以来中国人民反抗外敌入侵第一次取得完全胜利的民族解放斗争。其原因在于：

英雄母亲邓玉芬为抗战把 5 个儿子送上前线

第一，以爱国主义为核心的民族精神是中国人民抗日战争胜利的决定因素。近代以来，中国人民为争取民族独立和解放进行的一系列抗争，是中华民族觉醒和民族精神升华的历史进程，这在抗日战争时期达到全新高度。中华儿女众志成城、共御外侮，谱写了伟大的爱国主义篇章。

第二，中国共产党的中流砥柱作用是中国人民抗日战争胜利的关键。中国共产党自成立之日起就把实现中华民族伟大复兴作为自己的历史使命。在日本帝国主义加紧侵略我国、民族危机空前严重的关头，党率先高举武装抗日旗帜，广泛开展抗日救亡运动，促成西安事变和平解决，对推动国共再次合作、团结抗日起了重大历史作用。七七事变后，党实行正确的抗日民族统一战线政策，坚持全面抗战路线，提出和实施持久战的战略总方针和一整套人民战争的战略战术，开辟广大敌后战场和抗日根据地，领导八路军、新四军、东北抗日联军和其他人民抗日武装英勇作战，成为全民族抗战的中流砥柱，直到取得中国人民抗日战争最后胜利。

第三，全民族抗战是中国人民抗日战争胜利的重要法宝。中国共产党坚持动员人民、依靠人民，推动形成了全民族抗战的历史洪流。全体中华儿女万众一心，各党派、各民族、各阶级、各阶层、各团体同仇敌忾，敌后战场和正面战场协力合作。中国人民抗日战争胜利是全体中华儿女勠力同心、以弱胜强的雄浑史诗，显示了中国人民和中华儿女坚不可摧的磅礴力量。

第四，中国人民抗日战争的胜利，同世界所有爱好和平和正义的国家和人民、国际组织以及各种反法西斯力量的同情和支持也是分不开的。

2. 抗日战争胜利的意义

中国人民抗日战争是 20 世纪中国和人类历史上的重大事件。这一伟大胜利，是中华民族从近代以来陷入深重危机走向伟大复兴的历史转折点。

　　第一，中国人民抗日战争的胜利，彻底粉碎了日本军国主义殖民奴役中国的图谋，有力捍卫了国家主权和领土完整，彻底洗刷了近代以来抗击外来侵略屡战屡败的民族耻辱。

　　第二，中国人民抗日战争的胜利，促进了中华民族的大团结，形成了伟大的抗战精神。中国人民向世界展示了天下兴亡、匹夫有责的爱国情怀，视死如归、宁死不屈的民族气节，不畏强暴、血战到底的英雄气概，百折不挠、坚忍不拔的必胜信念。伟大抗战精神是中国人民弥足珍贵的精神财富。

　　第三，中国人民抗日战争的胜利，对世界各国夺取反法西斯战争的胜利，维护世界和平产生了巨大影响。中国人民为最终战胜法西斯势力作出了历史性贡献，国际地位显著提高，中国成为联合国安理会五个常任理事国之一。中国人民赢得了世界爱好和平人民的尊敬，中华民族赢得了崇高的民族声誉。

　　第四，中国人民抗日战争的胜利，坚定了中国人民追求民族独立、自由、解放的意志，开启了古老中国凤凰涅槃、浴火重生的历史新征程，为中国共产党团结带领全国人民继续奋斗，赢得新民主主义革命胜利，奠定了重要基础。

强化训练

一、单项选择题

1. 日本帝国主义发动全面侵华战争的事变是（　　）

A. 九一八事变　　B. 一·二八事变　　C. 华北事变　　　　D. 卢沟桥事变

2. 中国共产党响亮提出"反对日本帝国主义强占东三省！"的时间是（　　）

A. 1931 年 9 月 20 日　　　　　　　　B. 1932 年 4 月 15 日

C. 1933 年初　　　　　　　　　　　　D. 1936 年 2 月

3. 1933 年 5 月成立察哈尔民众抗日同盟军的将领是（　　）

A. 蔡廷锴　　　　　B. 吉鸿昌　　　　　C. 叶挺　　　　　　D. 冯玉祥

4. 标志着中国人民抗日救亡运动新高潮到来的一二·九运动的发生时间是（　　）

A. 1931 年　　　　B. 1934 年　　　　　C. 1935 年　　　　D. 1937 年

5. 标志着十年内战局面基本结束的历史事件是（　　）

A. 九一八事变　　B. 一二·九运动　　C. 西安事变　　　D. 卢沟桥事变

6. 抗日民族统一战线正式形成的基础是（　　）

A. 国共两党第一次合作　　　　　　　B. 国共两党第二次合作

C. 国共两党第三次合作　　　　　　　D. 反帝国主义的联合战线

7. 从卢沟桥事变到 1938 年 10 月，中国抗日战争处于（　　）

A. 战略防御阶段　　　　　　　　　　B. 战略相持阶段

C. 战略反攻阶段   D. 战略退却阶段

8. 在战略防御阶段，日本侵略者的主要作战对象是（   ）

A. 国民党军队   B. 八路军

C. 新四军   D. 游击队

9. 战略防御阶段，蒋介石集团实行的抗战路线是（   ）

A. 全面抗战路线   B. 不抵抗路线

C. 持久抗战路线   D. 片面抗战路线

10. 1938 年 3 月，国民党军队在抗日战争正面战场取得胜利的战役是（   ）

A. 淞沪战役   B. 忻口战役   C. 台儿庄战役   D. 枣宜战役

11. 抗战大后方人心变动的重要转折点是（   ）

A. 忻口会战   B. 武汉会战   C. 豫湘桂大溃败   D. 淞沪会战

12. 战略相持阶段，日本对国民党政府采取的方针是（   ）

A. 政治诱降为主、军事打击为辅   B. 军事打击为主、政治诱降为辅

C. 政治诱降与军事打击并重   D. 全面进攻

13. 全民族抗战以来中国军队主动寻歼敌人的第一次重大胜利是（   ）

A. 台儿庄大捷   B. 平型关大捷   C. 镇南关大捷   D. 徐州会战

14. 1941 年 1 月，国民党顽固派发动的第二次反共高潮中的事件包括（   ）

A. 七一五反革命政变   B. 皖南事变

C. 四一二反革命政变   D. 中山舰事件

15. "马克思主义中国化" 命题的明确提出是在（   ）

A. 中共六届六中全会   B. 中共六大

C. 中共七大   D. 中共六届七中全会

16. 延安整风运动首先在（   ）中进行

A. 中央领导层   B. 高级干部

C. 全体党员   D. 人民群众

17. 中共七大概括的三大优良作风不包括（   ）

A. 理论与实践相结合   B. 和人民群众密切联系在一起

C. 自我批评   D. 武装斗争

18. 中国人民抗日战争胜利纪念日是（   ）

A. 8 月 15 日   B. 9 月 2 日   C. 9 月 3 日   D. 7 月 7 日

19. 组建援华支援航空队、冒险开辟驼峰航线的是（   ）退役军官陈纳德

A. 加拿大   B. 美国   C. 苏联   D. 英国

20. 南京大屠杀中千方百计保护中国难民的是（   ）

A. 加拿大医生白求恩　　　　　　　B. 印度医生柯棣华

C. 法国医生贝熙叶　　　　　　　　D. 德国的拉贝、丹麦的辛德贝格

二、简答题

1. 日本侵略者在占领区实行残暴的殖民统治，给中华民族造成了哪些极为严重的灾难？

2. 中国共产党抗日民族统一战线新政策是如何提出的？

3. 中国共产党的全面抗战路线是什么？

4. 中国共产党的持久战方针有哪些内容？

5. 在全民族抗战中游击战争的战略地位和作用是什么？

6. 全民族抗战伊始，中共中央提出在统一战线中坚持独立自主原则的内容是什么？

7. 中国共产党巩固抗日民族统一战线的策略总方针是什么？

8. 抗日战争时期中国共产党实行的"三三制"民主政权是什么？

9. 中国共产党在抗日根据地的经济建设有哪些内容？

10. 中国人民抗日战争取得胜利的主要原因有哪些？

三、论述题

1. 为什么说中国的抗日战争是神圣的民族解放战争？

2. 抗日战争时期毛泽东是如何阐明新民主主义理论的？

3. 中国共产党延安整风运动的主要内容是什么？有什么样的历史意义？

4. 为什么说中共七大在党的历史上具有里程碑意义？

5. 如何看待世界反法西斯战争的东方主战场？

6. 如何认识中国人民抗日战争是中华民族从近代以来陷入深重危机走向伟大复兴的历史转折点？

强化训练
参考答案

本章拓展资源 _____

第七章　为建立新中国而奋斗

结构导图

为建立新中国而奋斗

- 从争取和平民主到击退国民党的军事进攻
  - 抗日战争胜利后的国际格局和国内形势
  - 中国共产党争取和平民主的斗争
  - 国民党发动全面内战和解放区军民的坚决反击
- 国民党政府处在全民的包围中
  - 全国解放战争的胜利发展
  - 解放区的土地改革运动与农民的广泛发动
  - 国民党统治区的政治经济危机和第二条战线的形成和发展
- 中国共产党与民主党派的团结合作
  - 各民主党派的历史发展
  - 中国共产党与民主党派的团结合作
  - 中国共产党领导的多党合作和政治协商格局的形成
- 建立人民民主专政的新中国
  - 南京国民党政权的覆灭
  - 人民政协的召开与中国共产党全国执政地位的确立
  - 中国革命胜利的原因、意义和基本经验

自学指导

一、学习目标

1. 识记：重庆谈判；重庆政治协商会议；新民主主义三大经济纲领；新民主主义革命总路线；《五四指示》；《中国土地法大纲》；土地改革的总路线；五二〇惨案；各民主党派的历史发展；决定中国命运的战略决战；国共北平谈判；人民解放军占领南京及其向全国进军。

2. 领会：抗日战争胜利后的国际格局和国内形势；抗战胜

利后三种建国方案和两个中国之命运；中国共产党争取和平民主的斗争；人民解放军的战略进攻；全国解放战争的胜利发展；国民党统治区的政治经济危机；中国共产党与各民主党派的团结合作；第三条道路幻灭的历史必然性；中共七届二中全会的主要内容。

3. 应用：中国共产党领导的多党合作和政治协商格局的形成；《论人民民主专政》与中国共产党建国主张；中国革命胜利的原因、意义和基本经验。

二、学习重点难点

（1）抗日战争胜利后的国际格局；（2）抗战胜利后三种建国方案和两个中国之命运；（3）解放战争的胜利发展；（4）第三条道路幻灭的历史必然性；（5）中国共产党与民主党派的团结合作；（6）中共七届二中全会的主要内容；（7）《论人民民主专政》的主要内容；（8）中国革命胜利的原因、意义和基本经验。

三、自学建议

本部分内容讲授的是 1945 年抗日战争胜利到 1949 年新中国成立前夕的历史，在中国近现代史纲要课中的地位比较重要，具有承前启后的重要作用。抗日战争胜利后，在中国人民面前摆着两条路，光明的路和黑暗的路。存在着两个中国之命运：一个是独立、自由、民主、统一、富强的中国，即光明的新中国；一个是半殖民地半封建的、分裂的、贫弱的中国，即黑暗的旧中国。中国共产党领导人民推翻国民党反动统治，取得新民主主义革命的胜利，建立了中华人民共和国，实现了民族独立和人民解放。学生在复习中应引起足够重视，重点记忆抗战胜利后三种建国方案和两个中国之命运、中国共产党领导的多党合作和政治协商格局的形成以及中国革命胜利的原因、意义和基本经验。学生可以在熟悉本章框架逻辑的基础上，将文中标题作为简答题题目，尝试找出答案，并进行记忆。建议用 4 学时完成本章内容的自学和复习。

第一节 从争取和平民主到击退国民党的军事进攻

一、抗日战争胜利后的国际格局和国内形势

1. 抗日战争胜利后的国际格局

抗日战争胜利后，国际格局出现了新的重大变化，突出地体现在三个方面。

一是帝国主义势力受到削弱，人民民主力量明显增强。一方面，经过第二次世界大战，德、日、意三个法西斯国家被打败，英、法在战争中受到严重削弱，只有美国开始在资本主义世界中称雄。另一方面，社会主义的苏联在经受战争考验后，得以较快地恢复和巩固；人民民主和社会主义制度在多国建立；民族·解放运动在亚洲、非洲、拉丁美洲蓬勃兴起；在资本主义国家，共产党的影响显著增长，工人运动有了新的发展。

二是以维持欧洲大国均势为中心的传统的国际政治格局被逐步打破，形成了美苏两极的政治格局。在此基础上，并逐步形成了分别以美、苏为首的帝国主义和社会主义两个阵营的对立。

三是战后不久，美国拟定了一个准备称霸世界的所谓"全球战略计划"。为此，美国继续采取自中国抗战后期就已确立的扶蒋反共政策。中国共产党和中国人民面临两个前途、两种命运决战的严峻考验。

2. 抗日战争胜利后的国内形势

抗日战争胜利后，中国国内形势也出现了新变化。

一是中国人民的觉悟程度、组织程度空前提高，中国共产党及其领导的人民革命力量得到空前发展。抗日战争胜利时，中国共产党已有党员 120 万人，经过整风学习，达到了高度团结统一；领导的正规军达 120 余万人，民兵达 220 万人；解放区扩大到 1 亿人口。国民党统治区各民主党派和民主人士的力量有很大增强，他们同共产党建立了密切的联系。在经历长期抗战后，中国人民迫切需要休养生息，渴望国内和平、民主、团结。中国人民克服一切困难，实现其基本历史要求的时机已经到来。

二是作为大地主、大资产阶级政治代表的国民党统治集团，从其根本阶级利益出发，坚持独裁统治，坚持内战方针，继续走半殖民地半封建社会的老路。这就使得中国仍面临两种不同命运和不同前途的尖锐斗争。

三是三种建国方案和两个中国之命运的斗争日益尖锐。这三种建国方案分别是：

地主阶级与买办性大资产阶级的建国方案。它维护地主阶级和买办性大资产阶级的根本利益，与中国最广大人民的利益和愿望背道而驰，因而最终遭到了中国人民的唾弃。随着新中国的诞生，国民党的反动统治也在根本上被推翻了。

民族资产阶级的建国方案。它在中国行不通。帝国主义不容许中国成为一个独立、富强的资本主义国家；民族资产阶级在经济上、政治上的软弱性，使得它没有勇气和能力去领导人民进行彻底反帝反封建的斗争，从而为建立资产阶级共和国扫清障碍。民族资产阶级人士中的绝大多数最终接受了中国共产党的新民主主义革命纲领。

工人阶级、农民阶级和城市小资产阶级的建国方案。这三个阶级的政治代表是中国共产党。中国共产党从中华民族和中国最广大人民的根本利益出发提出了自己的完整的建国方案。其主要内容是：在工人阶级及其政党的领导下通过彻底的反帝反封建的民主革命，即新民主主义革命，建立一个工人阶级领导的、以工农联盟为基础的、团结一切可以团结的力量的人民民主专政的人民共和国。这也是中国共产党领导中国人民进行新民主主义革命所要实现的基本目标。这一方案是引导中华民族和中国人民争得民族独立和人民解放，从而为实现国家富强开辟道路的科学的建国方案。

二、中国共产党争取和平民主的斗争
1.“和平、民主、团结”方针的制定

为建设新中国而奋斗是中国人民的根本利益之所在。中国共产党曾经希望通过和平途径对中国进行政治社会的改革，进行经济建设，逐步向新中国这个目标迈进。第一，中国人民在经历了长期战争后，有和平建国的强烈要求，中国共产党应当充分考虑人民群众的这种愿望。第二，由于人民力量强大，加上其他条件，中国共产党估计，造成国共两党合作（加上民主同盟等）、和平发展新阶段的可能性是存在的。

基于对和平的真诚愿望和对局势的清醒认识，中共中央认为，同国民党进行和平谈判是必要的；即使是暂时的和平局面，也应该积极争取。

金句　中国今天只有一条路，就是和，和为贵，其他的一切打算都是错的。……和平、民主、团结，在和平、民主、团结的基础上实现统一，这个方针，符合于全国人民的要求，也符合全世界人士与同盟国政府的要求。和平与合作应该是长期的。大家一条心，不作别的打算，作长期合作的计划。

——毛泽东

1945年8月23日，中共中央政治局召开扩大会议，提出今后对国民党的方针是“蒋反我亦反，蒋停我亦停”，以斗争达到团结，迫使国民党在一定程度上接受人民的要求，以推进国内和平等目标的实现。8月24日，毛泽东根据时局变化进一步指出，抗战结束，和平建设阶段开始。8月25日，中共中

央发表《对目前时局的宣言》，明确提出和平、民主、团结的口号。

2. 重庆谈判和政治协商会议

1945 年 8 月 14 日、20 日、23 日，蒋介石三次电邀毛泽东到重庆"共定大计"。为了争取和平民主，毛泽东于 8 月 28 日偕周恩来、王若飞赴重庆与国民党当局进行谈判。10 月 10 日，双方签署《政府与中共代表会谈纪要》，即"双十协定"，确认和平建国的基本方针，同意"长期合作，坚决避免内战"。

1946 年 1 月 10 日，国共双方下达停战令。同一天，政治协商会议在重庆开幕，出席会议的有国民党、共产党、民主同盟、青年党和无党派人士代表共 38 人。以周恩来为首的中共代表团与民主同盟等民主党派和无党派人士的代表密切合作，同国民党当局认真协商，推动政协会议达成政府组织案、国民大会案、和平建国纲领、军事问题案、宪法草案案五项协议。

政协会议通过的这些协议并不是新民主主义性质的，但有利于冲破蒋介石的独裁统治和实行民主政治，有利于和平建国，因而在相当程度上有利于人民。在一个时期内，是否忠实履行政协协议，成了人们衡量政治是非的重要尺度。

3. 维护和破坏政协协议的斗争

中国共产党是准备严格履行政协协议的。政协会议闭幕的第二天，中共中央发出党内指示，要求全党准备为坚决实现政协协议而奋斗。同时提出，必须提高警惕，注意"阵地的保持与继续取得"，做好进行自卫战争的准备。

国民党统治集团从来没有准备去履行政协协议。国民党政权所代表的是大地主、大资产阶级的利益，其统治的社会基础极其狭隘，这决定了它既不能容忍、又经受不住任何的民主改革。

国民党统治集团的方针是，先接收关内，控制华东、华北，而后进兵关外，以便独占东北。所以，它计划先在关内大打，而后在关外大打。待它认为相应的准备已经完成时，就全面彻底撕毁政协协议，悍然发动全国规模的内战。

中国共产党争取和平民主的努力，对于巩固和发展中国人民抗日战争的成果，对于推迟全面内战的爆发，并保证党和人民军队在蒋介石发动全面内战后胜利地以革命战争反对反革命战争，起了关键性作用。国民党竭力把发动内战的责任嫁祸于中国共产党，并对国统区的进步民主力量采取血腥镇压的手段，其结果反倒造成了政治上的自我孤立。

三、国民党发动全面内战和解放区军民的坚决反击

1. 国民党发动全面内战

1946 年 6 月 26 日，国民党军以进攻中原解放区为起点，挑起了全面内战。同年 10 月 11 日，国民党军占领华北解放区重镇张家口。当天，蒋介石宣布 11 月 12 日召开由国民党一手包办的"国民大会"。1947 年 3 月，国民党当局

限期令中共驻南京、上海、重庆三地代表及工作人员全部撤退。至此，一切和平谈判之门都被国民党关闭，国共关系彻底破裂。

全面内战爆发时，中国共产党面临的形势极为严峻。当时，国民党政府拥有军队总兵力约 430 万人，控制着全国 76% 的面积、3.39 亿人口、几乎所有的大城市和绝大部分铁路交通线；它不仅接收了 100 余万日军和数十万伪军的装备，而且美国还为它训练和装备了 50 万军队。人民解放军的总兵力只有约 127 万人，装备基本上是缴自日、伪军的步兵武器；解放区的人口约 1.36 亿，土地面积只占全国的 24%，而且是被分割、包围的，在物质上得不到任何外援。正是凭着军力和经济力的优势，蒋介石声称，这场战争"一定能速战速决"。

2. 以革命战争反对反革命战争

全面内战爆发后，中国共产党清醒估计国内外形势，坚信必须打败蒋介石，而且能够打败他。

第一，必须打败蒋介石，是因为蒋介石发动的战争，是一个在美帝国主义指挥之下的反对中国民族独立和中国人民解放的反革命的战争。不用革命战争反对反革命战争，中国就将变成黑暗世界，中华民族的前途就会被断送。

第二，能够打败蒋介石，是因为蒋介石军事力量的优势和美国的援助，只是临时起作用的因素；而蒋介石发动的战争的反人民性质，人心的向背，则是经常起作用的因素，在这方面，我们占着优势。人民解放军的战争所具有的爱国的正义的革命的性质，必然要获得全国人民的拥护。这就是战胜蒋介石的政治基础。

毛泽东：《和美国记者安娜·路易斯·斯特朗的谈话》（节选）

毛泽东还提出"一切反动派都是纸老虎"的著名论断，并预言人民解放军的"小米加步枪"一定能够战胜国民党军队的"飞机加坦克"。

3. 以自卫战争粉碎国民党的军事进攻

为打退国民党对解放区的军事进攻，中共中央指出，在政治上，必须和人民群众亲密合作，必须争取一切可以争取的人，在党的领导下建立最广泛的人民民主统一战线；在军事上，必须采取集中优势兵力、各个歼灭敌人的作战原则。

1946 年 6 月至 1947 年 6 月，人民军队处于战略防御阶段。战争主要在解放区进行。

1946 年 6 月至 10 月，国民党军侵占解放区城市 153 座；解放军则收复城市 48 座，歼敌 29.8 万人。从 1946 年 11 月至 1947 年 2 月，国民党军侵占解放区城市 87 座；解放军则收复和解放城市 87 座，歼敌 41 万人。国民党军被迫放弃对解放区的全面进攻，而改为对陕北、山东两解放区的重点进攻。

1947 年 3 月至 6 月，解放军经过内线作战，努力打退国民党军的重点进攻，并在东北、热河、冀东、豫南等地开始局部反攻。解放区虽仍有 95 座城市被敌侵占，但解放军同时收复和解放了 153 座城市，并歼敌 40 余万人。

战局的发展，从根本上粉碎了国民党统治集团的速战速决计划，并使他们陷入人民战争的汪洋大海之中，难以逃脱遭遇灭顶之灾的命运。

第二节　国民党政府处在全民的包围中

一、全国解放战争的胜利发展

1. 人民解放军转入战略进攻

经过一年作战，战争形势发生重大变化。1947年7月，国民党军队总兵力由430万人下降为373万人，其中正规军由200万人下降为150万人。人民解放军总兵力则由127万人增加为195万人，其中正规军近100万人，武器装备也得到很大改善。中共中央当机立断，决定不等完全粉碎敌人的战略进攻，立刻转入全国性反攻，以主力打到外线去，将战争引向国民党统治区域，将中国革命推向新的高潮。

1947年6月底，刘伯承、邓小平率领的晋冀鲁豫野战军主力实施中央突破，千里跃进大别山。随后，陈毅、粟裕指挥的华东野战军主力为东路，挺进苏鲁豫皖地区。陈赓、谢富治指挥的晋冀鲁豫野战军一部为西路，挺进豫西。三路大军相互策应，调动和吸引国民党军南线全部兵力160多个旅中约90个旅于自己周围，迫使国民党军处于被动地位。人民解放战争战略进攻的序幕由此揭开。

仍在内线作战的人民解放军，包括彭德怀率领的西北野战军，谭震林、许世友率领的华东野战军山东兵团，聂荣臻率领的晋察冀野战军，徐向前率领的晋冀鲁豫野战军太岳兵团等，也在同时加紧发起攻击，渐次转入反攻。同年夏季，林彪、罗荣桓率领的东北民主联军发动反攻，从根本上改变了东北战局。

各个战场的攻势作战，构成了人民解放军全国规模的战略进攻总形势。

2. 提出"打倒蒋介石，解放全中国"的口号

1947年10月10日，中国人民解放军总部发表宣言，提出"打倒蒋介石，解放全中国"的口号，极大鼓舞了解放军全体指战员和全国人民的斗志。

同年12月，中共中央在陕北米脂县杨家沟召开会议，制定了夺取全国胜利的行动纲领。毛泽东在《目前形势和我们的任务》的报告中指出，人民解放军转入全面反攻，中国革命已经发展到了一个历史的转折点。这是蒋介石20年反革命统治由发展到消灭的转折点，这是100多年来帝国主义在中国的统治由发展到消灭的转折点。在报告中，毛泽东提出新民主主义革命的三大经济纲领，即没收封建阶级的土地归农民所有，没收蒋介石、宋子文、孔祥熙、陈立夫为首的垄断资本归新民主主义的国家所有，保护民族工商业。

毛泽东：《目前形势和我们的任务》（节选）

随后，他进一步要求全党同志，必须牢牢掌握党的总路线，即无产阶级领导的，人民大众的，反对帝国主义、封建主义和官僚资本主义的新民主主义革命，这就是中国共产党在新民主主义革命阶段的总路线和总政策；必须十分注意政策和策略，注意按照实际情况决定工作方针，善于把党的政策变成群众的行动；必须维护党的集中统一的领导，加强组织性纪律性，以便把人民解放战争胜利地向前推进。

金句　　政策和策略是党的生命，各级领导同志务必充分注意，万万不可粗心大意。

——毛泽东

二、解放区的土地改革运动与农民的广泛发动

1. 从"五四指示"到《中国土地法大纲》

在解放战争胜利发展的同时，解放区开展了轰轰烈烈的土地改革运动。土地制度的改革，是新民主主义革命的一项基本任务，是夺取人民解放战争胜利的基本条件。

金句　　土地制度的彻底改革，是现阶段中国革命的一项基本任务。如果我们能够普遍地彻底地解决土地问题，我们就获得了足以战胜一切敌人的最基本的条件。

——毛泽东

1946 年 5 月 4 日，中共中央发布《关于土地问题的指示》（五四指示），决定将党在抗日战争时期实行的减租减息政策改变为实现"耕者有其田"的政策。1947 年下半年，解放区 2/3 的地方已基本实现"耕者有其田"，但还有 1/3 的地方没有进行土地制度改革；已进行土改的地方，有的也不够彻底。

为推动解放区土改运动进一步发展，1947 年 7 月至 9 月，中国共产党在西柏坡召开全国土地会议，制定和通过了《中国土地法大纲》，明确规定"废除封建性及半封建性剥削的土地制度，实行耕者有其田的土地制度"。《中国土地法大纲》是一个彻底反封建的土地革命纲领，它指引着在封建制度压迫下的亿万农民群众，将自己的力量汇入民主革命的洪流。

2. 土地改革运动的热潮

全国土地会议后，解放区广大农村迅速掀起土地制度改革运动的热潮。1948 年 4 月，毛泽东在晋绥干部会议上的讲话，总结了土地改革的经验，系统阐明中国共产党的土地改革总路线，即依靠贫农，团结中农，有步骤地有分别地消灭封建剥削制度，发展农业生产。

经过土改运动,解放区广大农民实现了梦寐以求的"耕者有其田"的愿望,解放区出现了新面貌:一是广大农民对中国共产党更加信任和拥护,工农联盟以及解放区的人民民主政权得到进一步巩固和加强;二是广大农民从封建的生产关系中解放出来,生产积极性空前提高,解放区农村的经济面貌得到明显改观;三是大批青壮年农民踊跃参军,广大农民积极支援和配合解放军作战。人民解放战争有了巩固的后方和最基本的人力、物力保证。

土地制度改革,是中国共产党领导广大农民从根本上摧毁封建制度根基的社会大变革。它使占中国人口绝大多数的农民进一步认识到,中国共产党是他们自身利益的坚决维护者,因而自觉地在党的周围团结起来。这就为打败蒋介石、建立新中国奠定了深厚的群众基础。

三、国民党统治区的政治经济危机和第二条战线的形成和发展

1. 国民党统治区的政治经济危机

随着人民解放战争的发展,国民党统治区的政治经济危机日益加深,失去民心。这是多种原因造成的,其中特别是:

第一,国民党政府大发国难财,在原沦陷区把接收变成"劫收"。其专制独裁统治和官员贪污腐败导致抗战后期在大后方严重丧失人心。

第二,国民党违背全国人民迫切要求休养生息、和平建国的意愿,执行反人民的内战政策。为筹措内战经费,对人民征收苛重捐税,无限制发行纸币,导致官僚资本极度膨胀,工农业生产严重萎缩,大批民族工商业濒于倒闭,城市失业人数陡增,广大农村饿殍遍地。国民党统治区陷入严重经济危机。

1948 年 8 月,法币发行额已比 1937 年全民族抗战前增发 47 万多倍,而物价暴涨了 725 万多倍。这种恶性通货膨胀实际上是对国统区人民的普遍掠夺。全国各阶层人民在饥饿和死亡线上挣扎,不得不团结起来,同蒋介石反动政府作你死我活的斗争。

2. 学生运动的高涨

在国民党统治区,以学生运动为先导的人民民主运动也迅速发展起来,成为配合人民解放战争的第二条战线。针对国民党当局积极从事内战的准备,1945 年底昆明学生发动了以"反对内战,争取自由"为主要口号的一二·一运动。这个运动扩展到了许多城市。

全面内战爆发半年后,1946 年 12 月 30 日,为抗议驻华美军强暴北京大学先修班一女学生,北平学生高喊"抗议美军暴行!""美军退出中国!"的口号,举行示威游行。抗议驻华美军暴行的运动(史称"抗暴运动"或"一二三〇运动")由此掀起。截至 1947 年 1 月 10 日,抗暴斗争扩展到 14 个省 26 个城市,参加罢课、游行等的学生总数达 50 万人。

1947 年 5 月 20 日，南京、上海、苏州、杭州地区 16 所专科以上院校学生 6000 余人汇集南京，举行反饥饿、反内战大游行，遭到国民党宪警的镇压。同日，天津南开大学、北洋大学两校的游行学生，遭到特务殴打，许多人受伤。南京、天津的流血事件，便是震惊中外的"五二〇"惨案。在中国共产党各级相关组织的领导下，"五二〇"以后，学生们提出了"反迫害"的口号，运动向着"反饥饿、反内战、反迫害"的目标发展，并迅速扩展到 60 多个大中城市，同工人罢工、教员罢教等各阶层人民的斗争汇合到一起。

1948 年，美国对日政策由促使日本非军事化和整肃右翼，转向扶持日本，重新武装日本，打击左派势力，以期使日本成为美国在亚洲的依靠重点。爱国学生提出"反美扶日""挽救新民族危机"的口号。6 月 5 日，上海学生举行反美扶日大游行。随后，这个运动很快扩展到全国。

3. 人民民主运动的发展

学生运动是整个人民民主运动的一部分。学生运动的高涨，促进了整个人民民主运动的高涨。

在全面内战爆发前，1946 年 6 月 23 日，上海人民团体联合会派出请愿团去南京向国民党当局呼吁和平。请愿团到达南京下关时遭到当局指使的大批暴徒围殴达 5 个小时，团长马叙伦和代表雷洁琼等多人受伤。

1947 年间，全国 20 多个大中城市中，先后有 120 万工人举行罢工。5 月到 6 月，饥饿的城市居民"抢米"风潮席卷包括江苏、浙江、安徽、四川等省的 40 多个大小城镇。在农村，农民不断掀起反抗国民党当局抓丁、征粮、征税的浪潮。1947 年 1 月，民变地区扩展到 300 多个县。中共地方组织还在广东(含海南岛)、湖北、安徽、福建、江西等一些地方的农村中，恢复和发展人民武装，进行武装斗争，建立游击根据地。

台湾、新疆、内蒙古等地人民革命运动也有新的发展。

中国各民主党派和无党派民主人士在人民民主运动中发挥了积极作用。

这些事实表明，不仅在军事战线上，而且在政治战线上，国民党政府都打了败仗，处在全民的包围中。

第三节　中国共产党与民主党派的团结合作

一、各民主党派的历史发展

中国的民主党派是中国共产党领导的爱国统一战线的重要组成部分。它们少数成立于大革命时期和土地革命战争时期，多数成立于抗日战争和全国解放战争时期。

中国国民党革命委员会（简称"民革"）。1947年秋，三民主义同志联合会、中国国民党民主促进会及其他国民党民主派酝酿成立联合组织，宋庆龄表示支持。同年11月，中国国民党民主派和其他爱国民主人士第一次联合会议在香港召开。1948年1月1日，会议宣布中国国民党革命委员会正式成立。民革中央推举宋庆龄为名誉主席，李济深为主席。

中国民主同盟（简称"民盟"）。1941年3月，中国民主政团同盟在重庆诞生。黄炎培被推选为中央常务委员会主席。不久，改由张澜任主席。民盟由6个组织联合组成。它们是：救国会、中华民族解放行动委员会（亦称"第三党"，后改称"中国农工民主党"）、中华职业教育社、乡村建设协会以及青年党和国家社会党（后改称"民主社会党"）。为便于更多的民主人士以个人身份加入，中国民主政团同盟于1944年9月更名为中国民主同盟。

中国民主建国会（简称"民建"）。1945年12月，由爱国的民族工商业者和与其有联系的知识分子发起并在重庆成立。黄炎培、胡厥文等当选为常务理事。

中国民主促进会（简称"民进"）。1945年12月，中国民主促进会在上海宣告成立。组成人员一部分是马叙伦所联系的文化、教育、出版工作者，另一部分是王绍鏊所联系的部分上海工商界爱国人士。会务由马叙伦负责。

中国农工民主党（简称"农工党"）。1928年，谭平山、章伯钧等酝酿成立中华革命党，并开始发展成员，开展活动。1930年8月，召开第一次全国干部会议，宣告成立中国国民党临时行动委员会，邓演达当选为总干事（后被国民党当局杀害）。1935年11月，改称中华民族解放行动委员会（亦称"第三党"）。1947年2月，改称中国农工民主党。章伯钧任主席。

中国致公党。1925年10月，五洲洪门恳亲大会在美国旧金山召开，成立致公党总部。1947年5月，中国致公党在香港召开第三次代表大会，选举李济深为主席（对外未公开），陈其尤为副主席。

九三学社。1944年底以来，重庆科技界、文化界、教育界的一些高级知识分子经常在一起举行座谈会（一度称"民主科学座谈会"）。1945年9月3日，座谈会改名为九三学社。1946年5月4日，九三学社在重庆宣告正式成立。许德珩等当选为理事。

台湾民主自治同盟（简称"台盟"）。二二八起义失败后，为团结台湾各界人士坚持斗争，1947年8月，谢雪红等在香港酝酿成立政治组织。11月，台湾民主自治同盟正式成立。

中国各民主党派形成时的社会基础，主要是民族资产阶级、城市小资产阶级以及同这些阶级相联系的知识分子和其他爱国分子。它们所联系和代表的是这些阶级、阶层的人们在反帝爱国和争取民主的共同要求基础上的联合，是阶

八个民主党派排序的
由来

级联盟性质的政党。在它们的成员和领导骨干中，还有一定数量的革命知识分子和少数共产党人。

二、中国共产党与民主党派的团结合作

1. 抗日战争胜利后民主党派的政治态度

抗日战争胜利后，民主党派在中国政治舞台上比较活跃。中国各民主党派的政纲不尽相同，但都主张爱国、反对卖国，主张民主、反对独裁。在这些方面，同中国共产党的新民主主义革命政纲基本上一致。因此，它们大多从成立时起，就同中国共产党建立了不同程度的合作关系，并在斗争实践中逐步发展了这种关系。

在战后进行国共谈判和召开政协会议时，民主党派主要是同共产党一起，反对国民党的内战、独裁政策，为和平民主而奔走呼号，为政协会议的成功作出了贡献，并为维护政协协议进行过不懈努力。

在国民党当局撕毁政协协议、发动全面内战时，尽管参加民盟的青年党、民主社会党跟随国民党跑了，但民盟和其他民主党派的大多数人，在拒绝参加国民党一手包办的伪"国民大会"和虚假的"多党政府"以及反对国民党炮制的伪"宪法"等一系列重大问题上，是同共产党站在一起的。他们还积极参加和支持国民党统治区的爱国民主运动，在第二条战线斗争中尽了一份力量。

2. 中国共产党对民主党派的政策

中国共产党对各民主党派采取了积极争取和团结的政策。无论是在举行国共谈判、召开政协会议期间，还是在解放战争进行过程中，中国共产党都及时向各民主党派通报情况，认真听取他们的意见，并就一些重大问题同他们进行协商，以便采取一致行动。中国共产党一贯鼓励和支持各民主党派反对国民党独裁统治的斗争，同时，又十分注意尊重和维护其应有的政治地位及合理的利益；对他们的某些不妥当意见，则善意地提出批评，诚恳地帮助其进步。中共领导人毛泽东、周恩来等还同民主党派领导人和无党派民主人士代表建立了良好的个人关系，直接对他们开展工作。所有这些，都收到了积极效果。

同中国共产党合作奋斗，并在实践中不断进步，是各民主党派在这个时期表现的主要方面。中国共产党与民主党派的团结合作，对中国人民解放事业的发展起到了积极作用。

三、中国共产党领导的多党合作和政治协商格局的形成

1. 第三条道路的幻灭

抗日战争胜利后，某些民主党派的领导人曾经鼓吹"中间路线"，企图在

国共对立的纲领之外寻找第三条道路。他们主张：在政治上，"必须实现英美式的民主政治"，但不准地主官僚资本家操纵；在经济上，"应当实行改良的资本主义"，但不容官僚买办资本横行。实行的方法，则是走和平改良的道路。他们所提倡的，是资产阶级共和国的方案，他们所主张的，实质上是旧民主主义的道路。

　　但是，中国在战后面临的是两种命运、两个前途的尖锐斗争。客观形势决定了中国没有走中间路线的余地。持有中间路线想法的人们一接触到实际斗争，尤其是内战重起，就使他们只能在靠近共产党或靠近国民党中选择道路，而不能有其他道路。

　　国民党当局不仅极度仇视共产党，而且对民主党派、民主人士也充满敌意。尽管民盟等一向主张"以民主的方式争取民主，以合法的行动争取合法的地位"，国民党当局还是不断以暴力对他们施行迫害。继李公朴、闻一多在昆明遭暗杀后，杜斌丞在西安被杀害。民盟地方组织的许多成员被逮捕、绑架、杀害，其所办的多家报社被捣毁或遭袭击。1947 年 10 月，国民党当局宣布民盟 "为非法团体"，明令对该组织及其成员的一切活动 "严加取缔"。11 月 6 日，民盟总部被迫在上海发表公告，宣布总部即日解散。蒋介石不允许民盟这样的组织存在，这就使在蒋介石统治下进行任何和平运动、合法运动、改良运动的最后幻想归于破灭。

　　1948 年 1 月，民盟领导人沈钧儒等在香港召开民盟一届三中全会，宣布不接受解散民盟的任何决定，并恢复民盟总部。会议明确宣告，民盟 "决不能够在是非曲直之间有中立的态度"，指出独立的中间路线不符合中国的现实环境，是 "行不通" 的。民盟必须站在人民的、民主的、革命的立场，为彻底推翻国民党统治集团、消灭封建土地所有制、驱逐美帝国主义出中国、实现人民的民主而奋斗，表示今后要与中国共产党携手合作。与此同时，中国国民党革命委员会也公开表示承认中国共产党的领导地位，其他民主党派也明确表示参加新民主主义革命的立场。

<hr>

为什么第三条道路在中国行不通？

难点解析

　　中间势力及其追求的第三条道路在经历抗战胜利之初短暂的迅猛发展之后，很快陷入困境，最终以国民党蒋介石集团宣布民盟为非法组织而宣告失败。究其失败：

　　主观原因是中间势力自身软弱，且对时局的主张脱离实际。

　　第一，主张走第三条道路的中间势力，人数众多，但成员组成复杂。随着社会政治形势的发展，利益分化愈发明显。阶级结构的复杂性决定了中间势力难以形成一支强大的政治力量。

第二，中间势力的主体部分是民族资产阶级、城市小资产阶级，以及同这些阶级相联系的知识分子和民主人士的代表人物，而民族资产阶级在政治上具有软弱性和动摇性。中间势力所追求的第三条道路，实质上是一条旧民主主义的道路，主张建立资产阶级共和国，脱离了近代中国半殖民地半封建社会的国情。中间势力多在上层活动，缺乏广泛的群众基础；第三条道路始终未能进入实践过程，无法获得下层民众的认可。

第三，中间势力调和国共、兼容美苏的政治取向与中国的政治现实脱节。中间势力强调自己的独立性和中间立场，企图通过调和国民党与共产党之间的矛盾，以和平民主的方式引导中国走第三条道路。但是，中国战后面临两种命运、两个前途的尖锐斗争，客观形势决定中间路线没有余地，中间势力追求的第三条道路根本行不通。

客观原因是当时国共两党对峙的政治局势事实上不容许中间道路存在发展。

战后暂时和平民主的特殊政治环境，客观上提供了中间势力崛起、活跃的空间。国共两党维持合作关系并相持不下时，中间势力有其存在的必要；反之，国共关系分裂之时，亦是中间势力分化之时。

随着国共合作关系的破裂，全面内战的爆发，中间势力或者缘于政治立场分歧，或者出于现实利益考虑，在各种复杂因素影响下，他们必须在国共双方中做出依靠谁的选择，要么拥护共产党，要么倒向国民党。在别无选择之际，中间势力果断做出赞同和支持共产党协商建国、建立联合政府的正确抉择。

1948 年 4 月 30 日，中共中央在纪念五一国际劳动节的口号中提出："各民主党派、各人民团体、各社会贤达迅速召开政治协商会议，讨论并实现召集人民代表大会，成立民主联合政府。"这个号召得到各民主党派和社会各界的热烈响应，揭开了中国共产党同各党派、各团体、各族各界人士协商建国的序幕，奠定了中国共产党领导的多党合作和政治协商制度的基础。按照中共中央的部署，1948 年 8 月至翌年 9 月，中共中央香港分局和香港工委组织护送民主人士北上达 20 多次。其中包括沈钧儒、李济深、张澜、黄炎培、章伯钧等350 多人，加上党内干部共 1000 多人，辗转到达北平，为新政协会议的召开提供了重要保证。

2. 多党合作和政治协商格局的形成

1949 年 1 月 22 日，李济深、沈钧儒等民主党派的领导人和著名的无党派民主人士 55 人联合发表《对时局的意见》，一致认定中共提出的关于召开政治协商会议、成立联合政府的主张"符合于全国人民大众的要求"，恳切表示"愿在中共领导下，献其绵薄，共策进行，以期中国人民民主革命之迅速成功，独立、自由、和平、幸福的新中国之早日实现"。这个政治声明表明，中国各民主党派和无党派民主人士公开自愿接受中国共产党的领导，决心走人民革命的道路，拥护建立人民民主的新中国。

同年春，毛泽东在同有关人士谈话时提出，民主党派应"积极参政，共同建设新中国"。这标志着民主党派地位的根本变化，即它们不再是旧中国反动政权下的在野党，而将在中国共产党领导下，共同担负起管理国家和建设新中国的历史重任。中国共产党领导的多党合作政治格局，正是在这个基础上形成的。

历史经验表明，资产阶级共和国的方案在中国是行不通的。中国共产党领导的多党合作和政治协商制度，符合中国历史发展的规律和中国人民的根本利益，也符合各民主党派和无党派民主人士的意愿。

第四节　建立人民民主专政的新中国

一、南京国民党政权的覆灭

1. 战略决战前夜的基本态势

1948 年秋，人民解放战争进入夺取全国胜利的决定性阶段。

这时，人民解放军已由战争开始时的 127 万人发展到 280 万人，解放区面积达到 235.5 万平方公里，拥有 1.68 亿人口，并且基本完成了土地制度改革，广大农民的革命和生产积极性空前高涨，解放军的后方进一步巩固。与此相反，国民党军队则由 430 万人下降为 365 万人，其中可用于第一线的兵力仅 174 万人，而且士气低落，战斗力不强；由于遭到各阶层人民的强烈反对，国民党处境十分孤立。它在军事上不得不放弃"全面防御"而实行"重点防御"。国民党政权濒临崩溃。人民解放军同国民党军队进行战略决战的时机已经成熟。

2. 决定中国命运的战略决战

在毛泽东和中共中央军委的领导和指挥下，在人民群众的热烈支援下，中国人民解放军先后发动了辽沈、淮海、平津三大战役。

辽沈战役自 1948 年 9 月 12 日开始至 11 月 2 日结束，历时 52 天。东北野战军主力 70 万人在林彪、罗荣桓领导下，共歼敌 47.2 万人。

淮海战役自 1948 年 11 月 6 日开始至 1949 年 1 月 10 日结束,历时 66 天。华东野战军、中原野战军以及地方武装共 60 万人,在由刘伯承、陈毅、邓小平、粟裕、谭震林组成的总前委(邓小平为书记)领导下,歼敌 55.5 万人。

平津战役自 1948 年 11 月 29 日开始至 1949 年 1 月 31 日结束,历时 64 天。入关作战的东北野战军、华北解放军主力与地方武装共 100 万人,在由林彪、罗荣桓、聂荣臻组成的平津前线总前委领导下,歼灭和改编国民党军队 52 万余人。

三大战役历时 4 个月零 19 天,共歼灭国民党军队有生力量 154 万余人,加上 1948 年 7 月至 1949 年 1 月期间在济南战役和其他战役中的损失,国民党军队共丧失兵力 230 余万人。国民党赖以维持其反动统治的主要军事力量基本上被摧毁。

三大战役,无论是战争的规模还是取得的成果,在中国战争史上都是空前的,在世界战争史上也是罕见的。这是人民战争的胜利,是毛泽东军事思想的胜利。

3. 人民解放军向全国进军

三大战役后,为了挽救危局,1949 年元旦,蒋介石发表"求和"声明,企图借"和平谈判"之机争取喘息时间,布置长江防线,以便卷土重来。1 月 14 日,毛泽东以中共中央主席的名义发表关于时局的声明,严正指出,为了迅速结束战争,实现真正的和平,减少人民的痛苦,中国共产党愿意在惩办战争罪犯、废除伪宪法和伪法统、改编一切反动军队等八项条件的基础上,同南京国民党政府及国民党地方政府和军事集团进行和平谈判。为了早日结束战争,实现真正的和平,4 月 1 日开始谈判,由于国民党政府拒绝在《国内和平协定》上签字,和谈破裂。

1949 年 4 月 21 日,毛泽东、朱德发布《向全国进军的命令》,渡江战役发起。人民解放军第二、第三野战军在东起江阴、西至湖口,长达 1000 多里的战线上强渡长江天险,一举摧毁国民党苦心经营了 3 个半月的长江防线。4 月 23 日,人民解放军占领南京,宣告延续 22 年之久的国民党反动统治覆灭。随后,解放军继续分路向中南、西北、西南各省胜利大进军,分别以战斗方式或和平方式迅速解决残余敌人,解放广大国土。国民党蒋介石集团被人民赶出中国大陆,逃往中国台湾省。

二、人民政协的召开与中国共产党全国执政地位的确立

1. 中共七届二中全会和毛泽东《论人民民主专政》

随着解放战争的胜利发展,建立新中国的任务被提上日程。在 1948 年 9 月召开的中共中央政治局会议上,毛泽东论述了即将成立的新中国的国体和政

体。国体，即国家政权的阶级性。他说："我们政权的阶级性是这样：无产阶级领导的，以工农联盟为基础，但不是仅仅工农，还有资产阶级民主分子参加的人民民主专政。"政体，即国家政权的构成形式。我们"不必搞资产阶级的议会制和三权鼎立等"，这套东西"袁世凯、曹锟都搞过，已经臭了"，我们应当"建立民主集中制的各级人民代表会议制度"。

1949 年 3 月，中共七届二中全会在河北省平山县西柏坡村召开。会议主要内容是：

规定了党在全国胜利后在政治、经济、外交方面应当采取的基本政策。

指出了中国由农业国转变为工业国、由新民主主义社会转变为社会主义社会的发展方向。

在中国共产党自身建设上，提出了"两个务必"的要求。毛泽东告诫全党，夺取全国胜利，这只是万里长征走完了第一步，中国的革命是伟大的，但革命以后的路更长，工作更伟大，更艰苦。据此，他提出了"两个务必"的思想，即"务必使同志们继续地保持谦虚、谨慎、不骄、不躁的作风，务必使同志们继续地保持艰苦奋斗的作风"。

3 月 23 日上午，中共中央离开西柏坡向北平进发。临行前，毛泽东把进北平比作"进京赶考"，说"我们决不当李自成，我们都希望考个好成绩"。3 月 25 日，毛泽东等中央领导人与中央机关、人民解放军总部进驻北平香山，标志着中国革命重心从农村转向城市。

为了向全国人民公开阐明中国共产党在建立新中国问题上的主张，1949 年 6 月 30 日，毛泽东发表《论人民民主专政》一文，明确指出：第一，人民民主专政需要工人阶级的领导。人民民主专政的基础是工人阶级、农民阶级和城市小资产阶级的联盟，而主要是工人和农民的联盟。第二，进行中国的人民革命和发展中国的经济，需要团结民族资产阶级，但它不能充当革命的领导者，也不应当在国家政权中占主要的地位。

中共七届二中全会的决议和毛泽东的《论人民民主专政》，构成了《中国人民政治协商会议共同纲领》的基础。

2. 人民政协会议的召开与中国共产党全国执政地位的确立

完成创建新中国的任务，是由中国人民政治协商会议第一届全体会议来承担的。

1949 年 9 月 21 日，中国人民政治协商会议第一届全体会议在北平隆重开幕，代表总数共 662 人，出席会议的代表 635 人。毛泽东在开幕词中向全世界豪迈地宣告："我们的工作将写在人类的历史上，它将表明：占人类总数四分之一的中国人从此站立起来了。"

人民政协是中国共产党领导的以工农联盟为基础的人民民主统一战线的组

织形式。参加政协的有中国共产党、各民主党派、无党派人士、各人民团体、人民解放军、各地区、各民族以及海外华侨代表。会议通过了《中国人民政治协商会议共同纲领》。《共同纲领》成为中国人民的大宪章，在一个时期内起着新中国临时宪法的作用。

会议通过了《中华人民共和国中央人民政府组织法》，一致选举毛泽东为中央人民政府主席，朱德、刘少奇、宋庆龄、李济深、张澜、高岗为副主席，陈毅等56人为中央人民政府委员会委员。随后，中央人民政府委员会任命周恩来为政务院总理兼外交部部长。

会议通过北平为中华人民共和国首都，将北平改名为北京；决定采用公元纪年；以《义勇军进行曲》为代国歌；国旗为五星红旗，象征全国人民在共产党领导下的大团结。

人民政协会议的召开，标志着中国的新型政党制度——中国共产党领导的多党合作和政治协商制度的确立。

《共同纲领》的主要内容

三、中国革命胜利的原因、意义和基本经验

1. 中国革命胜利的原因

随着国民党反动统治的覆灭和中华人民共和国的成立，中国新民主主义革命赢得了基本的胜利。

第一，中国革命之所以能够走上胜利发展的道路，从根本上说，是由于有了中国共产党的领导。

中国共产党从诞生之日起，就把为中国人民谋幸福、为中华民族谋复兴确立为自己的初心使命。这个初心使命是激励中国共产党人不断前进的根本动力。中国共产党为中国人民指明了斗争的目标，在长期斗争的实践中找到了使革命走向胜利的道路，并且把被人视为"一盘散沙"的中国人民团结和凝聚成万众一心的不可战胜的力量。没有共产党就没有新中国这是中国人民依据近代中国革命的历史经验得出的科学结论。

为了实现初心使命，中国共产党进行了前赴后继的不懈奋斗，作出了巨大的牺牲。中国共产党在1921年创建至1949年中华人民共和国成立这28年的时间里，为中国人民的解放事业献出了无数的优秀战士。它的许多卓越领导人，如李大钊、瞿秋白、蔡和森、向警予、邓中夏、苏兆征、彭湃、陈延年、陈乔年、恽代英、赵世炎、张太雷等，许多杰出的将领，如方志敏、刘志丹、谢子长、黄公略、许继慎、蔡申熙、韦拔群、赵博生、董振堂、段德昌、杨靖宇、赵尚志、左权、叶挺、彭雪枫、罗炳辉等，都在这场斗争中英勇地献出了自己的生命。中国新民主主义革命的胜利，是千千万万先烈和全党同志、全国各族人民长期牺牲奋斗的结果。

第二，中国革命的发生和胜利不是偶然的，而是有着深刻的社会根源和雄厚的群众基础。

由于帝国主义、封建主义、官僚资本主义的残酷压迫，中国人民走上了反帝反封建反官僚资本主义斗争的伟大道路。工人、农民、城市小资产阶级群众是民主革命的主要力量。在他们中间，涌现出了无数无畏的英雄和不屈的战士。随着斗争的发展，民族资产阶级也逐步向共产党靠拢，这种现象曾经被人称作"开万国未有之奇"。没有广大人民和各界人士的广泛参加和大力支持，中国革命的胜利是不可能的。

第三，中国革命之所以能够赢得胜利，同国际无产阶级和人民群众的支持也是分不开的。

国际友人对中国人民
解放战争的援助

2. 中国革命胜利的意义

第一，中国革命的胜利，结束了100多年来中华民族遭受资本－帝国主义侵略和中国各族人民遭受资本－帝国主义同封建统治阶级联合压迫与剥削的历史，结束了国家战乱频仍、四分五裂的局面，实现了中国人民梦寐以求的民族独立和人民解放。

第二，中国革命的胜利，从根本上改变了中国社会的发展方向，为实现由新民主主义到社会主义的转变和建立社会主义制度、进行社会主义现代化建设，扫清了主要障碍，创造了政治前提；为实现国家富强和人民幸福，实现中华民族伟大复兴，开辟了广阔道路。

第三，中国革命的胜利，是继俄国十月社会主义革命和世界反法西斯战争胜利后世界历史中最重大的事件。它在一个人口占全人类近1/4的大国里冲破帝国主义的东方战线，极大改变了世界的政治格局，壮大了世界和平、民主和社会主义的力量，鼓舞了世界被压迫民族和被压迫人民争取解放的斗争，受到世界人民的欢迎和支持。

第四，中国革命的胜利，是在马克思列宁主义的指导下取得的。中国共产党创造性地运用马克思列宁主义的基本原理，把它同中国革命具体实际结合起来，形成了伟大的毛泽东思想，找到了夺取中国革命胜利的正确道路。这对马克思列宁主义的发展是一个重大贡献。

金句

新民主主义革命的胜利，彻底结束了旧中国半殖民地半封建社会的历史，彻底结束了旧中国一盘散沙的局面，彻底废除了列强强加给中国的不平等条约和帝国主义在中国的一切特权，为实现中华民族伟大复兴创造了根本社会条件。中国共产党和中国人民以英勇顽强的奋斗向世界庄严宣告，中国人民站起来了，中华民族任人宰割、饱受欺凌的时代一去不复返了！

——习近平

3. 中国革命胜利的基本经验

中国反帝反封建的革命，经历了资产阶级及其政党领导的旧民主主义革命和无产阶级及其政党领导的新民主主义革命两个阶段。近代中国的历史经验表明，没有无产阶级及其政党——中国共产党的坚强领导，中国人民革命的胜利是不可能的。

中国共产党之所以能够把革命引向胜利，一条重要的经验就是，必须坚持把马克思列宁主义基本原理同中国具体实际结合起来，必须不断推进马克思主义中国化的事业。正是在中国化的马克思主义理论——毛泽东思想指引下，中国共产党制定了正确的纲领和路线方针政策，找到了适合本国国情的革命道路。

中国共产党在领导人民革命的过程中，积累了丰富的经验，锻造出了有效的克敌制胜的武器。毛泽东指出："统一战线，武装斗争，党的建设是中国共产党在中国革命中战胜敌人的三个法宝，三个主要的法宝。"

第一，建立广泛的统一战线。建立广泛的统一战线，是坚持和发展革命的政治基础。统一战线中存在着两个联盟：一个是劳动者的联盟，主要是工人农民和城市小资产阶级的联盟，这是基本的、主要的；一个是劳动者与非劳动者的联盟，主要是劳动者与民族资产阶级的联盟，有时还包括与一部分大资产阶级的暂时的联盟，这是辅助的、同时又是重要的。必须坚决依靠第一个联盟，争取建立和扩大第二个联盟。巩固和扩大统一战线的关键，是坚持工人阶级及其政党的领导权，率领同盟者向共同的敌人作坚决的斗争并取得胜利；对被领导者给以物质福利，至少不损害其利益，同时对被领导者给以政治教育；对同工人阶级争夺领导权的资产阶级采取又联合、又斗争的政策。

第二，坚持革命的武装斗争。中国革命只能以长期的武装斗争作为主要形式。离开了武装斗争，就没有共产党的地位，就不能完成任何革命任务。中国的武装斗争实质上是工人阶级领导的农民战争。中国共产党必须深入农村，发动和武装农民，在农村建立革命的根据地，以农村包围城市，才能逐步地争取革命的胜利。为了坚持和发展中国革命，必须建立一支在工人阶级政党绝对领导下的、具有严格纪律的、同人民群众保持亲密联系的新型人民军队。没有一支人民的军队，便没有人民的一切。这支军队必须实行一系列具有中国特点的人民战争的战略战术。

金句　　在中国，离开了武装斗争，就没有无产阶级的地位，就没有人民的地位，就没有共产党的地位，就没有革命的胜利。

——毛泽东

第三，加强共产党自身的建设。在工人阶级人数很少而战斗力很强，农民和其他小资产阶级占人口大多数的中国，建设一个工人阶级先锋队的党，是极其艰巨的任务。毛泽东的建党学说成功地解决了这个难题。中国共产党的建设，是密切地联系着党的政治路线进行的，注重在端正思想路线的基础上，制定和贯彻执行党的正确的政治路线。首先着重党的思想建设，用工人阶级思想克服资产阶级、小资产阶级思想；培育和发扬理论与实际相结合、密切联系群众和自我批评的作风；在党内斗争中实行"惩前毖后，治病救人"的方针；并创造了在全党通过批评与自我批评进行马克思主义思想教育的整风形式等。中国共产党在长期的斗争实践中，把自己锻炼成了"一个有纪律的，有马克思列宁主义理论武装的，采取自我批评方法的，联系人民群众的党"，成为掌握统一战线和武装斗争这两个武器以实行对敌冲锋陷阵的英勇战士，成为全国各族人民拥戴的领导核心。

中国人民革命的胜利和人民民主专政的新中国的创建，彻底改变了近代以后 100 多年中国积贫积弱、中国人民受人欺凌的悲惨命运，为实现中华民族伟大复兴创造了根本社会条件。

强化训练

一、单项选择题

1. 1945 年 8 月 25 日，中共中央在《对时局的宣言》中明确提出的口号是（　　）

A. 抗战、团结、进步　　　　　B. 和平、民主、团结

C. 向北发展、向南防御　　　　D. 打倒蒋介石、解放全中国

2. 1945 年 10 月 10 日，国共两党在重庆谈判的基础上签署的文件是（　　）

A.《为公布国共合作宣言》　　　B.《政府与中共代表会谈纪要》

C.《和平建国纲领》　　　　　　D.《国内和平协定》

3. 1945 年 8 月至 10 月，国共双方举行了确认和平建国基本方针的（　　）

A. 西安谈判　　B. 重庆谈判　　C. 南京谈判　　D. 北平谈判

4. 1945 年 9 月 19 日，中共中央正式确定了（　　）的战略方针，以集中力量争取控制具有重要战略地位的东北地区

A. 向南发展，向北防御　　　　B. 向北发展，向南防御

C. 向城市发展，向农村防御　　D. 向农村发展，向城市防御

5. 1946 年 1 月 10 日，（　　）在重庆开幕，出席会议的有国民党、共产党、民主同盟、青年党和无党派人士代表共 38 人。会议达成政府组织案、国民大会案、和平建国纲领、军事问题案、宪法草案案五项协议

A. 国民大会　　　B. 重庆谈判　　　C. 政治协商会议　　D. 和平建国会

6. 政协会议闭幕后，中共中央提出，必须提高警惕，注意"阵地的保持与继续取得"，做好进行自卫战争的准备，而"练兵、（　　）与生产是目前解放区三件中心工作"

A. 防御　　　　　B. 备战　　　　　C. 减租　　　　　D. 党建

7. 1946 年 3 月，在（　　）上，蒋介石命令其追随者对政协决议予以"补救"即以扩大内的行动，使政协决议成为一纸空文

A. 国民党五届一中全会　　　　　B. 国民党五届二中全会

C. 国民党六届一中全会　　　　　D. 国民党六届二中全会

8. 1946 年 6 月 26 日，国民党军队挑起全国性内战的起点是大举进攻（　　）

A. 东北解放区　　B. 中原解放区　　C. 陕北解放区　　D. 山东解放区

9. 1946 年 6 月至 1947 年 6 月，人民军队处于（　　）阶段，以自卫战争粉碎国民党的军事进攻，战争主要在解放区进行

A. 战略防御　　　B. 战略相持　　　C. 战略进攻　　　D. 战略决战

10. 在 1947 年 6 月底揭开人民解放战争战略进攻序幕的是（　　）

A. 晋冀鲁豫野战军千里跃进大别山　　B. 西北野战军粉碎敌人的重点进攻

C. 晋察冀野战军攻占石家庄　　　　　D. 东北野战军发起辽沈战役

11. 1947 年 10 月 10 日,中国人民解放军总部发表宣言,提出的口号是（　　）

A. 向北发展、向南防御　　　　　B. 打倒蒋介石、解放全中国

C. 将革命进行到底　　　　　　　D. 打过长江去、解放全中国

12. 1946 年 5 月 4 日，中共中央发出了（　　）决定将减租减息政策改变为实行"耕者有其田"政策

A.《井冈山土地法》　　　　　　B.《兴国土地法》

C.《关于土地问题的指示》　　　D.《中国土地法大纲》

13. 中国共产党在 1947 年 7 月至 9 月召开的全国土地会议上制定和通过的（　　）是一个彻底反封建的土地革命纲领

A.《井冈山土地法》　　　　　　B.《兴国土地法》

C.《关于土地问题的指示》　　　D.《中国土地法大纲》

14. 在国民党统治区，以（　　）为先导的人民民主运动迅速发展起来，成为配合人民解放战争的第二条战线

A. 工人运动　　　B. 农民运动　　　C. 学生运动　　　D. 土地改革

15. 针对国民党当局积极从事内战的准备，1945 年底昆明学生发动了以"反对内战，争取自由"为主要口号的（　　）

    A. 一二·九运动　　　　　　　　　B. 一二·一运动

    C. 一二三〇运动　　　　　　　　　D. 五二〇惨案

16. 1946 年，北平学生发动的抗议驻华美军暴行的斗争运动是（　　　）

    A. 一二·九运动　　　　　　　　　B. 一二·一运动

    C. 一二三〇运动　　　　　　　　　D. 五二〇惨案

17. 1947 年 5 月 1 日，在中国共产党领导下宣告成立的民族自治区是（　　　）

    A. 内蒙古自治区　　　　　　　　　B. 宁夏回族自治区

    C. 新疆维吾尔自治区　　　　　　　D. 广西壮族自治区

18. 1948 年 1 月 1 日在香港正式成立的民主党派是（　　　）

    A. 中国民主同盟　　　　　　　　　B. 中国民主建国会

    C. 中国民主促进会　　　　　　　　D. 中国国民党革命委员会

19. 1947 年 10 月，被国民党当局宣布为"为非法团体"，并明令"严加取缔"的民主党派是（　　　）

    A. 中国民主同盟　　　　　　　　　B. 中国民主建国会

    C. 中国民主促进会　　　　　　　　D. 中国国民党革命委员会

20. 1948 年 4 月 30 日，中共中央提出纪念五一国际劳动节的口号。这个号召奠定了（　　　）的基础

    A. 中国共产党领导的多党合作和政治协商制度

    B. 民族区域自治制度

    C. 人民代表大会制度

    D. 人民民主专政

21. 1949 年 1 月，李济深、沈钧儒等联合发表了拥护中共召开政治协商会议、成立联合政府主张的（　　　）

    A.《对目前时局的宣言》　　　　　B.《和平建国纲领》

    C.《对时局的意见》　　　　　　　D.《国内和平协定》

22. 1948 年 9 月 12 日至 11 月 2 日，中国人民解放军发动的战略决战战役是（　　　）

    A. 济南战役　　　B. 辽沈战役　　　C. 淮海战役　　　D. 平津战役

23. 1949 年 4 月 21 日，毛泽东和朱德向人民解放军发布了（　　　）

    A.《对目前时局的宣言》　　　　　B.《中国人民解放军总部宣言》

    C.《将革命进行到底》　　　　　　D.《向全国进军的命令》

24. 1949 年 3 月，（　　　）在河北省平山县西柏坡村召开。会上毛泽东提出了"两个务必"的思想

A. 中共七届一中全会

B. 中共七届二中全会

C. 中共七届三中全会

D. 中共七届四中全会

25. 1949 年 3 月 25 日，毛泽东等中央领导人与中央机关、人民解放军总部进驻北平香山，标志着中国革命重心（   ）

A. 从南方转向北方

B. 从城市转向农村

C. 从西部转向东部

D. 从农村转向城市

26. 1949 年 6 月 30 日，毛泽东发表了系统阐明中国共产党关于建立新中国主张的（   ）

A.《对目前时局的宣言》

B.《目前形势和我们的任务》

C.《将革命进行到底》

D.《论人民民主专政》

27. 在 1949 年 9 月制定的、正式确立中国共产党在全国执政地位的法律文献是（   ）

A.《和平建国纲领》

B.《中国人民政治协商会议共同纲领》

C.《中央人民政府组织法》

D.《中华人民共和国宪法》

28. 毛泽东指出："统一战线，武装斗争，（   ）是中国共产党在中国革命中战胜敌人的三个法宝，三个主要的法宝。"

A. 群众路线   B. 党的建设   C. 土地革命   D. 实事求是

二、简答题

1. 抗日战争胜利后国际格局出现了什么样的重大变化？

2. 抗日战争胜利后国内形势出现了什么样的新变化？

3. 如何正确认识抗日战争胜利后中国共产党争取和平民主的斗争和努力？

4. 新民主主义革命阶段的总路线和总政策是什么？

5.《中国土地法大纲》的主要内容有哪些？

6. 中共七届二中全会的主要内容是什么？

7.《论人民民主专政》的主要内容是什么？

三、论述题

1. 抗日战争胜利后，国民党政府为什么会陷入全民的包围中并迅速走向崩溃？

2. 为什么第三条道路在中国行不通？

3. 中国共产党领导的多党合作和政治协商格局是怎样形成的？

4. 中国革命胜利的原因和意义是什么？

5. 为什么说"没有共产党，就没有新中国"？中国共产党领导中国革命取得胜利的基本经验是什么？

强化训练
参考答案

 ——————————————————— **本章拓展资源**

第八章　中华人民共和国的成立与中国社会主义建设道路的探索

结构导图

中华人民共和国的成立与中国社会主义建设道路的探索

- 中华人民共和国的成立和新生人民政权的巩固
  - 中华人民共和国成立的历史意义
  - 新中国成立初期面临的考验
- 社会主义制度的初步确立
  - 党在过渡时期的总路线及其实施
  - 初步确立社会主义基本制度
  - 社会主义基本制度确立的伟大意义
- 全面建设社会主义的良好开端
  - 探索适合中国国情的社会主义建设道路
  - 开始全面建设社会主义
- 社会主义道路的艰辛探索和曲折发展
  - "大跃进"和初步纠正"左"的错误
  - 国民经济调整和"四个现代化"战略目标的制定
  - "文化大革命"内乱及其历史教训
  - 全面建设社会主义的成就

自学指导

一、学习目标

1. 识记："三反"运动；"五反"运动；伟大抗美援朝精神；过渡时期总路线的内容；手工业合作化的组织形式；社会主义制度确立后中国国内的主要矛盾；"双百"方针；整风运动与反右派斗争；"大跃进"运动；人民公社化运动；实现社会主义现代化的"两步走"战略；"两弹一星"与科技战线的重大成就；中国恢复在联合国的合法席位；"乒乓外交"与中美关系正常化。

2. 领会：完成民主革命遗留任务；独立自主和平外交的初步开展；恢复国民经济；过渡时期总路线的历史必然性；农业合作化的组织形式；国家资本主义的初级形式和高级形式；第一个五年计划以及工业建设的成就；《论十大关系》的基本内容；《关于正确处理人民内部矛盾的问题》的主要内容；20世纪60年代前期的国民经济调整；"四个现代化"战略目标；"文化大革命"的发动及其结束；独立的、比较完整的工业体系和国民经济体系；历久弥新的时代精神。

3. 应用：中华人民共和国成立的历史意义；抗美援朝伟大胜利的历史意义；社会主义基本制度确立的意义；全面建设社会主义时期取得的成就。

二、学习重点难点

（1）中华人民共和国成立的历史意义；（2）捍卫巩固新政权的斗争；（3）过渡时期总路线的提出及其历史必然性；（4）社会主义基本制度的确立及其历史意义；（5）科学分析全面建设社会主义进程中的艰辛探索与曲折发展；（6）全面建设社会主义时期取得的历史成就。

三、自学建议

本章主要讲述社会主义革命和建设时期的历史。中华人民共和国成立后，以毛泽东同志为核心的党的第一代中央领导集体带领人民创造性地完成了由新民主主义革命向社会主义革命的转变。社会主义基本制度确立后，中国开始进入全面建设社会主义的历史阶段。这一时期，中国共产党对适合中国国情的社会主义建设道路进行艰辛探索，为新的历史时期开创中国特色社会主义提供了宝贵经验、理论准备和物质基础。学生在复习中应重点记忆中华人民共和国成立的历史意义，新中国成立初期为捍卫巩固新政权进行的斗争、过渡时期总路线的主要内容及其历史必然性、社会主义基本制度的确立及其历史意义、全面建设社会主义时期取得的成就和探索中取得的成果。学生可以在熟悉本章框架逻辑的基础上，将文中标题作为简答题题目，尝试找出答案，并进行记忆。建议用6学时完成本章内容的自学和复习。

第一节　中华人民共和国的成立和新生人民政权的巩固

一、中华人民共和国成立的历史意义

1949 年 10 月 1 日下午，首都北京 30 万军民在天安门广场隆重举行开国大典，毛泽东庄严宣告："中华人民共和国中央人民政府今天成立了。"

中华人民共和国的成立，彻底结束了旧中国半殖民地半封建社会的历史，彻底结束了极少数剥削者统治广大劳动人民的历史，彻底结束了旧中国一盘散沙的局面，彻底废除了列强强加给中国的不平等条约和帝国主义在中国的一切特权，实现了中国从几千年封建专制政治向人民民主的伟大飞跃，实现了中国高度统一和各民族空前团结。中国人从此站立起来了！中国人民从此把命运牢牢掌握在自己手中，成为国家、社会和自己命运的主人！中华民族发展进步从此开启了新纪元！

中华人民共和国的成立，是具有世界意义的大胜利，是马克思列宁主义在中国的胜利，是马克思列宁主义基本原理同中国革命具体实际相结合的思想——毛泽东思想的胜利。这个胜利，使马克思列宁主义、毛泽东思想在中国人民中获得很高的威信，被接受为人民共和国各项事业的指导思想，在世界范围内扩大了影响。

二、新中国成立初期面临的考验

新中国成立伊始，面临许多严重困难和紧迫问题。

第一，能不能保卫住革命胜利成果，巩固新生人民政权。当时，解放全中国的任务还没有完成；国民党从大陆撤退时遗留下的 100 余万军队、200 多万土匪及 60 多万特务分子还有待肃清；在广大城乡，反动会道门和传统黑恶势力还危害着人民的生命财产安全；在广大的新解放区尚未完成土地改革。

第二，能不能战胜严重经济困难，迅速恢复和发展国民经济。1949 年，人均国民收入只有 27 美元，相当于亚洲国家平均值的 2/3。新中国从旧中国接收过来的是一副烂摊子。许多工厂倒闭，大批工人失业，通货膨胀，物价飞涨，人民生活遇到极大困难。

第三，能不能巩固民族独立，维护国家主权和安全。新中国的诞生，打破了帝国主义在东方划定的势力范围。以美国为首的西方资本主义阵营企图通过实行强硬的对华政策，即政治孤立、经济封锁、军事包围的政策，从根本上搞垮新中国。

第四，能不能经受住全国执政的新考验，继续保持优良传统和作风。新中国成立后，中国共产党成为在全国范围执掌政权的党，党的工作重心从农村转向城市，广大干部和党员面临执政的考验、接管城市的考验和生活环境变化的考验。

面对新中国成立初期种种困难和严峻考验，中国共产党和人民政府采取一系列积极稳健的政策措施，有条不紊地领导全国各族人民进行捍卫巩固新政权、建设新中国的伟大斗争。

三、捍卫巩固新政权的斗争

1. 完成民主革命的遗留任务

第一，基本完成祖国大陆统一任务，建立人民政权。新中国成立后，人民解放军继续向华南、西南进军，解放了除西藏、台湾和少数岛屿以外的全部中国领土。1951 年 10 月，人民解放军进驻拉萨，西藏获得和平解放。随着人民解放军的胜利进军，地方各级人民政权迅速建立起来，普遍召开地方各级各界人民代表会议，人民开始行使当家作主的民主权利。第二，在新解放区继续进行废除封建土地制度的改革。到 1952 年底，除一部分少数民族地区外，全国大陆的土地改革基本完成。第三，制定《中华人民共和国婚姻法》，废除封建婚姻制度，使广大妇女获得婚姻自由的权利。第四，开展大规模的镇压反革命运动，基本肃清了国民党遗留在大陆的反动势力。第五，旧社会留下的污泥浊水受到有力的荡涤，健康文明的社会新风尚开始树立，人民的精神面貌焕然一新。

2. 巩固民族独立，维护国家主权和安全

第一，废除了帝国主义国家依据不平等条约在中国享有的一切特权。新中国收回了外国列强在中国的兵营，驻扎在中国领土上的一切外国军队被迫撤走；收回了海关治权，从根本上改变了旧中国"跪倒在地上办外交"的局面。第二，制定新中国"另起炉灶""打扫干净屋子再请客""一边倒"的外交方针。第三，发展同苏联的外交，订立了《中苏友好同盟互助条约》和有关协定。第四，为解放台湾、统一中国作了一系列准备。

3. 抗美援朝，保家卫国

1950 年 6 月 25 日，朝鲜内战爆发。美国政府从其全球战略和冷战思维出发，作出武装干涉朝鲜内战的决定，并派遣第七舰队侵入台湾海峡，公然干涉中国内政。10 月初，美国不顾中国政府一再警告，悍然越过朝鲜南北分界的北纬38 度线（通称三八线），把战火烧到中朝边境，直接威胁新中国的国家安全。中共中央全面估量国内外形势，毅然作出派遣中国人民志愿军入朝作战，抗美援朝、保家卫国的历史性决策，组建以彭德怀为司令员兼政治委员的中国人民志愿军。10 月 19 日，志愿军雄赳赳、气昂昂跨过鸭绿江。

抗美援朝战争，是在交战双方力量极其悬殊条件下进行的一场现代化战争。在极为艰难的情况下，中国人民志愿军同朝鲜军民密切配合，经过艰苦卓绝的

战斗，战胜了武装到牙齿的强敌，打破了美军不可战胜的神话，迫使不可一世的侵略者于 1953 年 7 月 27 日在停战协定上签字。

在抗美援朝战争中，英雄的中国人民志愿军始终发扬祖国和人民利益高于一切、为了祖国和民族的尊严而奋不顾身的爱国主义精神，英勇顽强、舍生忘死的革命英雄主义精神，不畏艰难困苦、始终保持高昂士气的革命乐观主义精神，为完成祖国和人民赋予的使命、慷慨奉献自己一切的革命忠诚精神，为了人类和平与正义事业而奋斗的国际主义精神，锻造了伟大抗美援朝精神。

全国各地开展波澜壮阔的抗美援朝运动，成千上万的中华儿女报名参加志愿军，全国上下发起增加生产、厉行节约、爱国丰产等运动，社会各界踊跃捐款累计可购买战斗机 3710 架，为战争胜利提供了强有力的物质保障和精神力量。

抗美援朝战争的伟大胜利，是中国人民站起来后屹立于世界东方的宣言书，是中华民族走向伟大复兴的重要里程碑，对中国和世界都有着重大而深远的意义。经此一战，新中国真正站稳了脚跟，中国人民真正扬眉吐气，彰显了新中国的大国地位，极大促进了国防和军队现代化，有力推动了世界和平与人类进步事业。

4. 恢复国民经济，为社会主义改造创造条件

第一，没收官僚资本归人民的国家所有。到 1950 年初，人民政府共接管官僚资本的工矿企业 2800 余家，金融企业 2400 余家。官僚资本被没收接管后，迅速在企业内部开展民主改革和生产改革，确立起社会主义性质的国营经济在国民经济中的领导地位，使人民政权拥有了相当重要的经济基础。

第二，稳定物价，实现了全国财政经济工作的统一管理和统一领导。成功组织了同投机资本作斗争的"银元之战"和"米棉之战"，到 1950 年 3 月，物价基本稳定，从而治愈了旧中国无法医治的顽症，结束了人民过了几十年的因物价飞涨而带来的痛苦生活，使国家和国营经济掌握了市场的主导权；初步建立起集中统一的国家财政管理体制，以利于统一调度全国的财力、物力，集中力量办大事。

"银元之战"和"米棉之战"

第三，国民经济得到全面恢复和初步发展。到 1952 年底，工农业总产值超过 1936 年（国民党统治时期最高水平）20%，工农业主要产品的年产量均超过国民党统治时期最高水平。同 1949 年相比，全国职工工资平均提高70%，农民收入增长 30% 以上。

第四，对资本主义工商业进行适当限制，把其中的大部分引上了初级形式的国家资本主义道路。私营经济中不利于国计民生的部分被削弱以至淘汰，私营经济在数量上明显上升，但在国民经济中的比重却下降了。

第五，在农村开展各种形式的互助合作，推进农村生产力进一步发展。

1952 年，全国已有 40% 的农户参加了互助组，少数农户还参加了半社会主义或社会主义性质的农业生产合作社。

实践表明，这一时期国营经济的建立、对私营经济的改造以及农村互助合作组织的发展，都为后来系统的社会主义改造奠定了基础。

5. 教育科学文化卫生事业除旧布新

随着国民经济恢复和经济建设的开展，思想文化、科技教育和社会民生等各方面建设都出现新气象新面貌。

第一，在宣传思想工作方面，作为舆论宣传、大众传播重要工具的报纸、刊物、电台、通讯社等文化事业，完全置于党和国家的统一领导之下，确立了马克思主义在全国的指导地位。

第二，在教育改革与发展方面，党和政府有步骤地对旧有教育文化事业进行改革。一是实行国家对学校的领导，废除反动政治教育，使马列主义教育进入学校；二是解决教育向广大工农群众打开大门的问题，确定了"教育必须为生产建设服务，为工农服务，学校向工农开门"的教育方针；三是发展和改革高等教育。1951 年底至 1953 年，教育部对全国高等学校进行院系调整，大幅度扩大招生，以适应工业化建设对专业人才的急迫需要。

第三，在科学技术工作方面，党和政府十分重视科学技术在建设事业中的作用。新中国成立之初就成立了中国科学院，以中国科学院作为全国科学研究的中心，指导建立地方科研机构，同时发展高等学校和产业部门的科研机构，逐步形成比较完整的科研体系。到 1955 年底，全国科学技术人员已达 40 余万人，专业科研机构超过 800 个。

第四，在医疗卫生工作方面，党和政府提出了卫生工作要"面向工农兵""预防为主"和"团结中西医"的方针。在农村、城市街区和工矿企业，普遍建立起基层卫生组织以及各种专业防疫机构和队伍。同时，在全国开展大规模的爱国卫生运动，使城乡落后的卫生面貌大为改观。

第五，在知识分子工作方面，党十分重视对知识分子的团结、教育和改造。大多数知识分子通过学习毛泽东著作，联系思想和工作实际进行批评与自我批评，通过肃清封建买办思想影响，批判资产阶级和小资产阶级思想，掌握了马克思主义基础知识，从而由民族的、爱国的立场前进到人民的立场，满腔热情地投身到新中国的建设事业中。

6. 加强中国共产党的自身建设

中华人民共和国成立后，中国共产党高度重视执政条件下党组织的自身建设。1950 年和 1951 年全党范围内开展整风、整党运动，批判居功自傲等错误思想，进行共产党员必备的八项条件教育，在此基础上发展了一批新党员。1951 年底到 1952 年，开展了反贪污、反浪费、反官僚主义的"三反"运动，处决了大贪污犯刘青山、张子善。"三反"运动中发现，党政机关内部的贪污行为往往是与不法商人勾结而来的。1952年上半年，开展了反对行贿、反对偷税漏税、反对盗窃国家财产、反对偷工减料、反对盗窃经济情报的"五反"运动。1954年2月，党的七届四中全会通过《关于增强党的团结的决议》。1955年3月，党的全国代表会议决定成立党的中央和地方各级监察委员会，选举产生了中央监察委员会。这些举措对于在执政条件下继续保持共产党人的革命精神和优良作风，密切党和人民群众的联系、增强党的团结，起到了重要的作用。

新中国成立初期所进行的上述工作及其成就的取得，为领导人民进行有计划的经济建设和有系统的社会主义改造创造了重要条件。

《共产党员标准的八项条件》全文

第二节　社会主义制度的初步确立

一、党在过渡时期的总路线及其实施

1. 过渡时期总路线的提出及其历史必然性

中共中央在1952年底开始酝酿并于1953年正式提出党在过渡时期的总路线，明确规定："从中华人民共和国成立，到社会主义改造基本完成，这是一个过渡时期。党在这个过渡时期的总路线和总任务，是要在一个相当长的时期内，逐步实现国家的社会主义工业化，并逐步实现国家对农业、对手工业和对资本主义工商业的社会主义改造。"这条总路线的主要内容概括为"一化三改"，又称"一体两翼"。"一化"是"主体"，"三改"是"两翼"，两者相辅相成、相互促进。过渡时期总路线体现了社会主义工业化和社会主义改造的紧密结合，体现了解放生产力与发展生产力、变革生产关系与发展生产力的有机统一，反映了历史的必然性。

第一，社会主义工业化是国家独立富强的首要条件。

第二，资本主义经济力量弱小，发展困难，不可能担当实现工业化的重任。中国的民族资本主要是商业资本和金融资本，工业资本只占1/5且主要是轻纺工业和食品工业，缺少重工业的基础，大多规模小，技术设备落后，劳动生产率很低，因此必须对其逐步实行社会主义改造。

第三，对个体农业进行社会主义改造，是保证工业发展、实现国家工业化的一个必要条件。在分散落后的小农经济基础上是不可能建立起社会主义大工业的，只有引导个体农民组织起来走合作化的道路，农业生产力才能得到发展，农村也才能够为工业化提供必要的商品粮食、轻工业原料、工业品市场和积累工业发展的资金等条件。

第四，当时的国际环境也促使中国选择社会主义。新中国成立后，中国不但不可能从资本主义大国得到什么援助，而且连进行普通的贸易和交往都很困难，只有苏联能够援助中国。这也是促使中国共产党提出开始向社会主义逐步过渡的一个因素。

2. "一五"计划的实施和社会主义工业化的起步

为准备进行有计划的经济建设，我国从 1951 年着手编制第一个五年计划。1955 年 7 月召开的一届全国人大二次会议通过了这个计划。

"一五"计划突出了集中主要力量发展重工业，建立国家工业化和国防现代化的初步基础的核心要点。

"一五"计划在编制和实施过程中，较好地处理了我国经济建设中的几个重大关系：一是集中主要力量发展重工业，同时不放松农业、轻工业，对国民经济各部门统筹兼顾、全面安排；二是科学进行工业布局，改变我国工业大多集中在沿海地区的不合理状况；三是根据我国国力，积极稳妥确定工业、农业生产年均增长速度；四是把发展生产同改善人民生活恰当地结合起来；五是既要争取外援，同时又强调自力更生，国家建设应以国内力量为主。这些对于后来我国经济建设具有长远的指导意义。

从 1953 年开始，经济建设工作有计划地在全国展开。以苏联援助的 156 项工程为中心的工业建设，使我国的工业生产能力和技术水平前进了一大步。一大批旧中国没有的基础工业部门一个个建立起来，一大批工矿企业在内地兴办，旧中国重工业过分落后的面貌和不合理布局大大改观，为我国建立独立完整的工业体系奠定了基础，为社会主义建设积累了宝贵经验。

3. 对农业、手工业的社会主义改造

1951 年 12 月，中共中央印发的《关于农业生产互助合作的决议（草案）》强调要根据生产发展的需要和可能，采取稳步前进的方针，贯彻自愿和互利的原则，采取典型示范、逐步推广的方法，引导农民走互助合作的道路。过渡时期总路线公布之后，1953 年 12 月，党中央通过《关于发展农业生产合作社的决议》，指导农业互助合作运动稳步前进。

农业合作化的步骤，就是经过社会主义萌芽性质的临时互助组，到常年互助组，再到半社会主义性质的农业生产合作社，最后实行完全的社会主义的集体农民公有制的更高级的农业生产合作社。这种由具有社会主义萌芽到具有更多社会主义因素到完全的社会主义的合作化的发展道路，就是中国共产党所指出的对农业逐步实现社会主义改造的道路。

农业合作化形式和特征

性质	组织形式	特征
社会主义萌芽	临时互助组	简单的共同劳动
	常年互助组	在共同劳动基础上实行某些分工分业 有某些少量公共财产
半社会主义	初级农业生产合作社	实行土地入股、统一经营 有较多公共财产
完全社会主义	高级农业生产合作社	土地公有，集体农民公有制

在农业合作化运动过程中，党和政府按照农民自愿的原则，采取说服、示范和国家援助的方法使农民自愿联合起来。到 1956 年底，农业合作化基本完成，加入合作社的农户占全国农户总数的 96.3%，其中参加高级社的农户达到 87.8%。

农业合作化期间，农业生产力不断发展，全国农业总产值平均每年递增 4.8%。中国农村完成了从几千年的分散个体劳动向集体所有、集体经营的历史性转变。

在推进手工业合作化的过程中，中国共产党采取的是积极引导、稳步前进的方针。手工业合作化的组织形式，是由手工业生产合作小组、手工业供销合作社到手工业生产合作社，步骤是从供销入手，由小到大，由低到高，逐步实行社会主义改造和生产改造。到 1956 年底，参加合作社的手工业人员已占全体手工业人员的 91.7%。手工业的合作化也基本完成了。

4. 对资本主义工商业的社会主义改造

对资本主义工商业进行社会主义改造，就是要把民族资本主义工商业改造成为社会主义性质的企业，并对民族资产阶级实行赎买政策。

国家资本主义是改造资本主义工商业的必经之路。国家资本主义经济是在人民政府管理之下的，用各种形式与国营社会主义经济联系着的，并受工人监督的资本主义经济。在 1953 年底以前，着重发展以加工订货、经销代销为主的初级形式国家资本主义，这是国家与私人工商业的外部联系与合作。1954 年 1 月，中央人民政府财政经济委员会提出《关于有步骤地将有十个工人以上的资本主义工业基本上改造成为公私合营企业的意见》，高级形式的国家资本主义发展起来。1955 年，北京、上海、天津的一些行业先后实行全行业公私合营，除资本家领取定息外，同国营企业已经没有原则上的区别。1956 年 1 月，北京市首先在全市范围内完成全行业公私合营。到年底，全国私营工业户的 99%、私营商业户的 82.2% 都走上了全行业公私合营的道路。

改造资本主义工商业的形式

性质	步骤	组织形式	利润分配
社会主义萌芽	初级形式国家资本主义	委托加工、计划订货、统购包销、经销代销	"四马分肥"
半社会主义	高级形式国家资本主义	个别企业公私合营	"四马分肥"
完全社会主义		全行业公私合营	定股定息

经过国家资本主义来改造资本主义工商业，意味着国家对资本主义工商业采取和平赎买的政策。对资产阶级实行赎买，是马克思、恩格斯提出的设想。十月革命后，列宁打算在俄国对"文明的资本家"采取这种做法，但俄国资产阶级不接受。中国共产党把这种设想付诸实施并取得成功，继续发挥了私营工商业在扩大生产、搞活流通、维持就业、增加税收等方面的积极作用。党争取到大多数民族资本家，对社会主义改造起了有益的配合作用，把他们改造成为自食其力的劳动者。这是中国共产党的一个独创性经验，丰富和发展了马克思主义的科学社会主义理论。

二、初步确立社会主义基本制度

1. 建立社会主义经济制度

随着社会主义改造的完成，以生产资料公有制、按劳分配和计划经济体制为特征的社会主义经济制度建立起来，这是中国进入社会主义社会最主要的标志。

第一，在生产资料所有制方面，生产资料公有制占绝对优势的社会主义经济制度在中国建立起来。1952年，个体经济和资本主义经济合计为78.7%，占到国民收入的绝大部分。到1956年，社会主义性质的国营经济、合作社经济和基本上属于社会主义性质的公私合营经济合计为92.9%，占到了国民收入的绝大多数。

第二，在分配制度方面，确立了各尽所能、按劳分配的社会主义的原则。1956年6月，国务院通过《关于工资改革的决定》《关于工资改革中若干具体问题的通知》《关于工资改革方案实施程序的通知》等文件，提出实行统一的工资政策，建立起比较统一的合理的工资制度，并根据技术、行业、职务、地区等要素确定工资标准。同年9月，中共中央、国务院出台的《关于加强农业生产合作社的生产领导和组织建设的指示》提出，在农业生产合作社的分配工作中，必须坚持按劳取酬、多劳多得和男女同工同酬的原则。

第三，在经济体制方面，逐步形成了高度集中的计划经济体制。1954年通过的宪法第十五条规定："国家用经济计划指导国民经济的发展和改造，使生产力不断提高,以改进人民的物质生活和文化生活,巩固国家的独立和安全。"这表明,计划经济体制已成为我国法定的经济体制。

社会主义改造的基本完成,使人民民主政权获得了自己的牢固的经济基础。只有坚持公有制的主体地位,走共同富裕的道路,中国的经济才能得到持续发展,社会政治局面才能保持稳定,广大群众才能安居乐业、过上幸福富裕的生活。

2. 确立社会主义政治制度

在进行社会主义改造的同时,人民民主政治建设也在有步骤地向前推进。

第一,人民代表大会制度是我国的根本政治制度。1954 年 9 月,中华人民共和国第一届全国人民代表大会第一次会议在北京召开,标志着人民代表大会制度的确立。大会讨论并通过了《中华人民共和国宪法》。这是一部社会主义类型的宪法,体现了人民民主原则和社会主义原则。

第二,中国共产党领导的多党合作和政治协商制度是我国的一项基本政治制度,是从中国土壤中生长出来的新型政党制度。在一届全国人大一次会议召开以后,中国人民政治协商会议不再代行全国人民代表大会的职权。1954 年12 月,中国人民政治协商会议第二届全国委员会第一次会议通过《中国人民政治协商会议章程》明确规定中国人民政治协商会议是中国人民爱国统一战线的组织,是中国共产党领导的多党合作和政治协商的重要机构,是我国政治生活中发扬社会主义民主的重要形式。

第三,民族区域自治制度是我国一项基本政治制度,是中国共产党根据中国历史和现实的特点,运用马克思主义民族理论解决中国民族问题的一项重大创造。1949 年 9 月,《中国人民政治协商会议共同纲领》确定实行民族区域自治制度。1952 年 8 月,中央人民政府公布施行《中华人民共和国民族区域自治实施纲要》。1954 年宪法将民族自治地方规范为自治区、自治州、自治县三级,县以下的少数民族聚居区设民族乡。这表明,新中国能够用彻底的民主主义和民族平等的精神来解决民族问题,建立各民族之间的真正团结合作。

第四,积极探索和建立了新的基层社会管理体系。在农村,随着互助合作的开展,农民协会逐渐被互助组、合作社这一农村新的组织形式代替。在城市,为了统一和规范城市居民组织,1954 年 12 月,一届全国人大常委会第四次会议通过《城市居民委员会组织条例》,以国家法律的形式确认了城市居民委员会的名称、性质、主要任务和组织结构,促进了居民委员会在全国范围内统一规范的建立和发展。

人民代表大会的根本政治制度、中国共产党领导的多党合作和政治协商制度、民族区域自治制度等基本政治制度的建立,构成了我国社会主义的政治制度体系,为我国社会主义经济基础和相应的经济制度的确立提供了政治保障。

三、社会主义基本制度确立的伟大意义

实现中华民族伟大复兴，必须建立符合中国实际的先进社会制度。中华人民共和国成立、社会主义制度的建立，是中华民族有史以来最为广泛而深刻的社会变革，为当代中国一切发展进步奠定了根本政治前提和制度基础，实现了中华民族由不断衰落到根本扭转命运、持续走向繁荣富强的伟大飞跃。

第一，社会主义基本制度的确立极大地提高了工人阶级和广大劳动人民的积极性、创造性，为社会生产力的大发展开辟了广阔道路。农业和手工业由个体所有制变为社会主义的集体所有制，私营工商业由资本主义所有制变为社会主义所有制，这就使社会生产力从旧的生产关系的束缚中解放出来，巩固和扩大了人民民主专政政权的经济基础。生产资料所有制适应了社会化大生产的客观需要，社会主义制度集中力量办大事的独特优势得以充分发挥，国家大规模工业化建设顺利开启，为在社会主义条件下取得比资本主义更快的现代化发展速度、更高的劳动生产率铺平了道路，极大地促进了我国社会生产力的发展。

第二，社会主义基本制度的确立为当代中国的一切发展进步提供了根本政治保障。中国共产党是全国各族人民的领导核心，是领导中国社会主义事业的核心力量。人民代表大会制度是实现社会主义民主的基本形式，充分体现了一切权力属于人民的原则，是人民管理国家的最好组织形式。中华人民共和国宪法是中国走向社会主义民主和法制建设的一个良好开端。中国共产党领导的多党合作和政治协商制度，是马克思主义政党理论和统一战线学说与中国实际相结合的产物，有利于坚持和改善中国共产党的领导，又能充分吸纳各方面的意见，集中全国人民的意志和力量，实现广泛民主和集中领导的统一、充满活力和富有效率的统一。民族区域自治制度是我国一项基本民族政策，有利于保证国家的统一和民族自治权利。

第三，社会主义基本制度的确立为社会主义先进文化的发展指明了前进方向。党领导了对旧有学校教育和文化事业的有步骤的改革，团结和争取一切爱国的知识分子为人民服务。广大人民群众逐渐树立起走社会主义道路的意识，爱国主义、集体主义等观念越来越深入人心。社会主义新型的社会关系及与之相适应的社会道德规范正在形成。以马克思主义为核心的社会主义主流意识形态地位稳步提升，占据优势和主导地位，确保了党和国家事业沿着社会主义方向胜利前进。

社会主义制度的确立，标志着中国这个占世界 1/4 人口的东方大国进入了社会主义社会。此后，党面临的根本任务，就是领导全国各族人民在不断完善社会主义制度基础上，充分发挥社会主义制度的优越性，大力发展社会生产力，为实现国家富强、人民幸福的历史任务而奋斗。

第三节　全面建设社会主义的良好开端

一、探索适合中国国情的社会主义建设道路

1. 提出马克思主义同中国实际"第二次结合"

在中国这样一个人口众多、经济文化落后、发展极不平衡的国家，怎样建设社会主义，怎样巩固和发展社会主义，并没有现成的道路可循，党领导人民在实践中进行了艰辛探索。

新中国成立初期，因为没有经验，在经济建设上只得学习甚至照搬苏联的做法。经过执行"一五"计划的实践，中国共产党和人民政府已经积累了进行建设的初步经验。1956年2月召开的苏共二十大，进一步暴露了苏联在社会主义建设中存在的缺点和错误。在这种情况下，中国共产党人决心以苏为鉴，探索一条适合中国情况的社会主义建设道路。

探索中国的社会主义建设道路，必须把马克思列宁主义基本原理同中国具体实际相结合。1956年4月初，毛泽东明确提出：在社会主义革命和建设时期，要进行马克思主义基本原理同中国具体实际的"第二次结合"，找出在中国怎样建设社会主义的道路。毛泽东提出的"第二次结合"的任务，为探索适合中国情况的社会主义建设道路，提供了基本的指导原则。

> 金句
>
> 　最重要的是要独立思考，把马列主义的基本原理同中国革命和建设的具体实际相结合。民主革命时期，我们吃了大亏之后才成功地实现了这种结合，取得了新民主主义革命的胜利。现在是社会主义革命和建设时期，我们要进行第二次结合，找出在中国怎样建设社会主义的道路。
>
> ——毛泽东

2.《论十大关系》的发表

为准备召开中共八大和迎接大规模经济建设，从1955年底到1956年春，毛泽东等中央领导人进行了大量周密而系统的调查研究。1956年2月至4月间，毛泽东先后听取国务院工业、农业、运输业、商业、财政、计划等35个部委的工作汇报。在此基础上，毛泽东逐渐形成《论十大关系》的基本思路。4月25日，他在中央政治局扩大会议上作《论十大关系》的讲话，5月2日又向最高国务会议作了报告。报告提出"一定要努力把党内党外、国内国外的一切积极的因素，直接的、间接的积极因素，全部调动起来，把我国建设成为一个强大的社会主义国家"的基本方针。围绕这个方针，报告论述了十个问题即十大关系。

《论十大关系》前五条主要讨论经济问题，包括：重工业和轻工业、农业的关系；沿海工业和内地工业的关系；经济建设和国防建设的关系；国家、生产单位和生产者个人的关系；中央和地方的关系。报告强调今后要更多地注意发展农业、轻工业，更多地利用和发展沿海工业，尽量降低军政费用的比重，多搞经济建设。

《论十大关系》后五条主要讨论政治关系，包括：汉族和少数民族的关系；党和非党的关系；革命和反革命的关系；是非关系；中国和外国的关系。报告提出，在共产党和民主党派的关系上实行"长期共存，互相监督"的方针。在中国和外国的关系上，要学习资本主义国家先进的科学技术和企业管理方法中合乎科学的方面，但也要抵制和批判资产阶级的一切腐败制度和思想作风。

《论十大关系》是以毛泽东为主要代表的中国共产党人开始探索适合中国国情的社会主义建设道路的标志，它在新的历史条件下从经济方面和政治方面提出了新的指导方针，为中共八大的召开作了理论准备。

3. 一系列新方针的提出

为调动国内外一切积极因素，党中央确定"百花齐放、百家争鸣"作为发展科学文化事业的指导方针。1956 年 5 月 26 日，中央宣传部部长陆定一在知识界会议上作题为《百花齐放、百家争鸣》的报告，代表中央对"双百"方针进行详尽阐述，引起强烈反响，获得广泛称赞。

社会主义制度的确立，为进一步保护和发展生产力创造了更为有利的条件。1954 年 9 月，周恩来在第一届全国人大会议上首次提出实现国民经济现代化的宏伟目标，是要建设起强大的现代化工业、现代化农业、现代化交通运输业和现代化国防。1956 年 1 月，中共中央召开关于知识分子问题会议，动员全党和全国人民特别是广大知识分子"向现代科学进军"。会后，国务院成立科学规划委员会，编制《1956—1967 年科学技术发展远景规划纲要》。该纲要的实施，填补了我国科学技术领域的诸多空白，奠定了中国在自然科学和工程技术方面的重要基础。

二、开始全面建设社会主义

1. 中共八大路线的制定

1956 年 9 月 15 日至 27 日，中国共产党第八次全国代表大会在北京举行。毛泽东致开幕词，刘少奇作政治报告，周恩来作关于发展国民经济第二个五年计划建议的报告，邓小平作关于修改党章的报告。

八大正确分析了国内形势和主要矛盾的变化，明确提出新形势下党和人民的主要任务，指出：我国国内主要矛盾已经是人民对于经济文化迅速发展的需要同当前经济文化不能满足人民需要的状况之间的矛盾。这一矛盾的实质，在我国社会主义制度已经建立的情况下，也就是先进的社会主义制度同落后的社会生产力之间的矛盾。党和全国人民当前的主要任务是集中力量发展社会生产力，实现国家工业化，逐步满足人民日益增长的物质和文化需要。

八大对经济建设、政治建设、执政党建设提出了正确的指导方针。在经济建设上，大会坚持既反保守又反冒进，即在综合平衡中稳步前进的方针。大会肯定"三个主体，三个补充"思想，即以国家经营和集体经营、计划生产、国家市场三者为主体，以个体经营、自由生产、自由市场三者为补充，这一思想在理论上突破了苏联计划经济模式，是探索经济体制改革的重要尝试。大会提出在三个五年计划或者再多一点的时间内，在我国建成一个基本完整的工业体系的战略设想，为全国人民描绘了社会主义发展的宏伟蓝图。在政治建设上，大会提出要扩大社会主义民主、健全社会主义法制，使党和政府的活动做到"有法可依"和"有法必依"。在执政党建设上，八大通过的新党章是中国共产党在全国执政以后制定的第一部党章。新党章根据执政党的特点，提出了全面开展社会主义建设的任务，对贯彻党的民主集中制的根本原则作出了许多新规定，在党员义务方面增加"维护党的团结，巩固党的统一""对党忠诚老实"等内容。

中共八大的路线是正确的，提出的许多新方针和新设想是富于创造精神的。这次会议对中国建设社会主义道路的探索，站在比较高的历史起点上，取得了初步成果，对于党和国家事业发展具有长远的重要意义。

2.《关于正确处理人民内部矛盾的问题》的发表

1957 年 2 月，毛泽东在最高国务会议上发表《关于正确处理人民内部矛盾的问题》的讲话。他科学分析了社会主义社会的基本矛盾，提出：社会主义社会也充满着矛盾，正是这些矛盾推动着社会主义社会不断地向前发展。社会主义社会的基本矛盾仍然是生产力和生产关系、经济基础和上层建筑之间的矛盾，这些矛盾可以经过社会主义制度本身的自我调整和完善，不断得到解决。这一论断科学揭示了社会主义社会发展的动力，也为后来的社会主义改革奠定了理论基础。

同时，毛泽东提出要区分和处理敌我矛盾和人民内部矛盾两类不同性质的矛盾，前者需要用强制的、专政的方法去解决，后者只能用民主的、说服教育的、"团结—批评—团结"的方法去解决。

《关于正确处理人民内部矛盾的问题》在马克思主义发展史上具有开创性意义，丰富和发展了科学社会主义理论，对党和社会主义建设事业具有长远的指导意义。

3. 整风运动和反右派斗争

1957 年 4 月 27 日，中共中央下发《关于整风运动的指示》，决定在全党进行一次反对官僚主义、宗派主义和主观主义的整风运动。这场运动采取开门整风的形式，各级党组织纷纷召开座谈会和小组会，听取党内外群众的意见，迅速在全社会形成一个"鸣放"的高潮。

在整风运动中人们提出的各种意见，绝大多数是诚恳的。然而，随着整风运动的开展，极少数人乘机向党和新生的社会主义制度发动进攻。这种异常现象引起中共中央的警觉。6月，中共中央要求组织力量反击右派分子进攻。对极少数右派分子的进攻实行坚决反击，对反对党的领导、反对社会主义道路的思潮进行批判，是完全必要的，也是正确的。但是，由于对阶级斗争的形势作了过于严重的估计，把大量人民内部矛盾当作敌我矛盾，把大量思想认识问题当作政治问题，反右派斗争被严重地扩大化了，留下深刻的教训。

第四节　社会主义道路的艰辛探索和曲折发展

一、"大跃进"和初步纠正"左"的错误

1. "大跃进"和人民公社化运动

为尽快改变中国贫穷落后的面貌，中共中央力图在探索社会主义建设道路中打开一个崭新的局面。1957年冬季，全国掀起以兴修水利、养猪积肥和改良土壤为中心的农业生产高潮，由此拉开"大跃进"的序幕。1958年5月，党的八大二次会议通过"鼓足干劲、力争上游、多快好省地建设社会主义"的社会主义建设总路线，反映了广大人民群众迫切要求改变国家经济文化落后状况的普遍愿望，但忽视了客观的经济规律。会后，"大跃进"运动在全国范围内开展起来。农业方面提出"以粮为纲"口号，要求5年、3年以至一两年达到规定的粮食产量指标，引发严重的浮夸风。工业方面提出"以钢为纲"口号，要求几年内提前实现15年钢产量赶超英国的目标，掀起大炼钢铁的群众运动。

在"大跃进"迅猛发展的同时，农村掀起人民公社化运动高潮。1958年8月，中共中央作出《关于在农村建立人民公社问题的决议》。随后，全国农村只用一个多月就基本实现公社化。"大跃进"初期建立的人民公社的基本特点被概括为"一大二公"。所谓"大"，就是规模大，原来一二百户规模的农业生产合作社被合并成拥有四五千户甚至一两万户的人民公社；所谓"公"，就是公有化程度高，原来经济条件各不相同的农业生产合作社被合并以后，主要财产归人民公社所有，收入在全社范围内统一核算和分配。实际上，这是刮"一平二调"的"共产风"，搞平均主义，无偿调拨生产队包括社员个人的财物和劳动力，严重损害了农民的生产积极性。

2. 初步纠正"左"倾错误的努力

毛泽东是中共中央领导集体中较早地觉察并实际纠正"左"倾错误的领导人。从1958年11月第一次郑州会议到1959年7月庐山会议前期，党中央领

导整顿人民公社，调整高指标，作了初步纠正"左"倾错误的努力，使"共产风"、浮夸风、高指标和瞎指挥得到初步遏制，形势开始有所好转。

这期间，党中央和毛泽东对社会主义建设规律有了一些新的认识。主要包括：生产关系一定要适合生产力的性质；价值法则是一个伟大的学校，必须利用价值规律为社会主义服务；要以"农、轻、重"为序进行社会主义建设；综合平衡是整个经济工作的根本问题，国民经济应当有计划按比例发展，等等。这些认识是纠"左"取得初步成效的重要原因，也是党探索中国社会主义建设道路的重要成果。但是，纠"左"是在肯定"大跃进"和人民公社的前提下和框架内进行的，初步好转的形势还很不巩固。在庐山召开的党的八届八中全会及随后开始的"反右倾"斗争中断了纠"左"的进程，加上自然灾害和苏联政府背信弃义撕毁合同，党和人民面临新中国成立以来前所未有的严重经济困难。

二、国民经济调整和"四个现代化"战略目标的制定

1. 国民经济调整

国民经济出现的严重困难局面，给中国共产党以深刻的教训。中共中央和毛泽东决心认真进行调查研究，调整政策，纠正错误。1960 年 11 月，中共中央发出《关于农村人民公社当前政策问题的紧急指示信》，着手解决当时最为突出的农业和农村问题。1961 年 1 月，党的八届九中全会决定对国民经济实行"调整、巩固、充实、提高"的八字方针，并号召全党大兴调查研究之风。以这两件事为标志，"大跃进"运动实际上已被停止，国民经济开始转入调整的新轨道。

1961 年 3 月，毛泽东在广州主持起草《农村人民公社工作条例（草案）》（即"农业六十条"）。"农业六十条"的贯彻执行，对于克服严重存在的平均主义，调动农民的生产积极性，推动恢复和发展农业生产，起到了十分重要的作用。在此基础上，中共中央陆续制定出有关工业、商业、教育、科学、文艺等方面的工作条例草案，总结历史经验，继续纠正"左"的错误，推动国民经济转入 1962 年至 1965 年的三年调整时期。

2. "七千人大会"的召开

1962 年一二月间，扩大的中共中央工作会议（即七千人大会）在北京召开。刘少奇代表中央提出的书面报告草稿，总结了"大跃进"以来经济建设工作的经验教训，分析了产生缺点错误的原因。毛泽东着重阐述了民主集中制的极端重要性，并带头做了自我批评，特别强调在社会主义建设上还有很大的盲目性，今后要下苦功夫调查研究，弄清楚社会主义经济的规律；指出要使中国赶上和超过世界上最先进的资本主义国家，没有一百多年的时间是不行的。邓小平、周恩来分别代表中央书记处和国务院在大会上作自我批评，并提出恢复党的优

良传统和克服目前困难的主要办法。这次会议发扬了党内的民主和自我批评精神，统一了全党的认识，对动员全党团结奋斗战胜困难起了极其重要的作用。

经过七千人大会前后近两年的调整，从 1963 年夏开始，各项建设事业呈现明显的健康发展势头。到1965年底,调整国民经济的任务全面完成。"大跃进"和人民公社化运动带来的严重困难局面终于得到改变。

3. "四个现代化"战略目标

当国民经济调整工作取得巨大成就的时候，党适时提出了新的奋斗目标。1964 年底，周恩来在三届全国人大一次会议上郑重提出实现"四个现代化"的历史任务：在不太长的历史时期内，把我国建设成为一个具有现代农业、现代工业、现代国防和现代科学技术的社会主义强国，赶上和超过世界先进水平。中央还确定分两步走实现现代化的战略构想，即从第三个五年计划开始，第一步，经过三个五年计划时期，建立一个独立的比较完整的工业体系和国民经济体系；第二步，全面实现农业、工业、国防和科学技术的现代化，使中国经济走在世界前列。"四个现代化"从此成为党和全国各族人民的共同奋斗目标，成为凝聚和团结全国各族人民不懈奋斗的强大精神力量。

三、"文化大革命"内乱及其历史教训

1. "文化大革命"及其结束

1966 年，正当我国克服国民经济的严重困难、完成经济调整任务、开始执行发展国民经济第三个五年计划的时候，"文化大革命"运动发生了。这一年，中共中央政治局扩大会议和党的八届十一中全会的召开,标志着"文化大革命"运动的全面发动。

从 1967 年 1 月起，"文化大革命"进入"全面夺权"阶段，很快发展为"打倒一切"以至"全面内战"的严重局面。2 月前后，谭震林、陈毅、叶剑英、李富春、李先念、徐向前、聂荣臻等老一辈革命家在不同的会议上对"文化大革命"的错误做法提出强烈批评，但被诬为"二月逆流",受到压制和打击。到 1968 年 9 月，全国各地先后成立革命委员会，在一定程度上结束了"文化大革命"前期的无政府状态。

1969 年 4 月召开的中国共产党第九次全国代表大会，使"文化大革命"的理论和实践进一步系统化、合法化。1970 年至 1971 年间发生林彪反革命集团阴谋夺取最高权力、策动反革命武装政变的事件，客观上宣告"文化大革命"理论和实践的失败。1972 年，周恩来提出批判极左思潮，使得各方面工作有了明显起色。1973 年 8 月召开的中国共产党第十次全国代表大会，继续肯定九大的政治路线和组织路线。此后，江青与王洪文、张春桥、姚文元结成"四人帮"，企图全面篡夺党和国家最高权力。1975 年 1 月，四届全国人大一次会议重申

实现四个现代化的奋斗目标，任命周恩来为总理、邓小平为第一副总理。这使身处反复动乱中的广大干部和群众又看到了党和国家的希望。会后，周恩来病重，邓小平在毛泽东的支持下主持中共中央和国务院的日常工作。

1976 年 1 月 8 日，周恩来逝世。7 月 6 日，朱德逝世。9 月 9 日，毛泽东逝世。在不到九个月的时间里，党和国家的三位杰出领导人相继逝世，全党全国人民陷入巨大的悲痛之中，也深深思虑着党和国家的前途命运。周恩来逝世后，"四人帮"发出种种禁令，竭力阻挠和诬蔑群众性的悼念活动，激起全国广大干部和群众的极大愤怒。自 3 月下旬起，各地群众冲破阻力，举行悼念周恩来的活动，锋芒直指"四人帮"，这是全国人民反对"四人帮"倒行逆施的集中表现。毛泽东逝世前后，"四人帮"加紧夺取党和国家最高领导权的活动，许多老一辈革命家和广大人民群众深感忧虑。10 月 6 日晚，华国锋、叶剑英等代表中央政治局，执行党和人民的意志，对"四人帮"及其在北京的帮派骨干实行隔离审查。10 月 14 日，党中央公布粉碎"四人帮"的消息，人们奔走相告，兴高采烈。粉碎"四人帮"，结束了"文化大革命"，中国社会正常秩序得以恢复，党和国家的工作开始重新走上健康发展的轨道。

2. "文化大革命"发生的原因

"文化大革命"运动的发生，有着复杂的国际国内的社会历史原因。

首先，新中国成立后，很长一段时间一直面临严峻的外部环境。帝国主义长期敌视、封锁，把"和平演变"的希望寄托在中国第三代、第四代人身上。苏联在中苏关系恶化后给中国施加巨大压力，对中共中央在科学判断国内政治形势、确定党和国家中心任务和方针政策时产生极大影响。其次，中国共产党是经过长期残酷的战争后迅速进入社会主义历史阶段的，对于如何在一个经济文化落后的国家建设社会主义缺乏科学认识，也没有充分的思想准备，容易沿用和照搬革命战争时期积累下来的成功的阶级斗争经验，观察和处理社会主义建设的许多新矛盾，把只在一定范围存在的阶级斗争仍然看作社会的主要矛盾，并运用大规模群众性政治运动的方法来解决。

"文化大革命"运动的发动，主要是为了防止资本主义复辟、寻求中国自己的建设社会主义的道路。作为一个执政的无产阶级政党领袖，毛泽东不断观察和思考新兴的社会主义社会现实生活中的问题，极为关注艰难缔造的党和人民政权的巩固，高度警惕资本主义复辟的危险，为消除党和政府中的腐败和特权、官僚主义等现象进行不断探索和不懈斗争。但是，由于对社会主义社会的建设规律认识不清楚，由于"左"的错误在理论和实践上的累积发展，很多关于社会主义建设的正确思想没有得到贯彻落实，最终酿成内乱。

3. "文化大革命"的历史教训

"文化大革命"运动的发生，对于中国共产党、新中国和中国人民来说，

中共中央《关于建国以来党的若干历史问题的决议》（节选）

是一场灾难。它使国民经济遭受严重损失，民主和法制遭到践踏，大批干部和群众遭受迫害，学术文化事业在许多方面遭到摧残，科技水平在一些领域同世界先进国家的差距进一步拉大，党风和社会风气遭到严重破坏。历史已经判明，"文化大革命"是一场由领导者错误发动，被反革命集团利用，给党、国家和各族人民带来严重灾难的内乱。这种历史悲剧，决不允许重演。

"文化大革命"留下的历史教训是极其深刻的，需要从多方面加以总结。

一是必须科学对待马克思列宁主义，准确把握中国基本国情，从实际出发认识"什么是社会主义"和"如何建设社会主义"的问题，探索中国自己的建设社会主义道路。二是必须正确认识社会主义社会的主要矛盾和党和国家的主要任务，集中力量发展生产力。三是必须改革和完善党和国家的领导制度，健全民主集中制和集体领导原则。四是必须发展社会主义民主，加强社会主义法制。五是必须制定正确的党的建设的方针和政策，不断加强执政党的建设。"文化大革命"是在探求中国自己的社会主义道路历程中遭到的严重挫折。中国共产党依靠自己的力量，最终纠正了这一严重错误。历史再一次证明，中国人民是伟大的人民，中国共产党有能力靠自己的力量纠正错误，中国共产党和社会主义制度具有强大的生命力。"文化大革命"持续十年，暴露出当时党和国家在体制、政策、工作等方面存在的严重缺陷。

金句

二十年的经验尤其是"文化大革命"的教训告诉我们，不改革不行，不制定新的政治的、经济的、社会的政策不行。

——邓小平

一个马克思主义政党对自己的错误所抱的态度，是衡量这个党是否真正履行对人民群众所负责任的一个最重要最可靠的尺度。我们党对自己包括领袖人物的失误和错误历来采取郑重的态度，一是敢于承认，二是正确分析，三是坚决纠正，从而使失误和错误连同党的成功经验一起成为宝贵的历史教材。

——习近平

4. "文化大革命"时期的各方面工作

作为政治运动的"文化大革命"与"文化大革命"历史时期是有区别的。这一时期，我国国民经济出现较大起伏，但在党和人民的共同努力下，各项工作在艰难中仍然取得重要进展。

"文化大革命"初期，动乱主要集中在文教部门和党政机关，大部分生产系统未被打乱，特别是五年调整给国民经济的发展打下较好的基础，所以1966年各项生产建设事业仍然取得比较好的成绩。1969年以后，随着国内局势稍趋安定，主持政府工作的周恩来等领导人抓住时机，着手恢复各主要工业部门和其他综合经济部门的工作，加强对经济的计划管理。1970 年底，当年经济指标以及"三五"计划主要指标大体完成。

1971 年，我国开始执行第四个五年计划。由于忽视经济工作中存在的矛盾，继续追求高指标，经济建设的冒进之风有增无已。1972 年至 1973 年，根据周恩来的指示，国务院采取各种措施对国民经济进行调整。1973 年下半年，经济形势明显好转，国民经济计划主要指标都完成或超额完成。

1975 年初，四届全国人大一次会议闭幕后，重申四个现代化目标。邓小平在毛泽东、周恩来支持下，全面主持中共中央和国务院的日常工作，大刀阔斧地进行整顿。经过全面整顿，形势明显好转。大部分地区社会秩序趋于稳定，国民经济迅速回升。1975 年的工农业总产值和大多数产品产量指标按照"四五"计划基本完成。

四、全面建设社会主义的成就

中国从开始全面建设社会主义以来，尽管经历过严重的曲折，但从总体上说，社会主义建设取得的成就是巨大的。

金　句

　　如果没有 1978 年我们党果断决定实行改革开放，并坚定不移推进改革开放，坚定不移把握改革开放的正确方向，社会主义中国就不可能有今天这样的大好局面，就可能面临严重危机，就可能遇到像苏联、东欧国家那样的亡党亡国危机。同时，如果没有 1949 年建立新中国并进行社会主义革命和建设，积累了重要的思想、物质、制度条件，积累了正反两方面经验，改革开放也很难顺利推进。

——习近平

1. 独立的比较完整的工业体系和国民经济体系的建立

从 1952 年到 1978 年，我国工农业总产值平均年增长率为 8.2%，其中工业年均增长 11.4%。按照不变价格计算，1952 年国内生产总值为 679 亿元人民币，1976 年增加到 2965 亿元。人均国内生产总值从 1952 年的 119 元增加到 1976 年的 319 元。

在"一五"计划的基础上，国家以苏联援建的 156 项重点工程、694 个大中型建设项目为中心，进行大规模投资，建成一批门类比较齐全的基础工业项目，涉及冶金、汽车、机械、煤炭、石油、电力、通讯、化学、国防等领域，为国民经济的进一步发展打下坚实的基础。主要工业指标保持了较快发展速度，主要工业品的生产能力有了飞跃发展。

在铁路、交通运输等基础设施建设方面，一批交通运输线、输油管线设施相继建成。旧中国在 73 年间仅修筑铁路 2.18 万公里、公路 8.07 万公里。到 1976 年，我国的铁路达到 4.63 万公里，公路达到 82.34 万公里，初步形成全国的路网骨架。全国货运总量从 1949 年的 1.6097 亿吨增加到 1976 年的 20.1757 亿吨。从 20 世纪 70 年代开始，我国具备了自主设计制造万吨级远洋轮船的能力。

从经济建设和国防建设的战略布局考虑，这一时期国家还开展大规模的"三线"建设。"三线"建设不仅极大地增强了国防力量，而且在很大程度上改变了旧中国工业布局不平衡的状况，使一大批当时顶尖的军工企业、国有企业、科研院所来到西部，为西部地区提供了难得的发展机遇。

独立的、比较完整的工业体系和国民经济体系的建立，从根本上解决了工业化中"从无到有"的问题，使中国在赢得政治上的独立后赢得了经济上的独立，为中国以后的发展奠定了牢固的物质技术基础，而且为中国同包括西方发达国家在内的世界各国在平等互利的原则下发展对外贸易和经济往来创建了前提。

2. 人民生活水平提高

中国共产党和人民政府始终把满足人民基本生活需要作为发展经济的根本目的。通过兴修水利、开展农田基本建设、培育推广良种、提倡科学种田，较大幅度地提高了粮食生产水平和抵御自然灾害的能力。全国总人口从 1949 年的 5.4167 亿增长到 1976 年的 9.3717 亿，同期粮食的人均占有量从 418 市斤增加到 615 市斤。全国居民的人均消费水平，农民从 1952 年的 62 元增加到 1976 年的 131 元，城市居民同期从 154 元增加到 365 元。在全国人民节衣缩食支援国家工业化基础建设的情况下，占世界 1/4 人口的基本生活需求初步得到满足，这在当时被世界公认是一个奇迹。

新中国不断加强社会基层组织建设，弘扬社会主义新风尚，彻底消除了旧社会匪盗横行现象，社会风气得到极大改善，人民生命财产安全得到极大提升。路不拾遗，夜不闭户，成为城乡社会普遍现象。

3. 文化教育医疗体育和科学技术事业普遍发展

第一，在文化建设方面，着力扫除文盲、大力推广普通话，并加大对基础教育和高等教育的投资。在古为今用、洋为中用、百花齐放、推陈出新的文艺方针指引下，涌现出大批优秀文艺作品和社会科学家和文学艺术家，为繁荣国家哲学社会科学研究事业和文化事业作出了重大贡献。

第二，医疗事业蓬勃发展，1949 年全国拥有医院 2600 家，到 1976 年发展到 7850 家。医院床位，从 1949 年的 8 万张发展到 1976 年的 168.7 万张。全国人口的死亡率从 1949 年的 20‰下降到 1976 年的 7.25‰；人均预期寿命，1949 年为 35 岁，1975 年提高到 63.8 岁。

第三，高度重视发展体育事业，提出了"发展体育运动，增强人民体质"

的指导方针。从 1956 年到 1976 年,中国运动员先后有 123 人次打破世界纪录。

第四,取得一批重要的科技成果。新中国在核技术、人造卫星和运载火箭等尖端科学技术领域,取得一系列重要的成就。1964 年 10 月 16 日,我国成功地爆炸第一颗原子弹。1966 年 10 月,我国第一次成功进行发射导弹核武器的试验。1967 年 6 月成功爆炸第一颗氢弹。1970 年 4 月成功发射第一颗人造地球卫星"东方红一号"。我国第一颗返回式遥感人造地球卫星于 1975 年 11 月发射成功。

在生物技术方面,1972 年,中国中医研究院成功提取出一种新型抗疟药青蒿素,在全球特别是发展中国家挽救了数百万人的生命。1973 年,我国在世界上首次培育成功强优势的籼型杂交水稻。科技战线上的这些重大成就,尤其是国防尖端技术方面取得的成就,不仅增强了中国的综合国力和国防战略防御能力,而且具有重大的政治意义。

> 如果六十年代以来中国没有原子弹、氢弹,没有发射卫星,中国就不能叫有重要影响的大国,就没有现在这样的国际地位。这些东西反映一个民族的能力,也是一个民族、一个国家兴旺发达的标志。
> ——邓小平

金 句

4. 形成历久弥新的时代精神

在面对重重困难艰辛探索适合中国国情的社会主义建设道路过程中,涌现出大量先进典型和英雄模范人物,抒写了无数改天换地的壮丽诗篇,形成跨越时空、历久弥新的时代精神。

以铁人王进喜为代表的大庆石油工人,为早日甩掉中国"贫油"的帽子,用三年多的时间,建设起我国最大的石油基地——大庆油田,铸就爱国、创业、求实、奉献的大庆精神、铁人精神。河南兰考县委书记焦裕禄,为改变兰考人民贫穷落后面貌,拖着患有慢性肝病的身体带领全县人民封沙、治水、改地,诠释着亲民爱民、艰苦奋斗、科学求实、迎难而上、无私奉献的焦裕禄精神。河南林县人民在县委领导下,用十年时间,在峰峦叠嶂的太行山上逢山凿洞、遇沟架桥,建成长达 1500 公里的"人工天河"红旗渠,创造了一代中国农民改天换地的传奇,铸就了自力更生、艰苦创业、团结协作、无私奉献的红旗渠精神。人民解放军战士雷锋,在平凡工作岗位上甘当螺丝钉,勇于奉献,乐于助人,表现出崇高的共产主义情操,成为那个年代最响亮的名字。1962 年 8 月,他因公殉职时,年仅 22 岁。毛泽东题词:"向雷锋同志学习"。雷锋精神,成了新中国社会风尚的一个标志。以钱学森、钱三强、邓稼先等为代表的一大批科学家,带着"干惊天动地事,做隐姓埋名人"的决心,把热血洒在戈壁滩,

"两弹一星"精神、大庆精神和铁人精神、大寨精神、红旗渠精神、雷锋精神、焦裕禄精神

把青春和生命奉献给新中国国防建设事业，将热爱祖国、无私奉献、自力更生、艰苦奋斗、大力协同、勇于登攀的"两弹一星"精神，永久镌刻在中国大地上，成为全国各族人民宝贵的精神财富和不竭的动力源泉。

像这样让后人景仰的英模和精神还有许多。同困难作斗争，是物质的角力，也是精神的对垒。精神是一个民族赖以长久生存的灵魂，唯有精神上达到一定的高度，这个民族才能在历史的洪流中屹立不倒、奋勇前进。

5. 国际地位提高与国际环境改善

新中国从建立之日起，就把捍卫民族独立、国家主权和维护世界和平、促进人类进步事业作为对外工作的目标，努力为国内和平建设创造良好的外部环境。

新中国在成立初期，一面奉行独立自主基础上的"一边倒"政策，积极争取苏联和其他社会主义国家对中国的支持、援助；一面发展同西方国家的民间外交，同这些国家进行贸易往来，以民（间）促官（方），以经（济）促政（治）。

1950 年至 1953 年的抗美援朝战争，以及随后召开的日内瓦会议和万隆会议，极大地提高了新中国的国际地位。中国同印度、缅甸等国共同倡导的和平共处五项原则，成为处理国与国关系的公认的国际准则。

20 世纪 50 年代，中国积极支持亚洲、非洲、拉丁美洲的民族解放运动，同广大发展中国家建立友好关系。1971 年 10 月 25 日，在广大发展中国家支持下，中华人民共和国恢复了在联合国的一切合法权利。从此，中国在联合国中发挥日益重要的作用，成为维护世界和平、反对霸权主义的一支中坚力量。

20 世纪 70 年代，同西方国家的关系出现重大转机。20 世纪 60 年代末，尼克松就任美国总统，开始检讨美国的对华政策。毛泽东、周恩来敏锐地觉察到美方的变化，抓住时机向美国发起"乒乓外交"，实现"小球转动了大球"。1972 年 2 月，美国总统尼克松访华，中美双方在上海发表联合公报，打开了中美关系正常化的大门。

随着中美关系开始正常化，中日两国发表关于建交的联合声明，中国同英国、荷兰、希腊、联邦德国等国先后建立大使级外交关系。同中国建交的国家，从 1965 年的 49 个增加到 1976 年的 111 个，仅 1970 年以后的新建交国就有 62 个。

总之，在社会主义革命和建设时期，中国共产党领导人民在确立社会主义基本制度基础上，对适合中国国情的社会主义建设道路进行了艰辛探索，经历了曲折发展，所取得的独创性理论成果和伟大成就，为新的历史时期开创中国特色社会主义提供了宝贵经验、理论准备、物质基础。历史证明，中国人民不但善于破坏一个旧世界，也善于建设一个新世界，只有社会主义才能救中国，只有社会主义才能发展中国。

怎样客观全面评价改革开放前 30 年的历史？　　　　　　　　**难点解析**

《中共中央关于党的百年奋斗重大成就和历史经验的决议》对改革开放前 30 年的历史地位给予了高度肯定，指出："从新中国成立到改革开放前夕，党领导人民完成社会主义革命，消灭一切剥削制度，实现了中华民族有史以来最为广泛而深刻的社会变革，实现了一穷二白、人口众多的东方大国大步迈进社会主义社会的伟大飞跃。在探索过程中，虽然经历了严重曲折，但党在社会主义革命和建设中取得的独创性理论成果和巨大成就，为在新的历史时期开创中国特色社会主义提供了宝贵经验、理论准备、物质基础。"

正确认识改革开放前 30 年需要把握三个重点问题：

① 必须充分肯定中国共产党领导社会主义革命和建设的伟大成就。

一是建立起人民民主专政的国家政权，实现了人民当家作主，巩固了各族人民大团结；二是在全面确立社会主义基本制度的基础上，开始探索适合中国国情的建设社会主义道路；三是开展大规模经济建设和国防科技建设，在"一穷二白"基础上基本建立了独立的、比较完整的工业体系和国民经济体系；四是大力推进思想文化、医疗卫生、群众体育等事业的发展，人民的思想道德素质、科学文化素质和身心健康水平显著提高；五是坚决维护民族独立、国家主权和领土完整，积极促进世界和平和进步事业，提高了国际地位，改善了国际环境；六是党在加强执政条件下的自身建设方面，进行了有益探索，积累了宝贵经验。上述六方面的伟大成就，是改革开放前 30 年历史发展的主流。如果没有这 30 年在"软件"和"硬件"两方面打下的坚实基础，改革开放后 30 多年的经济腾飞是难以想象的。

② 正确看待中国共产党在前进道路上出现的失误和曲折。

不可否认，中国共产党在这 30 年历史中也经历过失误和曲折。这虽然是历史发展的支流，但不容忽视，更不能回避。要正确看待党在这一时期走过的弯路，必须坚持辩证唯物主义和历史唯物主义的观点，把这 30 年放在当时的国际国内条件下去分析，放在 100 多年党的历史中去把握，全面客观地分析出现失误和曲折的原因，防止孤立、静止、片面地看问题。在区分主流支流问题上，我们可以得出以下基本认识：一是错误与成就成正比，成就是主要的，是主流。二是发生失误和曲折，与当时的国际环境和国内条件密切相关。三是面对失误和错误，党主要依靠自己的力量和人民的支持，实现了拨乱反正。

③ 必须认真汲取历史给我们留下的正反两个方面的宝贵经验。

中国共产党在改革开放前 30 年历史中，领导全国人民在实践中积累的经验，一是始终坚持以经济建设为中心，大力发展生产力；二是从基本国情出发，正确判断把握我国社会所处的历史阶段，有步骤分阶段地实现社会主义现代化发展目标；三是社会主义生产关系的变革和完善必须适应于生产力的状况，有利于生产的发展；四是在坚持自力更生的基础上，加强对外交流与合作，独立自主，自力更生，无论过去、现在和未来都是我们的立足点；五是正确认识和处理我国社会内部大量存在的不属于阶级斗争范围的各种社会矛盾；六是按照民主和法制紧密结合的要求，发展社会主义民主政治；七是重视教育科学和文化事业，加强思想政治工作，不断提高全体社会成员的思想道德素质和科学文化素质；八是调动一切积极因素，依靠最广大人民群众建设社会主义；九是准确把握时代特点和国际形势变化，制定和及时调整我国的外交战略，积极创造有利于我国社会主义现代化建设的外部条件；十是高度重视加强和改进党的建设，加强和改善党的领导。这十条，从正面讲是经验，从反面讲也是教训，对于一个成熟的马克思主义政党来说，经验和教训既是宝贵的财富，也是前进的动力。

强化训练

一、单项选择题

1. 新中国成立初期，以毛泽东为主要代表的中国共产党人提出了新中国外交方针，为独立自主的新中国外交关系奠定了基础。以下不属于新中国外交方针的是（　　）

　A. "另起炉灶"　　　　　　　　B. "一边倒"

　C. "真正不结盟"　　　　　　　D. "打扫干净屋子再请客"

2. 新中国成立初期与苏联签订的条约是（　　）

　A.《中苏友好同盟条约》　　　　B.《中苏同盟互助条约》

　C.《中苏友好条约》　　　　　　D.《中苏友好同盟互助条约》

3. 抗美援朝战争中，中国人民志愿军同朝鲜军民密切配合打破了美军不可战胜的神话，迫使其于（　　）在停战协定上签字

　A. 1950 年 7 月 27 日　　　　　B. 1950 年 10 月 19 日

　C. 1953 年 7 月 27 日　　　　　D. 1953 年 10 月 19 日

4. 新中国建设社会主义国营经济的最主要途径和手段是（　　）

　A. 没收封建地主阶级的土地　　B. 没收官僚资本

　C. 赎买民族资本　　　　　　　D. 没收帝国主义在华企业

5. 新中国成立初期,党和政府有步骤地对旧有教育文化事业进行改革,确立了(   )方针

A. "教育必须为生产建设服务,为工农服务,学校向工农开门"

B. "面向工农兵"

C. "向现代科学进军"

D. "百花齐放、百家争鸣"

6. 为打击不法资本家的严重违法行为,中共中央于 1952 年发动了(   )

A. 镇压反革命运动   B. 增产节约运动

C. "三反"运动   D. "五反"运动

7. 1955 年 3 月,党的全国代表会议决定成立(   )

A. 党的中央和地方各级监察委员会

B. 党的中央和地方各级纪律检查委员会

C. 中央财政经济委员会

D. 中央和地方各级革命委员会

8. 中共中央在 1953 年正式提出党在过渡时期的总路线,这条总路线的主要内容可以概括为(   )

A. "一化三改"   B. 逐步过渡

C. "三个主体"   D. "三步走"战略

9. 新中国发展国民经济第一个五年计划的核心要点是(   )

A. 重点发展城市经济   B. 集中主要力量发展重工业

C. 重点发展农村经济   D. 优先发展轻工业

10. 我国对个体农业社会主义改造所坚持的原则是(   )

A. 自愿和互利   B. 动员和鼓励   C. 示范和推广   D. 发展和巩固

11. 在进行社会主义改造、向社会主义过渡的进程中,中国共产党积累了丰富的历史经验,采取积极引导、逐步过渡的方式及用和平方法进行改造。在以下逐步过渡的方式中,在性质上属于完全社会主义性质的形式是(   )

A. 农业互助组   B. 手工业供销合作社

C. 手工业生产合作小组   D. 全行业公私合营

12. 我国对资本主义工商业进行社会主义改造的方式是(   )

A. 合作化   B. 国家资本主义   C. 股份制   D. 公私合作

13. 1954 年 1 月,中央人民政府财政经济委员会提出《关于有步骤地将有十个工人以上的资本主义工业基本上改造成为公私合营企业的意见》,高级形式的国家资本主义发展起来,高级形式的国家资本主义是指(   )

A. 加工订货　　　B. 统购包销　　　C. 经销代销　　　D. 公私合营

14. 1954 年 9 月 15 日，第一届全国人民代表大会第一次会议顺利开幕。这次会议是我国人民民主建设的重要里程碑，标志着新中国（　　　）

A. 国体的正式确立　　　　　　　B. 根本政治制度的正式确立

C. 新型政党制度的正式确立　　　D. 国家结构形式的正式确立

15. 中国开始进入全面建设社会主义的历史阶段是在（　　　）

A. 1949 年中华人民共和国成立后

B. 1952 年土地改革胜利结束后

C. 1953 年党在过渡时期总路线提出后

D. 1956 年生产资料所有制的社会主义改造完成后

16. 1956 年 4 月，（　　　）提出要实现马克思主义基本原理同中国具体实际的"第二次结合"

A. 毛泽东　　　　B. 周恩来　　　　C. 刘少奇　　　　D. 邓小平

17. 毛泽东《论十大关系》报告所围绕的基本方针是（　　　）

A. 独立自主，艰苦创业

B. 调动一切积极因素，为社会主义事业服务

C. 调整、巩固、充实、提高

D. 积极引导、稳步前进

18. 1956 年，党中央确定的发展科学文化事业的指导方针是（　　　）

A. 古为今用，洋为中用　　　　B. 百花齐放，百家争鸣

C. 向现代科学进军　　　　　　D. 面向工农兵

19. 1956 年召开的中共八大指出，社会主义基本制度在我国已经基本上建立起来了，我国国内的主要矛盾是（　　　）

A. 无产阶级和资产阶级的矛盾

B. 人民对于经济文化迅速发展的需要同当前经济文化不能满足人民需要的状况之间的矛盾

C. 人民日益增长的物质文化需要同落后的社会生产之间的矛盾

D. 人民日益增长的美好生活需要和不平衡不充分的发展之间的矛盾

20. 1956 年召开的中共八大指出，全国人民当前的主要任务是（　　　）

A. 正确处理人民内部矛盾

B. 实现社会主义四个现代化

C. 调动一切积极因素，为社会主义事业服务

D. 把我国尽快地从落后的农业国变为先进的工业国

21.《关于正确处理人民内部矛盾的问题》的讲话中，毛泽东提出的解决人民内部矛盾的具体方针是（　　）

    A. 实行"团结—批评—团结"

    B. 实行"惩前毖后、治病救人"

    C. 实行"长期共存、互相监督"

    D. 实行"百花齐放、百家争鸣"

22. 1957 年 4 月 27 日，中共中央下发《关于整风运动的指示》，决定在全党进行一次整风运动。这场整风运动采取的形式是（　　）

    A. 一大二公　　　B. 大鸣大放　　　C. 关门整风　　　D. 开门整风

23. 1957 年冬季，全国掀起以兴修水利、养猪积肥和改良土壤为中心的农业生产高潮拉开了（　　）

    A."五反"运动的序幕　　　　　　　B. 农业合作化运动的序幕

    C."大跃进"运动的序幕　　　　　　D. 人民公社化运动的序幕

24. 1961 年 1 月，（　　）决定对国民经济实行"调整、巩固、充实、提高"的八字方针

    A. 党的八大　　　　　　　　　　　B. 党的八大二次会议

    C. 党的八届六中全会　　　　　　　D. 党的八届九中全会

25."大跃进"初期建立的人民公社的基本特点是（　　）

    A. 一平二调　　　B. 以粮为纲　　　C. 一大二公　　　D. 以钢为纲

26. 1962 年一二月间，中共中央在北京召开扩大的中央工作会议，总结经验教训，统一了全党的认识，对动员全党团结奋斗战胜困难起了极其重要的作用。这次会议是（　　）

    A. 庐山会议　　　　　　　　　　　B. 党的八届九中全会

    C."七千人大会"　　　　　　　　　D. 北戴河会议

27. 1967 年，老一辈革命家在不同的会议上对"文化大革命"的错误做法提出强烈批评，被诬为（　　）

    A."一月风暴"　　　B."二月逆流"　　　C."反攻倒算"　　　D."右倾翻案"

28. 新中国恢复在联合国合法席位的时间是（　　）

    A. 1949 年 10 月　　　　　　　　　B. 1966 年 10 月

    C. 1971 年 10 月　　　　　　　　　D. 1978 年 10 月

29. 1967 年，新中国在科学技术领域取得的重大成就是（　　）

    A. 成功爆炸第一颗原子弹

    B. 成功爆炸第一颗氢弹

C. 成功发射第一颗人造卫星发射成功

D. 成功进行发射导弹核武器的试验

30. 1972 年，新中国在科学技术领域取得的重大成就是（　　　）

A. 成功爆炸第一颗原子弹

B. 成功爆炸第一颗氢弹

C. 成功提取出一种新型抗疟药青蒿素

D. 首次培育成功强优势的籼型杂交水稻

二、简答题

1. 新中国成立初期，党和政府进行了哪些捍卫巩固新政权的斗争？

2. 新中国成立初期为什么要开展"三反""五反"运动？

3. 抗美援朝战争胜利的历史意义是什么？

4. 我国对农业社会主义改造的基本原则是什么？采取了哪些步骤？

5. 为什么过渡时期总路线反映了历史的必然性？

6. "一五"计划在编制和实施过程中，较好地处理了我国经济建设中的哪几个重大关系？

7. 毛泽东是如何认识社会主义社会基本矛盾的？

8. "文化大革命"留下的历史教训是什么？

9. 党和人民在艰辛探索适合中国国情的社会主义建设道路过程中形成的历久弥新的时代精神是什么？

三、论述题

1. 试述社会主义基本制度确立的伟大历史意义。

2. 我国社会主义政治制度是怎样建立的？

3. 中国共产党人在 1956 年至 1957 年的早期探索中对社会主义建设有哪些理论建树？

4. 试述新中国社会主义建设取得的主要成就。

强化训练
参考答案

📖 **本章拓展资源**

第九章

改革开放与中国特色社会主义的开创和发展

结构导图

改革开放与中国特色社会主义的开创和发展

- 历史性的伟大转折和改革开放的起步
  - 伟大转折和成功开创中国特色社会主义
  - 拨乱反正任务的基本完成
  - 改革开放的起步

- 改革开放和社会主义现代化建设新局面
  - 改革开放的全面展开
  - 加强和改善党的领导
  - 改革开放和现代化建设的深入推进
  - 国防战略的转变和"一国两制"方针的形成和外交方针政策的调整
  - 经受严重政治风波的考验
  - 邓小平南方谈话

- 把中国特色社会主义推向21世纪
  - 新的中央领导集体与捍卫中国特色社会主义
  - 社会主义市场经济体制改革目标和基本框架的确立
  - 改革开放和现代化建设的跨世纪发展
  - 香港、澳门回归祖国与两岸交流扩大
  - 推进党的建设新的伟大工程

- 在新形势下坚持和发展中国特色社会主义
  - 全面建设小康社会宏伟目标的提出
  - 全面建设小康社会新部署和改革开放的深化
  - 推进"一国两制"实践与祖国和平统一大业
  - 提高党的建设科学化水平

自学指导

一、学习目标

1. 识记：实践是检验真理的唯一标准；党的十一届三中全会；坚持四项基本原则；毛泽东和毛泽东思想的历史地位；家庭联产承包责任制；改革开放新时期我国社会主要矛盾；社会主义精神文明建设的根本任务；党在社会主义初级阶段的基本路线；"三步走"发展战略；"一国两制"方针；社会主义的本质；社会主义市场经济体制改革目标；新的"三步走"发展战略；全方位多层次对外关系新格局；"九二共识"；新世纪头 20 年奋斗目标；构建社会主义和谐社会；全面建设小康社会的新部署；加强党的执政能力建设和先进性建设。

2. 领会：关于真理标准大讨论与冲破"两个凡是"束缚；《关于建国以来党的若干历史问题的决议》的主要内容及意义；改革开放的起步；20 世纪 80 年代前期改革开放的全面展开及成就；20 世纪 80 年代前期加强和改善党的领导主要举措；20 世纪 80 年代后期改革开放和现代化建设的深入推进；社会主义市场经济体制改革目标和基本框架的确立；改革开放和现代化建设的跨世纪发展；祖国统一大业的推进与两岸交流的扩大。

3. 应用：党的十一届三中全会实现历史性的伟大转折的过程和意义；社会主义市场经济体制改革目标和基本框架确立的依据、历史进程及意义；中国特色社会主义接续发展的历史过程及伟大成就。

二、学习重点难点

（1）关于真理标准问题大讨论是如何冲破"两个凡是"错误方针的束缚；（2）历史性伟大转折和改革开放的起步的实现过程和重大意义；（3）《关于建国以来党的若干历史问题的决议》的主要内容及历史意义；（4）中国特色社会主义是怎样开创的；（5）邓小平南方谈话主要内容及意义；（6）改革开放和现代化建设跨世纪发展实现的历史性突破；（7）中国特色社会主义接续发展的历史过程及伟大成就。

三、自学建议

本章主要讲述从 1978 年党的十一届三中全会召开前后至 2012 年 11 月党的十八大召开之前的 35 年历史，即改革开放与中国特色社会主义成功开创和接续发展的历史。历史性伟大转折和改革开放的起步的实现过程和重大意义、改革开放与中国特色社会主义开创和发展的历史进程、改革开放和中国式现代化建设的伟大成就为本章的重点内容，学生在复习中应引起足够重视。学生可在了解和掌握本章框架逻辑基础上，梳理总结本章"学习重点难点"的答案要点，尝试给出完整答案。建议用 4 学时完成本章内容的自学和复习。

第一节　历史性的伟大转折和改革开放的起步

一、伟大转折和成功开创中国特色社会主义

1. 在徘徊中前进和关于真理标准问题大讨论

1976 年 10 月粉碎"四人帮"，结束了"文化大革命"，党和国家的工作开始重新走上健康发展的轨道。但是，要想短期内消除"文化大革命"在政治上思想上造成的严重混乱，并非一件易事。纠正这种严重混乱最突出的阻碍，是当时提出和推行"两个凡是"，即"凡是毛主席作出的决策，我们都坚决维护，凡是毛主席的指示，我们都始终不渝地遵循"。"两个凡是"在理论上违背了马克思主义基本原理和党的实事求是思想路线，在实践上给坚持真理、修正错误造成了障碍。

1978 年 5 月 10 日，中央党校内部刊物《理论动态》刊登《实践是检验真理的唯一标准》一文。第二天，《光明日报》以特约评论员名义公开发表此文，新华社向全国转发。文章提出，社会实践不仅是检验真理的标准，而且是唯一的标准。文章发表后产生强烈反响，引发了关于真理标准问题的大讨论。这场深刻而广泛的马克思主义思想解放运动，成为正本清源、拨乱反正和改革开放的思想先导。

2. 党的十一届三中全会实现伟大转折

1978 年 11 月 10 日至 12 月 15 日，中共中央在北京召开会议，首先讨论工作重点转移问题，随后对真理标准问题展开思想交锋，对经济问题、党的建设、民主法制建设进行了热烈讨论。

12 月 13 日，邓小平在中央工作会议闭幕会上作题为《解放思想，实事求是，团结一致向前看》的讲话。这个讲话是解放思想、开辟新时期新道路的宣言书，实际上成为随后召开的党的十一届三中全会的主题报告，为全会实现具有划时代意义的伟大转折奠定了重要基础。

1978 年 12 月 18 日至 22 日，党的十一届三中全会在北京召开。全会冲破了长期"左"的错误的严重束缚，彻底否定了"两个凡是"的错误方针，高度评价了关于真理标准问题的讨论，并且断然否定"以阶级斗争为纲"的指导思想，决定从 1979 年 1 月起把全党的工作重点转移到社会主义现代化建设上来。全会提出改革开放的任务，指出实现四个现代化是一场广泛、深刻的革命。要采取一系列新的重大的经济措施，对经济管理体制和经营管理方法进行认真的改革，在自力更生的基础上积极发展同世界各国平等互利的经济合作。

全会强调要加强社会主义法制，要充分发扬民主，提出要实现民主制度化、法律化、健全党的民主集中制，健全党规党法，严肃党纪。全会还特别强调要正确对待毛泽东的历史地位和毛泽东思想的科学体系，为坚持和发展毛泽东思

想指明了方向。

　　党的十一届三中全会的胜利召开，结束了粉碎"四人帮"后党和国家工作在徘徊中前进的局面，拉开了改革开放的伟大序幕，标志着中国共产党重新确立了马克思主义的思想路线、政治路线、组织路线，实现了新中国成立以来党的历史上具有深远意义的伟大转折，开启了改革开放和社会主义现代化建设新时期。

为什么说党的十一届三中全会是新中国成立以来的伟大历史转折？　　**难点解析**

　　全会作出实行改革开放的历史性决策，是基于对党和国家前途命运的深刻把握，是基于对社会主义革命和建设实践的深刻总结，是基于对时代潮流的深刻洞察，是基于对人民群众期盼和需要的深刻体悟。改革开放是中国共产党的一次伟大觉醒。正是这个伟大觉醒，孕育了党从理论到实践的伟大创造。

　　从这次全会开始，改革开放和开创中国特色社会主义的大幕拉开，邓小平理论也逐步形成和发展起来。党的十一届三中全会作为一个伟大转折点而载入光辉史册。

二、拨乱反正任务的基本完成

1. 大规模平反冤假错案和调整社会关系

　　党的十一届三中全会后，党和国家按照实事求是、有错必纠的原则加快了平反冤假错案的步伐。1980年2月，党的十一届五中全会决定为刘少奇彻底平反并恢复名誉。到1982年底，大规模的平反冤假错案工作基本结束，全国共纠正300多万名干部的冤假错案，47万多名共产党员恢复了党籍，一批有经验、有能力的党员干部重新走上工作岗位，全身心投入改革开放和社会主义现代化建设伟大实践中。

　　党中央同时还采取措施解决一些历史遗留问题，调整社会关系，落实各方面政策。一是纠正错划右派分子的案件；二是为地主富农分子、反革命分子全面评审摘帽；三是将小商小贩、小手工业者等劳动者同原工商业者区别开来，恢复劳动者身份；四是支持各民主党派恢复活动；五是认真落实民族宗教政策，重申侨务政策。这些措施为有效地调动社会各阶层人员的积极性、实现改革开放和开创现代化建设的新局面，奠定了必不可少的社会基础和群众基础。

2. 阐明必须坚持四项基本原则

　　在拨乱反正过程中，出现了一些值得注意和警觉的现象。极少数人极端夸大党在社会主义建设时期所犯的错误，怀疑和否定社会主义制度、党的领导和毛泽东思想。

针对这些思想混乱状况，1979 年 3 月 30 日，邓小平在党的理论工作务虚会上发表《坚持四项基本原则》的讲话中指出：坚持社会主义道路，坚持人民民主专政，坚持共产党的领导，坚持马克思列宁主义、毛泽东思想这四项基本原则，"是实现四个现代化的根本前提"。"如果动摇了这四项基本原则中的任何一项，那就动摇了整个社会主义事业，整个现代化建设事业。"他还提出一个重要思想："现在搞建设，也要适合中国情况，走出一条中国式的现代化道路。"这一讲话不仅在当时，而且在以后的党和国家政治生活中，对排除来自"左"的和右的方面的干扰和影响，保证改革开放和现代化建设事业的顺利进行，提供了可靠的政治基础，指明了正确的方向。

3. 制定《关于建国以来党的若干历史问题的决议》和明确提出新时期社会主要矛盾

为正确认识新中国成立以来的历史，正确评价毛泽东的历史地位和毛泽东思想，以便统一全党和全国人民的思想，团结一致向前看，1979 年 11 月起，在邓小平主持下，中共中央着手起草《关于建国以来党的若干历史问题的决议》。邓小平对《决议》的起草提出三条指导原则：第一，确立毛泽东同志的历史地位，坚持和发展毛泽东思想，这是最核心的一条；第二，对建国 30年来历史上的大事，要进行实事求是的分析，包括一些负责同志的功过是非，要作出公正的评价；第三，这个总结宜粗不宜细，总结过去是为了引导大家团结一致向前看。经过一年半的讨论和修改，1981 年 6 月，党的十一届六中全会通过了这个《决议》。

《决议》指出，中国共产党在新中国成立以后的历史，总的来说，是我们党在马克思列宁主义、毛泽东思想指导下，领导全国各族人民进行社会主义革命和社会主义建设并取得巨大成就的历史。同时，《决议》对新中国成立以来党的重大历史事件作出正确的总结和评价，从根本上否定了"文化大革命"。

《决议》实事求是地评价了毛泽东的历史地位，指出毛泽东是伟大的马克思主义者，是伟大的无产阶级革命家、战略家和理论家，就他的一生来看，他对中国革命的功绩远远大于他的过失，他的功绩是第一位的，错误是第二位的。《决议》充分论述了毛泽东思想作为党的指导思想的伟大意义，指出毛泽东思想是马克思列宁主义在中国的运用和发展，是中国共产党集体智慧的结晶，是党宝贵的精神财富，将长期指导我们的行动。

《决议》对新时期我国社会主义矛盾作出判断，指出：社会主义改造完成以后，我国所要解决的主要矛盾，是人民日益增长的物质文化需要同落后的社会生产之间的矛盾。为了解决这个矛盾，《决议》强调：党和国家工作的重点必须转移到以经济建设为中心的社会主义现代化建设上来，大大发展社会生产力，并在这个基础上逐步完善人民物质文化生活。

中国共产党制定《决议》，标志着党在指导思想上的拨乱反正胜利完成。对于统一全党全军全国各族人民的思想认识，同心同德为实现新的历史任务而奋斗，起到了不可估量的历史作用。

《关于建国以来党的
若干历史问题的决议》
（节选）

三、改革开放的起步

1. 国民经济的调整

针对 1977 年至 1978 年出现的国民经济比例失调的情况，1979 年 4 月召开的中共中央工作会议提出对国民经济实行"调整、改革、整顿、提高"的方针。会议强调，经济建设必须从国情出发，符合经济规律和自然规律；必须量力而行，循序渐进，经过论证，讲求实效，使发展生产同改善生活紧密结合；必须在独立自主、自力更生的基础上，积极开展对外经济合作和技术交流。

1981 年 12 月，五届全国人大四次会议提出了以"提高经济效益"为中心发展国民经济的具体措施。

到 1982 年底，国民经济扭转了重大比例失调造成的不稳定状态，逐步走上了健康发展的轨道。长期存在的积累率过高和农业、轻工业严重落后的状况有了明显变化。

2. 农村改革率先取得突破

党的十一届三中全会前，农村存在经营管理过于集中和分配中的平均主义等弊端，严重挫伤了农民的生产积极性，农业发展和农民生活改善比较缓慢，特别是全国还有 2.5 亿人没有解决温饱问题。

1979 年 9 月，党的十一届四中全会通过《中共中央关于加快农业发展若干问题的决定》，提出要保障基层干部和农民因时因地制宜的自主权，发挥其主动性。1980 年 5 月，邓小平发表谈话，肯定了包产到户这种形式，指出它不会影响我们制度的社会主义性质。

1980 年 9 月，中共中央印发《关于进一步加强和完善农业生产责任制的几个问题》，突破多年来把包产到户等同于分田单干和资本主义的观念，肯定了在生产队领导下实行的包产到户。1982 年 1 月 1 日，中共中央批转《全国农村工作会议纪要》（即 1982 年"一号文件"），指出包产到户、包干到户等各种责任制，都是社会主义集体经济的生产责任制。在中央的支持和推动下，包产到户、包干到户为主要形式的家庭联产承包责任制迅速推广开来。

3. 城市经济体制改革的探索

农村改革的率先突破，为城市经济体制改革作出了示范、积累了经验。1979 年 5 月，首都钢铁公司、天津自行车厂、上海柴油机厂等 8 家大型企业开始进行改革试点。到 1980 年 6 月，参与改革的企业增至 6600 个。

在扩大企业自主权上，1980年7月，国务院发文要求各地选择少数国营企业进行扩大企业管理自主权试点，允许试点企业在完成国家计划的前提下制订补充计划扩大生产，并实行利润留成，推动了扩大企业自主权试点的深入。

所有制结构的改革开始进行。1981年10月，党中央、国务院作出《关于广开门路，搞活经济，解决城镇就业问题的若干决定》，明确：在社会主义公有制经济占优势的根本前提下，实行多种经济形式和多种经营方式长期存在，是我党的一项战略决策，绝不是一种权宜之计。在新政策指引下，集体经济、个体经济有了新的发展，还出现全民、集体和个体联营共同发展的新经济形式。

4. 对外开放和兴办经济特区

在改革推进的过程中，吸引和利用外资、兴办中外合资经营企业和中外合作经营企业（或项目）等对外开放举措逐步展开，并取得重大突破。1979年，中国国际信托投资公司成立，开展国际信托、投资、租赁等业务。1980年，我国恢复在世界银行、国际货币基金组织的代表权，并加入国际农业发展基金会，开始从这些国际金融机构中得到贷款。1979年7月，《中华人民共和国中外合资经营企业法》出台，为外商直接投资进入中国提供了法律依据。中外合资经营从无到有逐渐发展起来。

兴办经济特区，是党和国家推进改革开放和社会主义现代化建设的伟大创举。1979年1月，中央批准广东省和交通部联名向国务院提出的在蛇口一带设立工业区的设想。蛇口工业区就此诞生了。7月，党中央、国务院决定在深圳、珠海划出部分地区试办出口特区。1980年5月，党中央、国务院正式将"出口特区"定名为"经济特区"。同年8月，五届全国人大常委会第十五次会议批准广东、福建两省在深圳、珠海、汕头、厦门设置经济特区。

金句   深圳等经济特区的成功实践充分证明，党中央关于兴办经济特区的战略决策是完全正确的。经济特区不仅要继续办下去，而且要办得更好、办得水平更高。

——习近平

5. 政治体制改革的启动

中共中央在酝酿和推动改革开放过程中，政治体制改革也提上了工作日程。1979年7月，五届全国人大二次会议审议并通过地方各级人民代表大会和地方各级人民政府组织法、全国人民代表大会和地方各级人民代表大会选举法、刑法、刑事诉讼法、人民法院组织法、人民检察院组织法、中外合资经营企业法七部法律。我国社会主义民主制度化、法律化迈出重要一步。中国共产党领导的多党合作和政治协商制度得到恢复和发展。

1980 年 8 月，邓小平在中央政治局扩大会议发表《党和国家领导制度的改革》的讲话，分析了党和国家领导体制中存在的问题和弊端，提出了政治体制改革的基本任务及相关改革措施为党和国家领导制度的改革明确了基本的指导思想。

1982 年 1 月，中央政治局专门开会讨论精简机构问题，邓小平阐述了精简机构的重要性。此后，中央直属机关和中央国家机关的机构改革工作初步展开。在新组成的领导班子中，新选拔的中青年干部占 32%，平均年龄为 58 岁。干部队伍的年轻化、知识化和专业化，向前迈出可喜的一步。

党的十一届三中全会后三年多的时间里，拨乱反正全面展开，社会主义民主法制建设逐步走上正轨，党和国家领导制度改革稳步推进，改革开放和国民经济调整取得积极成效，各项事业蓬勃发展。这为党的十二大召开奠定了重要基础。

第二节　改革开放和社会主义现代化建设新局面

一、改革开放的全面展开

1."建设有中国特色的社会主义"重大命题的提出

1982 年 9 月 1 日至 11 日，中国共产党第十二次全国代表大会在北京举行。邓小平在开幕词中提出"建设有中国特色的社会主义"的重大崭新命题，回答了进入改革开放新时期后走什么样的道路这一全党和全国人民最为关心的重大问题，成为指引改革开放和社会主义现代化建设的伟大旗帜。大会提出，党在新的历史时期的总任务是：团结全国各族人民，自力更生，艰苦奋斗，逐步实现工业、农业、国防和科学技术现代化，把我国建设成为高度文明、高度民主的社会主义国家。同时，大会决定把 20 世纪末的奋斗目标由先前的实现四个现代化改为实现小康。

大会明确提出努力建设高度的社会主义精神文明和高度的社会主义民主的战略方针。大会强调，社会主义精神文明是社会主义的重要特征，是社会主义制度优越性的重要表现。

大会通过了新的《中国共产党章程》，对党的民主集中制和各项组织制度、党的纪律作了更充分、更具体的规定。

1982 年 11 月至 12 月，五届全国人大五次会议审议了关于宪法修改草案的报告，通过《中华人民共和国宪法》。新宪法以 1954 年宪法为基础，纠正了 1975 年和 1978 年通过的宪法中存在的问题，充分体现了十一届三中全会以来党和国家在现代化建设和民主法制建设方面的新思想、新举措和新要求。

2. 经济体制改革的全面展开

党的十二大以后，经济体制改革全面展开。

一是农村经济和政治体制改革取得重大进展。1982 年至 1984 年，党中央连续发出关于农村工作的"一号文件"，不断推出稳定和完善家庭联产承包责任制的措施。1982 年，新宪法作出改变农村人民公社政社合一体制，设立乡政府作为基层政权，普遍成立村民委员会作为群众性自治组织等规定。到 1984 年底，全国基本完成政社分开。1985 年的"一号文件"，决定对实施了 30 多年的农产品统购派购制度进行改革，实行合同收购和市场收购，从而把农村经济纳入了有计划的商品经济的轨道。

二是城市改革进一步推进。1984 年 10 月，党的十二届三中全会通过《中共中央关于经济体制改革的决定》，突破了把计划经济同商品经济对立起来的观点，指出我国社会主义经济是在公有制基础上的有计划的商品经济；突破了把全民所有同国家机构直接经营企业混为一谈的传统观念，提出"所有权同经营权是可以适当分开的"。会后，经济体制改革以城市为重点全面展开。到 1987 年，全国 80% 的国营企业实行了各种形式的承包经营责任制。有的企业还开始进行股份制改革尝试。

三是其他领域的体制改革加快步伐。1985 年 3 月，中共中央作出《关于科学技术体制改革的决定》，提出经济建设必须依靠科学技术、科学技术工作必须面向经济建设的战略方针。1985 年 5 月，中共中央作出《关于教育体制改革的决定》，提出教育体制改革的根本目的是提高民族素质，多出人才、出好人才，要求有计划分步骤地实施九年义务教育。1986 年 4 月，第六届全国人民代表大会第四次会议通过《中华人民共和国义务教育法》。适应现代化建设需要的各类人才在改革过程中不断涌现。

3. 对外开放确立为基本国策和形成新格局

1984 年 5 月，中共中央、国务院决定进一步开放天津、上海、大连、秦皇岛、烟台、青岛、连云港、南通、宁波、温州、福州、广州、湛江、北海 14 个沿海港口城市。10 月，党的十二届三中全会通过了《中共中央关于经济体制改革的决定》，明确指出：要充分利用国内和国外两种资源，开拓国内和国外两个市场，学会组织国内建设和发展对外经济关系两套本领。

为了进一步扩大对外开放，1985 年 2 月，中央决定在长江三角洲、珠江三角洲、闽南厦（门）漳（州）泉（州）三角地区开辟沿海经济开放区。这样，就逐步形成了从经济特区到沿海开放城市再到沿海经济开放区这样一个多层次、有重点、点面结合的对外开放新格局，在沿海地区形成了包括 2 个直辖市、25 个省辖市、67 个县、约 1.5 亿人口的对外开放前沿地带。

二、加强和改善党的领导

1. 贯彻实施《关于党内政治生活的若干准则》

党的十一届三中全会以后，中共中央采取切实措施，健全党规党法，整顿党的作风。1980年2月，党的十一届五中全会通过《关于党内政治生活的若干准则》，把党章的有关规定和民主集中制的原则具体化，提出12个方面的要求。

《准则》的施行，对于恢复和健全党内民主、维护党的集中统一、严肃党的纪律、促进党的团结，保证改革开放和现代化建设顺利进行，发挥了重要作用。

2. 干部队伍"四化"建设

为实现干部队伍革命化、年轻化、知识化、专业化，使党的事业能够后继有人，党中央于1982年2月作出《关于建立老干部退休制度的决定》。9月，党的十二大提出"把党建设成为领导社会主义现代化事业的坚强核心"，把实现干部的"四化"写入党章。

按照"四化"标准，党中央加快了选拔中青年干部的步伐。一大批年富力强、有知识、懂业务、德才兼备的中青年干部脱颖而出，担负重任。1985年9月，中国共产党全国代表会议对中央领导层进行较大规模的调整，有力推动了干部新老交替和干部队伍结构的改善，保证了干部队伍接力不断和党的事业持续向前。

3. 整党和社会主义精神文明建设

根据党的十二大的部署，1983年10月召开的党的十二届二中全会作出关于整党的决定。整党的任务是：统一思想，纠正一切违反四项基本原则、违反十一届三中全会以来党的路线的"左"的和右的错误倾向；整顿作风，纠正各种利用职权谋取私利的行为；加强纪律，坚持民主集中制的组织原则，改变党组织的软弱涣散状况；纯洁组织，把坚持反对党、危害党的分子清理出去。到1987年5月，整党基本结束。全党在思想、作风、组织、纪律等方面都有了进步，并积累了在新时期正确处理党内矛盾和问题的经验。

随着改革开放的全面展开，加强社会主义精神文明建设的任务被进一步提上了日程。1986年9月，党的十二届六中全会通过《关于社会主义精神文明建设指导方针的决议》，提出要以经济建设为中心，坚定不移地进行经济体制改革，坚定不移地进行政治体制改革，坚定不移地加强精神文明建设，并且使这几个方面互相配合，互相促进。社会主义精神文明建设的根本任务，是培养有理想、有道德、有文化、有纪律的社会主义公民，提高整个中华民族的思想道德素质和科学文化素质。《决议》是党的第一个关于精神文明建设的纲领性文件，为我国精神文明建设的健康发展提供了基本指导方针。

三、改革开放和现代化建设的深入推进

1. 社会主义初级阶段理论和党的基本路线的提出

1987 年 10 月 25 日至 11 月 1 日，中国共产党第十三次全国代表大会在北京举行。大会系统阐述了社会主义初级阶段理论，明确概括了党在社会主义初级阶段的基本路线。大会指出，我国正处在社会主义的初级阶段。这一论断，包含两层含义。第一，我国社会已经是社会主义社会。我们必须坚持而不能离开社会主义。第二，我国的社会主义社会还处在初级阶段。我们必须从这个实际出发，而不能超越这个阶段。党在社会主义初级阶段的基本路线是：领导和团结全国各族人民，以经济建设为中心，坚持四项基本原则，坚持改革开放，自力更生，艰苦创业，为把我国建设成为富强、民主、文明的社会主义现代化国家而奋斗。概括起来，就是"一个中心、两个基本点"，即以经济建设为中心，坚持四项基本原则，坚持改革开放。实践证明，这个基本路线是党和国家的生命线、人民的幸福线。

2. "三步走"发展战略的制定

1982 年 9 月，党的十二大提出分两步走到 20 世纪末实现小康的战略目标。1987 年 4 月，邓小平在会见西班牙外宾时明确提出"三步走"现代化战略设想。这一战略设想在党的十三大上得到确认。党的十三大指出，我国经济建设的战略部署分三步走：第一步，实现国民生产总值比 1980 年翻一番，解决人民的温饱问题，这个任务已经基本实现；第二步，到 20 世纪末，使国民生产总值再增长一倍，人民生活达到小康水平；第三步，到 21 世纪中叶，人均国民生产总值达到中等发达国家水平，人民生活比较富裕，基本实现现代化。

3. 改革开放的不断推进和治理整顿的开始

按照党的十三大的部署，1988 年经济体制改革以深化企业经营机制改革为重点。2 月，国务院颁布《全民所有制工业企业承包经营责任制暂行条例》。4 月，七届全国人大一次会议通过《中华人民共和国全民所有制工业企业法》，对企业所有权和经营权"两权分离"的改革原则作了更为明确的规定，私营经济的法律地位得到确认。

对外开放的步伐进一步加大。1988 年 3 月，国务院决定适当扩大沿海经济开放区，新划入沿海经济开放区的有 140 个市、县，包括杭州、南京、沈阳 3 个省会城市。4 月，七届全国人大一次会议正式批准设立海南省和建立海南经济特区。

在全面改革的推动下，我国经济建设取得重大成就。但在经济运行中也出现了通货膨胀加剧、社会生产和消费总量不平衡、结构不合理等一系列不稳定、不协调的问题。1985 年初党和政府采取"软着陆"的方针，未能达到预期效果。1988 年 9 月，党的十三届三中全会提出治理经济环境、整顿经济秩序、全面

深化改革的方针。经过一年左右的治理整顿，过旺的社会需求得到相当程度的控制，但国民经济发展的难关尚未渡过，一些深层次的结构和体制问题还有待于进一步解决。

四、国防战略的转变、"一国两制"方针的形成和外交方针的调整

1. 国防战略的转变

党的十一届三中全会后，根据对国际国内形势变化的判断，军事战略方针由"积极防御、诱敌深入"改为"积极防御"。1985 年五六月间，中央军委召开扩大会议，通过《军队体制改革、精简整编方案》，对军队建设指导思想实行战略性重大转变，把军队工作从立足于"早打、大打、打核战争"的临战准备状态真正转入和平时期建设轨道，作出减少军队员额 100 万的决策。1985年下半年至 1987 年初，百万大裁军基本完成。1988 年，开始实行新的军衔制度，建立文职干部制度。人民解放军正规化建设迈出新步伐。

2. "一国两制"方针的形成

1979 年元旦，全国人大常委会发表《告台湾同胞书》，宣示了争取祖国和平统一的大政方针。1981 年 9 月，全国人大常委会委员长叶剑英发表谈话，就台湾回归祖国、实现和平统一问题提出九条方针。1982 年 1 月，邓小平首次提出"一个国家，两种制度"的概念。1983 年 6 月，邓小平提出解决台湾问题的六条方针，进一步充实了"一国两制"的构想。

"一国两制"构想首先被运用于解决香港、澳门回归祖国问题。1981 年12 月，中共中央作出 1997 年 7 月 1 日收回香港的决定。

1982 年 9 月，英国首相撒切尔夫人访问中国，中英两国开始就香港问题进行谈判。1984 年 12 月，中英两国政府正式签署关于香港问题的联合声明，确认中国政府于 1997 年 7 月 1 日对香港恢复行使主权。1990 年 4 月，七届全国人大三次会议审议通过《中华人民共和国香港特别行政区基本法》。

1986 年 6 月，中葡两国政府开始就澳门问题举行谈判。1987 年 4 月，中葡两国政府正式签署关于澳门问题的联合声明，宣布中国政府将于 1999 年 12月 20 日对澳门恢复行使主权。1993 年 3 月，八届全国人大一次会议审议通过《中华人民共和国澳门特别行政区基本法》。

解决香港、澳门问题的初步实践，证明"一国两制"构想既体现了实现祖国统一、维护国家主权的原则性，又充分考虑到香港、澳门等地的历史和现实，是推动祖国和平统一的创造性方针，在国际社会产生了巨大影响。

3. 外交方针政策的调整

党的十一届三中全会前夕，中国外交采取了两个重大举措。一是 1978 年8 月同日本签订和平友好条约，二是同年 12 月同美国发表正式建交的联合公报。

随后，鉴于国际形势的发展变化，中共中央对外交政策进行重大调整，实行两个重大转变：第一个转变是改变战争不可避免而且迫在眉睫的观点，提出"和平和发展是当代世界的两大问题"这一重要论断。第二个转变是改变过去联美抗苏的"一条线"战略。

1982年9月，党的十二大报告郑重申明中国坚持独立自主的对外政策，并提出按照独立自主、完全平等、互相尊重、互不干涉内部事务的原则处理党际关系。1986年4月，六届全国人大四次会议批准的国务院《关于第七个五年计划的报告》，阐述了中国独立自主和平外交政策的主要内容和基本原则，对改革开放以来中国外交方针政策的调整作了总结，指出：中国主张世界上所有国家不论大小、富贫、强弱一律平等，各国的事应由各国人民自己去管，世界上的事应由各国协商解决，而不能由一两个超级大国说了算；中国决不称霸，也坚决反对来自任何方面和以任何形式出现的霸权主义；中国在任何时候和任何情况下都坚持独立自主，对一切国际问题都根据其本身的是非曲直决定自己的态度和对策；中国决不依附于任何一个超级大国，也决不同它们任何一方结盟；中国不以社会制度和意识形态的异同来决定亲疏、好恶，坚决反对任何国家以社会制度和意识形态的相同或不同作为占领别国领土、干涉别国内政的借口。

五、经受严重政治风波的考验

1. 1989年严重政治风波

1989年春夏之交，北京和其他一些城市发生政治风波。中共中央政治局在邓小平和其他老一辈革命家坚决有力的支持下，依靠人民，旗帜鲜明地反对动乱，于6月4日采取果断措施，一举平息了北京地区的反革命暴乱，北京和其他大城市很快恢复正常秩序。

这场斗争的胜利，捍卫了社会主义国家政权，维护了社会正常秩序和人民根本利益。6月9日，邓小平接见首都戒严部队军以上干部时，对中国乃至世界都高度关注的中国向哪个方向发展、走哪条道路的根本问题作出明确回答。他强调，党的十一届三中全会制定的路线方针政策没有错；党的十三大概括的"一个中心、两个基本点"的基本路线没有错。邓小平的重要讲话，总结了改革开放十年来的经验教训，为中国的改革发展指明了正确方向。

2. 党的十三届四中全会召开

1989年6月，党的十三届四中全会召开。全会分析国内发生政治风波的性质和原因，初步总结了经验教训，明确了当前和今后一个时期党的方针任务。会议选举江泽民为中共中央委员会总书记。全会强调，要继续执行党的十一届三中全会以来的路线方针政策，继续坚决执行党的十三大确定的"一个中心、两个基本点"的基本路线。

党的十三届四中全会以后，党中央全面坚持党的基本路线，继续抓住经济建设这个中心，努力纠正"一手比较硬，一手比较软"的现象，加强思想政治工作和党的建设工作。在国际局势剧变的情况下，按照冷静观察、沉着应付的方针，坚持把注意力集中在办好我们自己的事情上，成功稳住了改革发展大局，捍卫了中国特色社会主义伟大事业，保证了改革开放和现代化建设的航船始终沿着正确的方向破浪前进。

六、邓小平南方谈话

东欧剧变以后，冷战结束。世界开始走向多极化，经济全球化进程加快，周边一些国家呈现强劲发展势头，既向中国提出了严峻挑战，也为中国提供了新的发展机遇。在这个重大关头，能否坚持党的基本路线不动摇，抓住机遇、加快发展，把改革开放和现代化建设继续推向前进，成为中国共产党人必须回答和解决的重大课题。

邓小平于 1992 年 1 月 18 日至 2 月 21 日先后视察武昌、深圳、珠海、上海等地，发表重要谈话，强调：革命是解放生产力，改革也是解放生产力。不坚持社会主义，不改革开放，不发展经济，不改善人民生活，只能是死路一条。他指出，改革开放胆子要大一些，敢于试验。判断姓"社"姓"资"的标准，应该主要看是否有利于发展社会主义社会的生产力，是否有利于增强社会主义国家的综合国力，是否有利于提高人民的生活水平。

邓小平指出，发展才是硬道理。抓住时机，发展自己，关键是发展经济。他还告诫人们要用马克思主义的历史唯物主义认识人类社会发展规律。

邓小平强调，我们搞社会主义才几十年，还处在初级阶段。巩固和发展社会主义制度，还需要一个很长的历史阶段，需要几代人、十几代人，甚至几十代人坚持不懈地努力奋斗，决不能掉以轻心。

邓小平的南方谈话，从理论上深刻回答了长期困扰和束缚人们思想的许多重大问题，是把改革开放和现代化建设推向新阶段的又一个解放思想、实事求是的宣言书，不仅对即将召开的党的十四大具有十分重要的指导作用，而且对中国整个社会主义现代化建设事业具有重大而深远的意义。

第三节 把中国特色社会主义推向 21 世纪

一、新的中央领导集体与捍卫中国特色社会主义

1. 新的中央领导集体的形成

党的十三届四中全会前后，邓小平就多次表示，任何一个领导集体都要有

一个核心，没有核心的领导是靠不住的。1989 年 6 月，党的十三届四中全会选举江泽民为中共中央委员会总书记。邓小平特别强调，新的常委会从开始工作的第一天起，就要注意树立和维护这个集体和这个集体中的核心。

经过党的十三届四中、五中全会，形成了以江泽民同志为核心的党的第三代中央领导集体，党的中央领导集体顺利实现新老交替，保证了党的理论、路线、方针、政策的稳定性、连续性和国家的长治久安。

2. 加强党的建设和思想政治工作

中国共产党在政治风波中经受住了考验，同时也深刻认识到自身存在的问题。1989 年 8 月，党中央发出关于加强党的建设的通知，要求各级党组织聚精会神地抓党的建设，下决心解决好党的建设中的迫切问题。1989 年至 1990 年，在全党进行了做合格共产党员的教育和党员重新登记工作，以保证党的队伍的纯洁性。

党中央同时强调要发扬党的优良传统，密切党群干群关系，开展反腐倡廉建设，坚决同腐败作斗争。1989 年 7 月，党中央、国务院作出决定，要求从党中央、国务院的领导同志做起，在制止腐败和带头廉洁奉公、艰苦奋斗方面做群众关心的七件事。1990 年 3 月，党的十三届六中全会通过《关于加强党同人民群众联系的决定》。会后，中央政治局常委带头，深入基层，深入群众，开展调查研究，对全党转变工作作风起了极大的推动作用。

在加强党的思想政治工作方面，着重对县处级以上党政干部进行马列主义、毛泽东思想基本理论的教育，并将这一教育经常化、制度化。党中央还加强对人民群众尤其是青年学生的思想政治工作。1990 年至 1991 年，在广大党员干部中开展了马克思主义党建学说和中共党史的学习教育，在人民群众中开展了社会主义思想教育。中国近现代史及国情教育也越来越受到各方面重视。

3. 应对国际风云变幻

1989 年政治风波后，国际形势接连发生重大变化，以美国为首的西方国家对华实施"制裁"。

为了扭转局面、争取主动，党和政府确定 20 世纪 90 年代初期外交工作的两个重点：一是开展睦邻外交，稳定和积极发展同周边国家的关系，加强同发展中国家的团结与合作；二是打破西方国家的"制裁"，恢复和稳定同西方发达国家的关系。

到 1991 年底，中国同大多数西方国家的关系基本回到正常轨道，带头"制裁"中国的美国也逐渐意识到孤立中国未必符合自身利益。1993 年 11 月，应美国总统克林顿邀请，中国国家主席江泽民出席在美国西雅图举行的亚太经合组织第一次领导人非正式会议。其间，两国最高领导人举行正式会晤。经过努力，中国有效应对了政治风波后的种种外部挑战，中国外交坚定地朝着全方位方向发展。

4. 继续开展国民经济的治理整顿工作

1989 年 11 月，党的十三届五中全会通过《关于进一步治理整顿和深化改革的决定》，明确了治理整顿的主要目标和必须抓好的重要环节。

在治理整顿的过程中，改革开放进一步推进，并在一些领域取得重大突破。1990 年 4 月，党中央、国务院批准开发开放浦东。1990 年 12 月，上海证券交易所正式开业。这是改革开放以来在大陆开业的第一家证券交易所。1991 年 7 月，深圳证券交易所正式开业。1990 年 10 月，郑州粮食批发市场开业并引入期货交易机制，成为中国期货交易的开端。通过这些举措，中国向世界发出了将改革开放坚定不移地向前推进的强烈信号。

到 1990 年底，"七五"计划所规定的各项指标绝大部分完成或超额完成，提前实现了第一步战略目标。人民生活水平进一步提高，全国绝大多数地区解决了温饱问题，开始向小康社会迈进。

二、社会主义市场经济体制改革目标和基本框架的确立

1. 确立社会主义市场经济体制改革目标

1992 年 10 月 12 日至 18 日，中国共产党第十四次全国代表大会在北京举行，作出了三项具有深远意义的决策：一是抓住机遇，加快发展，集中精力把经济建设搞上去；二是确定我国经济体制改革的目标是建立社会主义市场经济体制；三是提出用邓小平建设有中国特色社会主义理论武装全党的任务。

以邓小平南方谈话和党的十四大为标志，改革开放和现代化建设事业进入从计划经济体制向社会主义市场经济体制转变的新阶段，由此打开了中国经济、政治、文化发展的崭新局面。

1993 年 11 月召开的党的十四届三中全会，通过了《中共中央关于建立社会主义市场经济体制若干问题的决定》，将党的十四大提出的社会主义市场经济体制改革的目标和基本原则具体化，进一步勾画了建立社会主义市场经济体制的基本框架，推动我国经济体制改革开始向着建立社会主义市场经济体制的目标整体推进。

2. 进一步推进改革开放和现代化建设

国有企业改革是建立社会主义市场经济体制的中心环节，也是难点所在。从 1994 年起，按照建立现代企业制度的总体思路推进国有企业改革，并选择 2700 多家国有企业进行公司制、股份制改革的试点，选择 18 个城市进行"优化资本结构"的配套改革试点。

在经济高速发展的过程中，也逐渐暴露出固定资产投资增加过猛、房地产热、开发区热、金融秩序混乱、物价上涨等新的问题。中共中央、国务院

1993 年 6 月印发的《关于当前经济情况和加强宏观调控的意见》，提出了以紧缩银根、整顿金融秩序为重点的 16 条重要措施。

这一时期，对外开放也迈出重大步伐。到 1997 年，逐步形成从沿海到沿江，从沿边到内陆，多层次、多渠道、多种形式的全方位对外开放的新格局。

3. 精神文明建设与民主法制建设不断加强

20 世纪 90 年代，党中央坚持"两手抓，两手都要硬"的方针，强调精神文明重在建设，动员全党全社会的力量，大力发展中国特色社会主义文化，取得新的进展和成就。

1996 年 10 月，党的十四届六中全会作出《关于加强社会主义精神文明建设若干重要问题的决议》，对新形势下的精神文明建设作出具体部署和规划。会后，以创建文明城市、文明村镇、文明行业等为主要内容的群众性精神文明创建活动在全国蓬勃开展，为继续深化改革、加快发展创造了良好氛围。

社会主义民主法制建设也取得重大进展。1993 年至 1997 年，全国人大及其常委会制定和出台了近百部法律及有关法律的决定，其中多数是社会主义市场经济方面的立法，为整个社会经济活动的正常运行提供了重要的法律保障。

三、改革开放和现代化建设的跨世纪发展

1. 确立邓小平理论的指导地位和新的"三步走"发展战略

1997 年 9 月 12 日至 18 日，中国共产党第十五次全国代表大会在北京举行。大会首次使用"邓小平理论"这个概念，把这一理论同马克思列宁主义、毛泽东思想一道确立为中国共产党的指导思想，并写入修改后的《中国共产党章程》。大会指出邓小平理论围绕"什么是社会主义、怎样建设社会主义"这个根本问题，第一次比较系统地回答了建设有中国特色社会主义的一系列基本问题。

大会提出了党在社会主义初级阶段的基本纲领，阐明了建设有中国特色社会主义的经济、政治和文化的基本要求。大会明确了我国跨世纪发展的战略部署，并就社会主义初级阶段的所有制结构和公有制实现形式、依法治国、建设社会主义法治国家、有中国特色社会主义文化建设等重大问题提出了新论断。

大会在我国经济发展"三步走"战略的第二步目标即将实现之际，对如何实现第三步目标作出进一步规划，提出了新的"三步走"发展战略，即 21 世纪第一个十年实现国民生产总值比 2000 年翻一番，使人民的小康生活更加富裕，形成比较完善的社会主义市场经济体制；再经过十年的努力，到中国共产党成立一百年时，使国民经济更加发展，各项制度更加完善；到 21 世纪中叶中华人民共和国成立一百年时，基本实现现代化，建成富强民主文明的社会主

义国家。

2. 改革开放和现代化建设的不断推进

党的十五大以后，党中央采取一系列重要举措加快推进改革，并强调着重抓好两个大头：一是要加强农业基础地位；一是要搞好国有大中型企业。

1998 年 10 月召开的党的十五届三中全会，通过了《中共中央关于农业和农村工作若干重大问题的决定》，进一步推动解决"三农"（农业、农村、农民）问题。会议提出，到 2010 年，基本建立以家庭承包经营为基础，以农业社会化服务体系、农产品市场体系和国家对农业的支持保护体系为支撑，适应发展社会主义市场经济要求的农村经济体制。

为解决贫困地区农民温饱和增收问题，党和政府采取多方面措施，加大扶贫攻坚力度。1994 年制定实施的《国家八七扶贫攻坚计划》提出，力争用 7 年左右的时间，基本解决 8000 万农村贫困人口的温饱问题。到 2000 年底，全国农村没有解决温饱的贫困人口减少到 3209 万人，占农村人口的比重下降到 3.5% 左右。

党的十五大以后，以建立现代企业制度为方向的国有企业改革攻坚全面展开。1999 年 9 月，党的十五届四中全会通过《中共中央关于国有企业改革和发展若干重大问题的决定》，提出了推进国有企业改革发展的一系列政策措施，强调从战略上调整国有经济布局，推进国有企业战略性改组，建立和完善现代企业制度。

与此同时，中国以更加积极的姿态走向世界，完善全方位、多层次、宽领域的对外开放格局，发展开放型经济，增强国际竞争力。2001 年 12 月，经过长达 15 年的艰苦谈判，中国正式成为世贸组织的第 143 名成员。加入世界贸易组织，使中国经济在全球化进程中获得参与制定规则和竞争的有利位置，从而打开了对外开放的新天地，对推动经济体制改革和现代化建设产生了深刻影响。

3. 跨世纪发展战略的制定与实施

实施科教兴国战略。1995 年 5 月，党中央决定实施科教兴国战略。科教兴国，就是全面落实科学技术是第一生产力的思想，坚持教育为本，把科技和教育摆在经济、社会发展的重要位置，增强国家的科技实力及向现实生产力转化的能力，提高全民族的科技文化素质，把经济建设转移到依靠科技进步和提高劳动者素质的轨道上来，加速实现国家的繁荣强盛。1997 年，党中央提出组织实施《国家重点基础研究发展计划》（又称"973"计划），加强国家战略目标导向的基础研究工作。在教育方面，中共中央、国务院于 1993 年 2 月颁布《中国教育改革和发展纲要》，明确提出必须把教育摆在优先发展的战略地位，努力提高全民族的思想道德和科学文化水平。1995 年 9 月，《中华人民共和国教育法》正式实施。国家在 1995 年、1999 年先后启动"211 工程"和"985 工程",以加强高校建设。

提出并实施可持续发展战略。1992 年联合国环境与发展大会后,党中央、国务院明确提出将实施可持续发展战略。1994 年,我国发表《中国 21 世纪议程——中国 21 世纪人口、环境与发展白皮书》,提出可持续发展的总体战略、对策和行动方案。党的十五大和翌年九届全国人大一次会议,都将实施可持续发展战略作为我国跨世纪发展的重要任务,坚持计划生育和保护环境的基本国策,正确处理经济发展同人口、资源、环境的关系。在党和政府的积极推动下,可持续发展战略的实施在一些重要领域取得重大进展。

提出并实施西部大开发战略。1999 年 9 月,党的十五届四中全会作出实施西部大开发战略的决定,要求通过优先安排基础设施建设、增加财政转移支付等措施,支持中西部地区和少数民族地区加快发展。2000 年 10 月,党的十五届五中全会对此作了进一步部署,西部大开发战略的实施全面启动。随后,国务院发出关于实施西部大开发若干政策措施的通知,明确西部开发的政策适用范围包括四川、云南、贵州、西藏、重庆、陕西、甘肃、青海、新疆、宁夏、内蒙古、广西 12 个省、自治区、直辖市。

"引进来"和"走出去"相结合的开放战略。2000 年 10 月,党的十五届五中全会提出"实施'走出去'战略,努力在利用国内外两种资源、两个市场方面有新的突破"。根据这一战略部署,我国的对外开放从过去侧重引进为主,发展为"引进来"和"走出去"相结合,以开放促改革促发展。

在把中国特色社会主义事业推向 21 世纪的进程中,党团结带领人民从容应对各种严峻风险挑战,成功抵御亚洲金融危机,战胜 1998 年特大洪涝灾害,改革开放和现代化建设取得新的成就。到 2000 年,我国成功实现由计划经济体制向社会主义市场经济体制的转变,社会主义市场经济体制基本框架初步建立。

4. 积极推进中国特色军事变革

20 世纪 90 年代,为适应世界新军事变革发展趋势和国家安全需要,党中央和中央军委提出"政治合格、军事过硬、作风优良、纪律严明、保障有力"的新时期军队建设总要求,着眼于打得赢、不变质,对军队建设和军事斗争准备作出一系列战略规划和部署,推进中国特色军事变革。

1995 年 12 月,中央军委扩大会议通过《"九五"期间军队建设计划纲要》,明确提出科技强军战略和"两个根本性转变"的战略思想,即在军事斗争准备上,由准备应付一般条件下局部战争向准备打赢现代技术特别是高技术条件下局部战争转变;在军队建设上,由数量规模型向质量效能型、由人力密集型向科技密集型转变。

5．推动构建全方位多层次对外关系新格局

20 世纪 90 年代初，面对国际格局和形势呈现错综复杂的局面，党中央始终把国家主权和安全放在第一位，积极应对国际关系的新变化及科技迅猛发展的影响和挑战，推动建立公正合理的国际政治经济新秩序，提出发展以不结盟、不对抗、不针对第三方为主要特征的新型大国关系，展现了中国为推动世界走向多极化、国际关系走向民主化的诚意、智慧和力量。

中国在发展睦邻合作友好关系上取得了重要进展，倡导并推动建立"中国—东盟自由贸易区"，签署中国与东盟全面经济合作框架协议；建立"上海合作组织"，以更加开放的姿态积极参加多边外交各个领域的活动。2000 年 9 月，在中国倡议下，出席联合国千年首脑会议的中、美、俄、英、法五个安理会常任理事国首脑举行联合国历史上的首次会晤。2001 年 2 月，博鳌亚洲论坛在海南博鳌成立。这是首个永久定址中国、非官方的国际性会议组织。10 月，在上海成功举办亚太经合组织第九次领导人非正式会议，为促进亚太地区经济的恢复和发展产生积极影响。

四、香港、澳门回归祖国与两岸交流扩大

1．祖国统一大业的推进

1997 年 7 月 1 日，香港回归祖国，中华人民共和国香港特别行政区正式成立。1999 年 12 月 20 日，澳门回归祖国，中华人民共和国澳门特别行政区正式成立。香港、澳门的回归，使"一国两制"从科学构想变为现实，标志着祖国统一大业向前迈出了重要的一步。

回归祖国后，香港、澳门作为直辖于中央政府的特别行政区，重新纳入国家治理体系。中央政府依照宪法和特别行政区基本法对香港、澳门实行管治，与之相应的特别行政区制度和体制得以确立。事实充分表明，"一国两制"是解决历史遗留的香港、澳门问题的最佳解决方案，也是香港、澳门回归后保持长期繁荣稳定的最佳制度安排。

2．海峡两岸交流的扩大

进入 20 世纪 90 年代后，党和政府推进同台湾的经济技术合作与交流，促进双方人员往来。1992 年 3 月，海峡两岸关系协会与台湾海峡交流基金会开始进行事务性商谈。11 月，双方就如何表述坚持一个中国原则的问题，达成"海峡两岸同属一个中国，共同努力谋求国家统一"的共识，后被称为"九二共识"。1993 年 4 月，海协会会长汪道涵同台湾海基会董事长辜振甫在新加坡成功举行会谈，签署《汪辜会谈共同协议》等四项协议，建立了两岸制度化联系与协商机制，两岸关系迈出了重要一步。1994 年 3 月，八届全国人大常委会第六次会议通过《中华人民共和国台湾同胞投资保护法》，将保护台商投资

纳入法制化轨道。1995 年 1 月 30 日，江泽民发表《为促进祖国统一大业的完成而继续奋斗》的讲话，提出了发展两岸关系、推进祖国和平统一的八项主张。

但是，在美国等外部反华势力的支持和纵容下，"台独"活动趋于猖獗。1995 年 6 月，台湾地区领导人李登辉以所谓私人名义访美，公然在国际社会制造"两个中国"，后又抛出所谓"两国论"。2000 年 3 月，台湾民进党领导人陈水扁上台后，拒不接受一个中国原则，否认"九二共识"。针对台湾岛内和外国敌对势力不断加剧的"台独"分裂活动，党中央采取果断措施，从政治、军事、外交、舆论等方面开展斗争。1995 年下半年到 1996 年上半年，人民解放军在台湾海峡和台湾附近海域进行了一系列大规模军事演习，显示了中国政府和中国人民维护国家主权和领土完整的坚强决心。

五、推进党的建设新的伟大工程

1. 明确党的建设总目标与两大历史性课题

1994 年 9 月，党的十四届四中全会作出《中共中央关于加强党的建设几个重大问题的决定》，把新时期党的建设提到"新的伟大工程"的高度。党的十五大把党的建设总目标概括为：要把党建设成为用邓小平理论武装起来、全心全意为人民服务、思想上政治上组织上完全巩固、能够经受住各种风险、始终走在时代前列、领导全国人民建设有中国特色社会主义的马克思主义政党。

2000 年 1 月，江泽民在十五届中央纪委第四次全会上强调，治国必先治党，治党务必从严，提出要解决好"提高领导水平和执政水平、增强拒腐防变和抵御风险的能力"两大历史性课题。

随着社会主义市场经济的发展，我国出现了新的社会阶层和新经济组织、新社会组织。为适应新情况，党中央及时提出"增强党的阶级基础、扩大党的群众基础"的要求，加快在新经济组织、新社会组织中组建党组织，不断扩大党的工作覆盖面。从 2001 年 8 月起，开始在新的社会阶层中进行发展党员的试点工作。

2. "三讲"教育的开展

加强领导班子建设，提高领导干部素质，是推进党的建设新的伟大工程的关键所在。

1998 年 11 月至 2000 年底，全党在领导班子和领导干部中分期分批开展以讲学习、讲政治、讲正气为主要内容的党性党风教育。广大干部在"三讲"教育中拿起批评与自我批评的武器，广泛听取群众意见，查找领导工作中及自身存在的问题，开展积极健康的思想斗争，普遍受到一次深刻的马克思主义教育，经受了一次党内政治生活的严格锻炼。

3. 推进党风廉政建设

1993年1月，中央纪委、监察部合署办公，加强反腐倡廉工作的机关建设。1995年11月，最高人民检察院反贪污贿赂总局成立。为了进一步推进党风廉政建设，2001年9月，党的十五届六中全会通过《中共中央关于加强和改进党的作风建设的决定》，对加强作风建设作出全面部署。

党中央还果断作出了军队、武警部队和政法机关不再从事经商活动，与所办经营性企业脱钩，实行收支两条线、工程招标、政府采购制度等决策，努力从源头上预防和遏制腐败。党风廉政建设和反腐败斗争取得阶段性成果。

4. "三个代表"重要思想的形成

在推进中国特色社会主义伟大事业和党的建设新的伟大工程进程中，以江泽民同志为主要代表的中国共产党人，科学分析国内外形势、党所处的历史方位和肩负的历史使命，深入思考面临的新情况新问题，进一步回答了什么是社会主义、怎样建设社会主义的问题，创造性回答了建设什么样的党、怎样建设党的问题，形成了"三个代表"重要思想，继承、丰富、发展了马克思列宁主义、毛泽东思想、邓小平理论。

2000年2月，江泽民在广东考察工作时明确提出"三个代表"要求。他指出，中国共产党之所以在革命、建设、改革的各个历史时期赢得人民的拥护，因为"总是代表着中国先进生产力的发展要求，代表着中国先进文化的前进方向，代表着中国最广大人民的根本利益，并通过制定正确的路线方针政策，为实现国家和人民的根本利益而不懈奋斗。"2001年7月1日，江泽民在庆祝中国共产党成立80周年大会上的讲话中，系统阐述了"三个代表"重要思想。

第四节　在新形势下坚持和发展中国特色社会主义

一、全面建设小康社会宏伟目标的提出

1. 新世纪头20年奋斗目标的确立

2002年11月8日至14日，中国共产党第十六次全国代表大会在北京举行，提出了全面建设小康社会的奋斗目标。大会提出，21世纪头20年，对我国来说，是一个必须紧紧抓住并且可以大有作为的重要战略机遇期。我国要在本世纪头20年，集中力量，全面建设惠及十几亿人口的更高水平的小康社会。经过这个阶段的建设，再继续奋斗几十年，到本世纪中叶基本实现现代化，把我国建成富强民主文明的社会主义国家。大会还从经济、政治、文化等方面提出了全面建设小康社会的目标，国内生产总值到2020年力争比2000年翻两番。

党的十六大是党在新世纪召开的第一次全国代表大会，明确回答了新世纪新阶段中国共产党举什么旗、走什么路、实现什么样的发展目标等重大问题。从此，中国人民踏上了全面建设小康社会的新征程。

2. 科学发展观的提出

2003 年春，我国遭遇一场过去从未出现过的非典型肺炎重大疫情。在党中央、国务院坚强领导下，举国上下紧急动员，坚持群防群控，有效控制了非典疫情，保持了经济较快增长。6 月，我国抗击非典取得阶段性重大胜利。

抗击非典的胜利，引发了党中央对新形势下"实现什么样的发展、怎样发展"这一重大理论和实践问题的深入思考。2003 年 8 月底 9 月初，胡锦涛在江西考察时提出"科学发展观"概念，指出要牢固树立协调发展、全面发展、可持续发展的科学发展观。10 月，党的十六届三中全会第一次在党的正式文件中完整地提出了科学发展观，强调"坚持以人为本，树立全面、协调、可持续的发展观，促进经济社会和人的全面发展"。2004 年 3 月，胡锦涛在中央人口资源环境工作座谈会上对科学发展观的深刻内涵、基本要求和指导意义作了全面阐述。

2007 年 10 月的党的十七大全面阐述科学发展观的科学内涵、精神实质和根本要求，明确：科学发展观第一要义是发展，核心是以人为本，基本要求是全面协调可持续，根本方法是统筹兼顾。大会通过《中国共产党章程（修正案）》，把科学发展观写入党章。此后，科学发展观在实践中不断得到丰富和完善。

3. 完善社会主义市场经济体制和推动经济又好又快发展

2003 年 10 月，党的十六届三中全会通过了《中共中央关于完善社会主义市场经济体制若干问题的决定》，提出大力发展国有资本、集体资本和非公有资本等参股的混合所有制经济；放宽市场准入，允许非公有资本进入法律法规未禁入的基础设施、公用事业及其他行业和领域；建立归属清晰、权责明确、保护严格、流转顺畅的现代产权制度；建立有利于逐步改变城乡二元经济结构的体制等重大政策措施。

根据经济社会发展的新情况，2006 年 10 月召开的党的十六届六中全会提出了"促进经济又好又快发展"新的发展方针。又好又快发展，强调既要保持经济平稳较快增长，防止大起大落，又要坚持好中求快，注重优化结构，努力提高质量和效益。指导经济发展的方针，从持续使用多年的"又快又好"到"又好又快"，不只是"好"与"快"顺序的调整，还体现了科学发展的本质要求。

4. 促进区域、城乡协调发展

根据科学发展观的要求，党中央对统筹区域、城乡发展作出一系列重大决策部署。一是着力加强西部基础设施建设，重点展开西电东送、西气东输、青藏铁路等标志性工程建设；二是作出振兴东北地区等老工业基地，促进中部地区崛起，支持东部地区率先发展等重大决策。随着以上发展战略的实施，区域协调发展取得明显成效。

在统筹城乡发展方面，党中央加大解决"三农"问题的力度。党的十六届四中全会在分析总结一些国家工业化发展历程的基础上，提出了"两个趋向"的重要论断，即：在工业化初始阶段，农业支持工业、为工业提供积累是带有普遍性的趋向；但在工业化达到相当程度以后，工业反哺农业、城市支持农村，实现工业与农业、城市与农村协调发展，也是带有普遍性的趋向。中央认为，经过几十年的发展，我国总体上已进入以工促农、以城带乡的发展阶段。

2005 年 10 月，党的十六届五中全会提出了建设社会主义新农村的重大战略任务。同年 12 月 29 日，十届全国人大常委会第十九次会议决定，自 2006 年 1 月 1 日起，废止《中华人民共和国农业税条例》，在我国存在 2600 年的农业税成为历史。这根本性地扭转了农民负担过重的状况，给亿万农民带来了看得见、摸得着的实惠。随着社会主义新农村建设的扎实推进，农村经济和农村面貌发生新的深刻变化。

二、全面建设小康社会新部署和改革开放的深化

1. 全面建设小康社会的新部署

2007 年 10 月 15 日至 21 日，中国共产党第十七次全国代表大会在北京举行，对实现全面建设小康社会的宏伟目标作出全面部署，在经济、政治、文化、社会，生态文明五个方面提出新要求。这就是：增强发展协调性，努力实现经济又好又快发展；扩大社会主义民主，更好保障人民权益和社会公平正义；加强文化建设，明显提高全民族文明素质；加快发展社会事业，全面改善人民生活；建设生态文明，基本形成节约能源资源和保护生态环境的产业结构、增长方式、消费模式。

大会调整了十六大提出的到 2020 年力争实现国内生产总值比 2000 年翻两番的经济增长目标，提出实现人均国内生产总值到 2020 年比 2000 年翻两番的更高要求。大会强调，到 2020 年全面建设小康社会目标实现之时，我们这个历史悠久的文明古国和发展中社会主义大国，将成为工业化基本实现、综合国力显著增强、生活质量明显改善、生态环境良好的国家，成为人民享有更加充分民主权利、具有更高文明素质和精神追求的国家，成为各方面制度更加完善、社会更加充满活力而又安定团结的国家，成为对外更加开放、更加具有亲和力、为人类文明作出更大贡献的国家。

2. 应对国际金融危机和各种挑战

从 2007 年开始的美国次贷危机，到 2008 年演化成一场全球性的金融危机，并迅速由金融领域扩散到实体经济领域，由美国扩散到世界主要经济体。中共

中央密切关注危机的发展态势，特别是可能对我国经济发展带来的风险和产生的冲击，强调要树立忧患意识，做好应对危机的预案。2009 年初，中央又出台一系列政策措施，形成了应对国际金融危机、促进经济平稳较快增长的一揽子计划。

2008 年 5 月 12 日，四川汶川发生里氏 8.0 级特大地震。在党中央领导下，我国迅速开展了历史上救援速度最快、动员范围最广、投入力量最大的抗震救灾斗争，充分发挥一方有难、八方支援、集中力量办大事的制度优势，彰显出伟大的抗震救灾精神。在夺取抗震救灾斗争重大胜利后，党和政府迅速制定灾区灾后恢复重建计划，得到全国各族人民、港澳台同胞和海外侨胞的大力支持。到 2010 年 9 月底，重建任务提前一年基本完成。

2008 年至 2010 年间，党和政府还带领人民取得抗击南方雨雪冰冻极端天气、青海玉树强烈地震和甘肃舟曲特大山洪泥石流等严重自然灾害以及恢复重建的胜利。依法坚决平息和妥善处理 2008 年 3 月 14 日拉萨等地打砸抢烧严重暴力犯罪事件和 2009 年 7 月 5 日乌鲁木齐打砸抢烧严重暴力犯罪事件，坚决打击暴力恐怖势力、民族分裂势力和宗教极端势力的破坏活动，维护了民族团结和社会稳定。

3. 加快转变经济发展方式和深化重要领域改革

2010 年 10 月，党的十七届五中全会对加快转变经济发展方式的基本要求作出新的概括，明确要求把经济结构战略性调整作为主攻方向，把科技进步和创新作为重要支撑，把保障和改善民生作为根本出发点和落脚点，把建设资源节约型、环境友好型社会作为重要着力点，把改革开放作为强大动力。

随后，党和国家采取一系列措施，坚持实施扩大内需战略，坚持走中国特色新型工业化道路，扎实推进节能减排和生态环境保护，深入实施区域发展总体战略，积极稳妥推进城镇化，推动经济发展方式转变迈出了新步伐。

在所有制改革方面，从 2006 年起，中央企业加大兼并重组力度。到 2011 年，国资委监管的中央企业从 2007 年的 159 家减少到 117 家。在国有企业做强做优的同时，党和政府坚持"两个毫不动摇"的方针，积极鼓励和引导非公有制经济健康发展。2010 年 5 月，国务院印发《关于鼓励和引导民间投资健康发展的若干意见》，非公有制经济发展的体制环境进一步得到改善。

在农村改革发展方面，2008 年 10 月，党的十七届三中全会作出《关于推进农村改革发展若干重大问题的决定》，强调农业是安天下、稳民心的战略产业，要求坚决守住 18 亿亩耕地红线，促进城乡经济社会发展一体化。中央还进一步加大对农业的财政投入，出台一系列强农惠农富农政策。从 2004 年起，我国粮食产量实现 8 年连续增长，农民人均纯收入也连年增长。

在扩大对外开放方面，国际金融危机爆发后，中国及时出台稳定外需的政策措施，实施市场多元化战略，在对外贸易、利用外资、对外投资等领域取得重要进展。

"十一五"时期，国家面貌发生新的历史性变化。国内生产总值年均增长11.3%。2010年中国经济总量超过日本，成为世界第二大经济体。城镇居民人均可支配收入和农村居民人均纯收入年均分别增长9.7%和8.9%，人民生活明显改善。

我国在重要学科前沿和战略必争领域取得一批重大自主创新成果，载人航天、探月工程、超级计算机等实现新的重大突破。"神舟七号"飞船航天员成功进行中国人的第一次太空漫步；"嫦娥一号"首次完成绕月探测，中华民族的飞天梦想变成现实；京津城际高速铁路开通运营，中国开始迈入高铁时代；北京成功举办第二十九届夏季奥运会、第十三届残疾人奥运会；以"城市，让生活更美好"为主题的世界博览会在上海举行，这是第一次在发展中国家举办的注册类世博会，书写了中国人民同世界各国人民交流互鉴的新篇章。

4. 党和国家各项事业向前推进

积极稳妥推进民主法治建设。2010年3月，十一届全国人大三次会议通过新修改的全国人大和地方各级人大选举法，明确城乡按相同人口比例选举人大代表，实现了新中国历史上城乡"同票同权"。党的十七大首次把基层群众自治制度纳入中国特色社会主义政治制度的基本范畴，作为发展社会主义民主政治的基础性工程加以推进。

社会主义文化大发展大繁荣。2011年10月，党的十七届六中全会通过《中共中央关于深化文化体制改革，推动社会主义文化大发展大繁荣若干重大问题的决定》，提出了坚持中国特色社会主义文化发展道路、努力建设社会主义文化强国的战略任务。

以改善民生为重点的社会建设加快推进。2008年，城乡义务教育实现全部免除学杂费，惠及1.6亿学生，确保所有义务教育适龄儿童都能"不花钱，有学上"，当年全国学龄儿童入学率达到99.5%。2012年，高等教育毛入学率达到30%以上，新型农村合作医疗制度到2008年底覆盖全国，8.14亿农村居民参与其中。城乡就业人数到2011年末达到7.6亿人，保持了就业形势总体稳定。到2012年，我国各项养老保险参保人数达到7.9亿人，城乡基本养老保险制度全面建立；各项医疗保险参保人数超过13亿人，全民医保基本实现；最低生活保障制度实现全覆盖，城乡社会救助体系基本建立。

环境保护力度加大。党和政府高度重视节能减排，着力开展水污染治理。在生态恢复方面，到2008年，全国安排退耕还林任务超过4亿亩，相当于再造一个东北、内蒙古国有林区。环境污染和生态破坏加剧的趋势有所减缓。

人民解放军认真履行历史使命。2004 年，中央军委提出，要把军事斗争准备的基点放在打赢信息化条件下的局部战争上。为适应中国特色军事变革的要求，中央对军队体制编制进行调整改革，推动作战力量编成向精干、联合、多能、高效方向发展，着力提升国防科技和武器装备自主创新能力。2012 年 9 月，我国第一艘航空母舰"辽宁舰"正式交付海军。

始终不渝地走和平发展道路。根据"大国是关键、周边是首要、发展中国家是基础、多边是重要舞台"的外交工作总体布局，中国开展了富有成效的外交活动。

三、推进"一国两制"实践与祖国和平统一大业

1. 推进"一国两制"实践

全国人大常委会行使宪法和香港基本法赋予的职权，先后于 1999 年、2004 年、2005 年、2011 年，对香港基本法及其附件有关条款作出解释。澳门特别行政区的民主政制也按照基本法的规定向前发展。2011 年 12 月，十一届全国人大常委会第二十四次会议对澳门基本法附件有关条款作出解释，明确了修改澳门特别行政区行政长官和立法会产生办法的程序。

从 2003 年开始，内地与香港、澳门分别签署关于建立更紧密经贸关系的安排（CEPA）及其补充协议，进一步实现了互利共赢。2008 年国际金融危机爆发后，中央政府出台一系列政策举措，成为香港应对国际金融危机的坚强后盾。中央政府还加大对澳门经济发展和适度多元化的支持力度，支持澳门建设世界旅游休闲中心，批准澳门大学在珠海横琴岛进行新校区建设，支持澳门特区发展与葡语国家间的经贸关系。香港、澳门社会保持稳定，经济更加繁荣，显示了"一国两制"方针的强大生命力。

2. 推进祖国和平统一大业

进入新世纪，"台独"分裂活动不断加剧，给海峡两岸关系和平稳定发展造成严重影响。中共中央将反对和遏制"台独"摆在对台工作更为突出的位置。2005 年 3 月 14 日，十届全国人大三次会议高票通过《反分裂国家法》，充分表明全中国人民反对"台独"、维护国家统一和领土完整的共同意志和坚定决心。

中共中央积极推动两岸交流。2005 年 4 月 29 日，中共中央总书记胡锦涛在北京会见中国国民党主席连战，实现了 60 年来中国共产党和中国国民党主要领导人之间第一次历史性握手，国共两党达成一系列共识。2008 年 6 月，海协会与台湾海基会在"九二共识"基础上恢复制度化协商。同年 12 月 31 日，胡锦涛在纪念《告台湾同胞书》发表 30 周年座谈会上发表讲话，提出了推动两岸关系和平发展的六点主张。与此同时，在这一年年底两岸海上直航、空中直航及直接通邮正式启动，两岸"三通"迈开历史性步伐。2010 年 6 月，《海

峡两岸经济合作框架协议》的签署，推进了两岸经济合作机制化、制度化进程。这些举措，不仅获得台湾岛内民众的欢迎和赞誉，又巩固了国际社会"一个中国"的格局，为两岸关系的和平发展增添了积极因素。

四、提高党的建设科学化水平

1. 加强党的执政能力建设和先进性建设

在全面建设小康社会的进程中，中共中央坚持以执政能力建设和先进性建设为主线，紧密结合治国理政实践，继续全面推进党的建设新的伟大工程。

自党的十六大提出"加强党的执政能力建设"命题后，2004年9月，党的十六届四中全会通过《中共中央关于加强党的执政能力建设的决定》，就科学执政、民主执政、依法执政的目标及其内涵作了进一步阐述，明确提出要不断提高驾驭社会主义市场经济的能力、发展社会主义民主政治的能力、建设社会主义先进文化的能力、构建社会主义和谐社会的能力、应对国际局势和处理国际事务的能力。

> 中国特色社会主义最本质的特征是中国共产党的领导。　　　**金　句**
>
> ——习近平

2004年11月，党中央对保持共产党员先进性教育活动作出部署。2005年1月，胡锦涛在新时期保持共产党员先进性专题报告会上提出"党的先进性建设"的重大命题，强调党的先进性建设是马克思主义政党自身建设的根本任务。

党的十六大以后，围绕加强党的执政能力建设和先进性建设这条主线，党中央采取了一系列加强党的建设的重要举措。主要有：建立中央政治局集体学习制度；建立中央和地方各级党委常委会向全委会负责并报告工作和接受监督制度，以及党的代表大会代表提案制度、代表提议处理和回复机制；改革干部人事制度，实施公开选拔、竞争上岗；加大新经济组织、新社会组织党建工作力度，扩大基层党组织覆盖面。党中央还决定成立中国浦东干部学院、中国井冈山干部学院、中国延安干部学院，组织开展大规模多层次培训，提高党员干部的能力和素质。

2. 提高党的建设科学文化水平

党的十七大作出在全党开展深入学习实践科学发展观活动的部署。2008年9月至2010年2月底，全党开展深入学习实践科学发展观活动。

在学习实践活动中，中共中央根据世情、国情、党情变化，就加强党的建设作出新的决策部署。2009年9月，党的十七届四中全会通过《关于加强和改进新形势下党的建设若干重大问题的决定》，提出了提高党的建设科学化水平的重大命题和重大任务。围绕提高党的建设科学化水平，党中央着力推进党内制度建设，修订和出台党和国家机关基层组织工作条例、实行党政领导干部问责的暂行规定等文件。

为巩固和拓展全党深入学习实践科学发展观活动成果，2010年4月，党中央决定在党的基层组织和党员中开展"创建先进基层党组织、争当优秀共产党员"活动，并以此作为党的建设的一项重要的经常性工作。

3. 扎实推进惩治和预防腐败体系建设

2003年10月，党的十六届三中全会提出建立健全与社会主义市场经济体制相适应的教育、制度、监督并重的惩治和预防腐败体系。

在反腐倡廉的领导体制和工作机制方面，形成了党委统一领导、党政齐抓共管、纪委组织协调、部门各负其责、依靠群众支持和参与的体制机制，建立健全了决策、执行权、监督权既相互制约又相互协调的权力结构和运行机制。在制度建设方面，制定了《中国共产党党员领导干部廉洁从政若干准则》《中国共产党纪律处分条例》《关于领导干部报告个人有关事项的规定》《关于对配偶子女均已移居国（境）外的国家工作人员加强管理的暂行规定》等一系列规定。2006年2月，我国成为《联合国反腐败公约》缔约国。

4. 确立科学发展观为党的指导思想

科学发展观对新形势下实现什么样的发展、怎样发展等重大问题作出了新的科学回答，把党对中国特色社会主义规律的认识提高到新的水平。2012年，党的十八大通过的《中国共产党章程（修正案）》，把科学发展观同马克思列宁主义、毛泽东思想、邓小平理论、"三个代表"重要思想一道确立为党的指导思想并载入党章。

难点解析　　　　　中国特色社会主义是怎样接续发展的？

第一，以邓小平为主要代表的中国共产党人，总结新中国成立以来正反两方面的经验，解放思想、实事求是，实现全党工作重心向经济建设的转移，实行改革开放，开辟了社会主义事业发展的新时期，逐步形成了建设有中国特色社会主义的路线、方针、政策，阐明了在中国建设社会主义、巩固和发展社会主义的基本问题，创立了邓小平理论，为实现改革开放和开创现代化建设新局面奠定了基础。

第二，以江泽民为主要代表的中国共产党人，在科学分析国内外形势、党所处的历史方位和肩负的历史使命，深入思考面临的新情况新问题，进一步回答了什么是社会主义、怎样建设社会主义的问题，创造性回答了建设一个什么样的党、怎样建设党的问题，形成了"三个代表"重要思想，成功把中国特色社会主义推向 21 世纪。

第三，以胡锦涛为主要代表的中国共产党人，根据新的发展要求，深刻认识和回答了新形势下实现什么样的发展、怎样发展这一重大理论和实践问题，形成了以人为本、全面协调可持续发展的科学发展观，成功在新的历史起点上坚持和发展了中国特色社会主义。

第四，以习近平为主要代表的中国共产党人，顺应时代发展，从理论和实践结合上系统回答了新时代坚持和发展什么样的中国特色社会主义、怎样坚持和发展中国特色社会主义这个重大时代课题，创立习近平新时代中国特色社会主义思想，推动中国特色社会主义进入新时代。

强化训练

一、单项选择题

1. （   ）发表后产生强烈反响，引发了关于真理标准问题的大讨论

A.《实践是检验真理的唯一标准》

B.《坚持四项基本原则》

C.《解放思想，实事求是，团结一致向前看》

D.《关于建国以来党的若干历史问题的决议》

2. （   ）成为正本清源、拨乱反正和改革开放的思想先导

A. 党的十一届三中全会

B. 党的十一届三中全会前的中央工作会议

C. 关于真理标准问题大讨论

D. 党的十二大

3. 以下不属于党的十一届三中全会主要内容的是（   ）

A. 高度评价了关于真理标准问题的讨论

B. 提出了改革开放的任务

C. 决定把工作重心转移到现代化建设上来

D. 决定把建立社会主义市场经济体制作为我国经济体制改革的目标

4. 邓小平在（   ）会上发表《坚持四项基本原则》的讲话

A. 党的十一届三中全会前的中央工作会议

B. 党的理论工作务虚会

C. 党的十一届三中全会

D. 党的十一届六中全会

5. 邓小平对《关于建国以来党的若干历史问题的决议》的起草提出三条指导原则，下列不属于这三条原则的是（　　　）

A. 确立毛泽东同志的历史地位，坚持和发展毛泽东思想

B. 对建国 30 年来历史上的大事，要进行实事求是的分析，包括一些负责同志的功过是非，要作出公正的评价

C. 总结宜粗不宜细，总结过去是为了引导大家团结一致向前看

D. 全面拨乱反正

6. 标志着中国共产党指导思想上拨乱反正胜利完成的是（　　　）

A.《关于党的若干历史问题的决议》的通过

B.《关于党内政治生活的若干原则》的通过

C.《关于建国以来党的若干历史问题的决议》的通过

D.《关于社会主义精神文明建设指导方针的决议》的通过

7. 下列选项不属于家庭联产承包责任制的是（　　　）

A. 分田单干

B. 促进"政社合一"的人民公社体制的解体

C. 把农民家庭经营的积极性和集体经济的优越性结合起来

D. 坚持了"统分结合"的原则

8.（　　　），是党和国家推进改革开放和社会主义现代化建设的伟大创举

A. 兴办经济特区　B. 兴办出口特区　　C. 兴办工业区　　　D. 对外开放

9. 邓小平的（　　　）讲话，为党和国家领导制度的改革明确了基本的指导思想

A.《坚持四项基本原则》

B.《解放思想，实事求是，团结一致向前看》

C.《党和国家领导制度的改革》

D. 党的十二大开幕词

10. 下列关于干部队伍"四化"建设表述不正确的是（　　　）

A. 邓小平等老一辈革命家提出的

B. 实现干部队伍"四化"就是革命化、年轻化、知识化、专业化

C. 党的十三大把实现干部的"四化"写入党章

D. 为改革开放和建设社会主义现代化培养一大批年富力强的各级领导干部

11. 明确提出社会主义精神文明建设的根本任务的文件是（　　　）

A.《关于党内政治生活的若干准则》

B.《沿着中国特色的社会主义道路前进》

C.《中共中央关于经济体制改革的决定》

D.《关于社会主义精神文明建设指导方针的决议》

12. 系统阐述社会主义初级阶段理论的文件是（　　　）

A.《中共中央关于经济体制改革的决定》

B.《沿着中国特色的社会主义道路前进》

C.《关于党内政治生活的若干准则》

D.《关于第七个五年计划的报告》

13. 堪称是党和国家的生命线、人民的幸福线的是（　　　）

A. 社会主义初级阶段理论　　　　B. 加强和改善党的领导

C. 社会主义初级阶段的基本路线　　D. "三步走"发展战略

14. "三步走"战略设想是在党的（　　　）会上得到确认

A. 党的十一届三中全会　　　　B. 党的十一届六中全会

C. 党的十二大　　　　　　　　D. 党的十三大

15. 社会主义初级阶段的基本经济制度是（　　　）

A. 公有制为主体，多种所有制经济共同发展

B. 私有化

C. 按劳分配为主体，多种分配方式并存

D. 股份制

16. 下列不属于社会主义的本质是（　　　）

A. 解放生产力，发展生产力　　　B. 消灭剥削，消除两极分化

C. 最终达到共同富裕　　　　　　D. 直接实现共产主义

17. 党的十四大确定我国经济体制改革的目标是（　　　）

A. 建立现代企业制度

B. 建立社会主义市场经济体制

C. 在公有制基础上的有计划的商品经济

D. 进行股份制改革

18. "一国两制"从科学构想变为现实，标志着祖国统一大业向前迈进了重要一步的是（　　　）

A. 海峡两岸交流的扩大

B. 香港、澳门的回归

C. "九二共识"

D. 发表《为促进祖国统一大业的完成而继续奋斗》的讲话

19. 2001 年 12 月 11 日，经过长达 15 年的艰苦谈判，中国正式加入（　　）

A. 世界银行　　　　　　　　　　B. 国际货币基金组织

C. 世界贸易组织　　　　　　　　D. 联合国人权组织

20. 党的十六大提出，21 世纪头 20 年我国的奋斗目标是（　　）

A. 基本实现现代化　　　　　　　B. 全面建设小康社会

C. 实现"四个现代化"　　　　　　D. 全面建成小康社会

21. 十届全国人大常委会第十九次会议决定，自 2006 年 1 月 1 日起，废止
（　　），在我国存在 2600 年的农业税成为历史

A.《中共中央关于构建社会主义和谐社会若干重大问题的决定》

B.《中华人民共和国农业税条例》

C.《关于鼓励和引导民间投资健康发展的若干意见》

D.《关于推进农村改革发展若干重大问题的决定》

22. 科学发展观的第一要义是（　　）

A. 发展　　　　B. 以人为本　　　　C. 全面协调可持续　D. 统筹兼顾

23. 2005 年 3 月 14 日，十届全国人大三次会议高票通过（　　），推进祖国
和平统一大业

A.《反分裂国家法》　　　　　　　B.《告台湾同胞书》

C.《汪辜会谈共同协议》　　　　　D.《两岸和平发展共同愿景》

24. 2005 年 1 月，胡锦涛在新时期保持共产党员先进性专题报告会上强调，
（　　）是马克思主义政党自身建设的根本任务

A. 党的执政能力建设　　　　　　B. 党的先进性建设

C. 党风廉政建设　　　　　　　　D. 反腐败斗争

25. 2006 年 10 月召开的党的十六届六中全会提出了（　　）新的发展方针

A. 促进经济又好又快发展　　　　B. 促进经济又快又好发展

C. 保持经济平稳快速增长　　　　D. 努力提高质量和效益

26. 2012 年 9 月，我国第一艘航空母舰（　　）正式交付海军

A. "山东舰"　　　B. "福建舰"　　　C. "辽宁舰"　　　D. "南昌舰"

二、简答题

1. 党的十一届三中全会提出党的工作重点转移到何处？

2. 坚持四项基本原则的主要内容有哪些？

3. 如何理解和把握毛泽东和毛泽东思想的历史地位？

4. 改革开放新时期我国社会主要矛盾是什么？

5. 社会主义初级阶段理论内容是什么？

6. "三步走"发展战略的具体内容是什么？

7. 社会主义的本质是什么？

8. 新的"三步走"发展战略内容包括哪些？

9. "九二共识"是指什么？

10. 党的十五大明确的党的建设总目标是什么？

三、论述题

1. 关于真理标准问题大讨论是如何冲破"两个凡是"错误方针的束缚？

2. 为什么说党的十一届三中全会是新中国成立以来的伟大历史转折？

3.《关于建国以来党的若干历史问题的决议》的主要内容及历史意义？

4. 中国特色社会主义是怎样开创的？

5. 邓小平南方谈话主要内容及意义是什么？

强化训练
参考答案

 **本章拓展资源** 🗓

第十章

中国特色社会主义进入新时代

结构导图

中国特色社会主义进入新时代

开拓中国特色社会主义更为广阔的发展前景
- 中国特色社会主义进入新时代
- 习近平同志党中央的核心、全党的核心地位的确立
- 统筹推进"五位一体"总体布局
- 协调推进"四个全面"战略布局
- 全面推进国防和军队现代化
- 全面加强国家安全

把新时代中国特色社会主义不断推向前进
- 习近平新时代中国特色社会主义思想指导地位的确立
- 坚持党的全面领导与推进党的自我革命
- 国家制度和治理体系建设迈出新步伐
- 在应对风险挑战中推进各项事业
- 坚持"一国两制"和推进祖国统一
- 全面推进中国特色大国外交和推动构建人类命运共同体

开启全面建设社会主义现代化国家新征程
- 完成脱贫攻坚、全面建成小康社会的历史任务，实现第一个百年奋斗目标
- 把握新发展阶段、贯彻新发展理念、构建新发展格局、推动高质量发展
- 隆重庆祝中国共产党成立一百周年
- 全面总结党的百年奋斗重大成就和历史经验
- 党的二十大的召开和以中国式现代化全面推进中华民族伟大复兴

自学指导

一、学习目标

1. 识记：中国特色社会主义新时代的历史方位；实现中华民族伟大复兴中国梦；新时代强军目标；总体国家安全观；中国共产党人的初心和使命；国家治理体系和治理能力现代化；伟大抗疫精神；中国特色大国外交；构建人类命运共同体；新发展理念；党的百年奋斗重大成就；中国式现代化的中国特色；中国式现代化的本质要求；全面建设社会主义现代化国家的重大原则。

2. 领会："两个确立"的重大意义；统筹推进"五位一体"总体布局；协调推进"四个全面"战略布局；坚持"一国两制"和推进祖国统一；全面推进中国特色大国外交和推动构建人类命运共同体；党的百年奋斗历史经验。

3. 应用：习近平新时代中国特色社会主义思想的世界观和方法论；以中国式现代化全面推进中华民族伟大复兴。

二、学习重点难点

（1）习近平同志党中央的核心、全党的核心地位的确立；（2）习近平新时代中国特色社会主义思想指导地位的确立；（3）全面总结党的百年奋斗重大成就和历史经验；（4）党的二十大和中国式现代化。

三、自学建议

本章节包含三部分，主要内容以十八大报告、十九大报告、七一讲话、十九届六中全会《决议》二十大报告为节点和线索，学生在复习中应引起足够重视，重点记忆"新时代""两个确立""五位一体""四个全面""自我革命""全面建成小康社会""新发展阶段、理念、格局""第三个历史决议""十个坚持""三个务必""三件大事""习近平新时代中国特色社会主义思想的世界观和方法论""中国式现代化"等重要内容。学生可以在熟悉本章框架逻辑的基础上，将文中标题作为简答题题目，尝试找出答案，并进行记忆。建议用4学时完成本章内容的自学和复习。

第一节　开拓中国特色社会主义更为广阔的发展前景

一、中国特色社会主义进入新时代

1. 中国特色社会主义进入新时代的背景条件

进入 21 世纪第二个十年，我国已成为世界第二大经济体，与世界的关系发生历史性深刻变化。同时，外部环境变化带来许多新的风险挑战，国内改革发展稳定面临一系列长期积累及新出现的突出矛盾和问题，党治国理政面临重大考验。面对国内外形势的深刻复杂变化，2012 年 11 月召开的党的十八大，对全面建成小康社会作出科学谋划，对夺取中国特色社会主义新胜利作出全面部署，从此中国特色社会主义进入新时代。

2. 中国特色社会主义进入新时代的丰富内涵

中国特色社会主义新时代是我国发展新的历史方位。以习近平同志为核心的党中央统筹把握中华民族伟大复兴战略全局和世界百年未有之大变局，强调中国特色社会主义新时代是承前启后、继往开来、在新的历史条件下继续夺取中国特色社会主义伟大胜利的时代，是决胜全面建成小康社会、进而全面建设社会主义现代化强国的时代，是全国各族人民团结奋斗、不断创造美好生活、逐步实现全体人民共同富裕的时代，是全体中华儿女勠力同心、奋力实现中华民族伟大复兴中国梦的时代，是我国不断为人类作出更大贡献的时代。

3. 中国特色社会主义进入新时代的重大意义

中国特色社会主义进入新时代，是对党和人民事业具有重大现实意义和深远历史意义的大事，意味着近代以来久经磨难的中华民族迎来了从站起来、富起来到强起来的伟大飞跃，迎来了实现中华民族伟大复兴的光明前景；意味着科学社会主义在 21 世纪的中国焕发出强大生机活力，在世界上高高举起了中国特色社会主义伟大旗帜；意味着中国特色社会主义道路、理论、制度、文化不断发展，拓展了发展中国家走向现代化的途径，为解决人类问题贡献了中国智慧和中国方案。

二、习近平同志党中央的核心、全党的核心地位的确立

1. 实现中华民族伟大复兴中国梦的提出

2012 年 11 月 29 日，习近平在参观《复兴之路》展览时首次提出并阐释实现中华民族伟大复兴的中国梦，指出："现在，大家都在讨论中国梦，我以为，实现中华民族伟大复兴，就是中华民族近代以来最伟大的梦想。这个梦想，凝聚了几代中国人的夙愿，体现了中华民族和中国人民的整体利益，是每一个中华儿女的共同期盼。"

2. 实现中华民族伟大复兴中国梦的丰富内涵

实现中华民族伟大复兴的中国梦，就是要实现国家富强、民族振兴、人民幸福。实现中国梦必须走中国道路，这就是中国特色社会主义道路；必须弘扬中国精神，这就是以爱国主义为核心的民族精神和以改革创新为核心的时代精神；必须凝聚中国力量，这就是中国各族人民大团结的力量。习近平指出，中国梦归根到底是人民的梦，必须紧紧依靠人民来实现，必须不断为人民造福。

中国梦不仅造福中国人民，而且造福各国人民；在努力实现各自梦想的同时，推动实现持久和平、共同繁荣的世界梦。

3. 坚持和发展中国特色社会主义的战略部署

中国特色社会主义是全面发展的社会主义。党的十八大明确了中国特色社会主义经济建设、政治建设、文化建设、社会建设、生态文明建设"五位一体"的总体布局。

统筹推进"五位一体"总体布局，要求抓住战略重点，实现关键突破。从党的十八大到十九大，党中央召开七次全会，分别就政府机构改革和职能转变、全面深化改革、全面推进依法治国、全面建成小康社会、全面从严治党等重大问题作出决定和部署。在此过程中，逐步形成"四个全面"战略布局。

"五位一体"总体布局和"四个全面"战略布局统筹联动、相互促进，有力推动了理论创新和实践创新的步伐，引领推动中国特色社会主义各项事业不断取得新进展，开辟了中国特色社会主义新境界。

4. 确立习近平同志党中央的核心、全党的核心地位

习近平把握时代大趋势，回答实践新要求，顺应人民新期待，提出一系列原创性的治国理政新理念新思想新战略，进一步丰富和发展了党的科学理论，为在新的历史起点上实现新的奋斗目标提供了根本遵循。在新的伟大斗争实践中，习近平事实上已经成为党中央的核心、全党的核心。党的十八大以来，党和国家事业之所以取得全方位、开创性历史成就，根本就在于有习近平领航掌舵，有党中央坚强领导，有一系列新理念新思想新战略科学指引。

2016年10月，党的十八届六中全会正式提出"以习近平同志为核心的党中央"并郑重写入全会文件，正式明确了习近平同志党中央的核心、全党的核心地位。

确立习近平的核心地位，是实践的选择、历史的选择，是全党的选择、人民的选择。坚决维护习近平党中央的核心、全党的核心地位，坚决维护党中央权威和集中统一领导，是党的十八大后的重大政治成果和宝贵经验，是全党在革命性锻造中形成的共同意志，符合党、国家、军队、人民的根本利益，对于更好地凝聚党和人民的力量，推进中国特色社会主义伟大事业和民族复兴大业，具有决定性意义。

三、统筹推进"五位一体"总体布局

1. 经济建设取得重大成就

统筹推进"五位一体"总体布局，经济建设是根本。能不能保持经济社会持续健康发展，根本上取决于党的领导核心作用发挥得好不好。党中央不断加强对经济工作的统一领导和战略谋划，完善党领导经济工作的体制机制，确保党对经济工作的领导落到实处，为推动各方面共同做好经济工作提供了重要保证。

新常态下我国经济发展的四个主要特点：增长速度从高速转向中高速，发展方式从规模速度型粗放增长转向质量效率型集约增长，经济结构从增量扩能为主转向调整存量、做优增量并举的深度调整，发展动力从传统增长点转向新的增长点。

适应、把握、引领经济发展新常态，需要进一步明确主攻方向、总体思路和工作重点。创新、协调、绿色、开放、共享的新发展理念集中体现了新时代我国的发展思路、发展方向、发展着力点，是管全局、管根本、管长远的导向，集中反映了党对经济社会发展规律认识的深化。推进供给侧结构性改革，是适应和引领经济发展新常态的重大创新。2015年12月，中央经济工作会议对供给侧结构性改革从理论到实践作了全面阐述，从顶层设计、政策措施到重点任务作出全链条部署，强调要抓好去产能、去库存、去杠杆、降成本、补短板五大任务。党的十八大后，党中央提出、实施了一系列重大发展战略，主要包括：创新驱动发展战略、京津冀协同发展战略、长江经济带建设、"一带一路"建设、新型城镇化战略、国家粮食安全战略、粤港澳大湾区建设、能源安全新战略等。

经济发展取得巨大成就。2013年至2017年，GDP年均增长超过7%；2017年，GDP总量稳居世界第二，成为世界经济增长的主要动力源和稳定器。

2. 民主政治建设迈出重大步伐

2012年12月4日，在首都各界纪念现行宪法公布施行30周年大会上，习近平概括了中国特色社会主义政治发展道路的核心内涵：坚持中国特色社会主义政治发展道路，关键是要坚持党的领导、人民当家作主、依法治国有机统一、以保证人民当家作主为根本，以增强党和国家活力、调动人民积极性为目标，扩大社会主义民主，发展社会主义政治文明。

党的十八大以来，党中央以增加和扩大我国社会主义民主政治的优势和特点为关键，坚持发挥中国共产党总揽全局、协调各方的领导核心作用；坚持国家一切权力属于人民；坚持和完善中国共产党领导的多党合作和政治协商制度；坚持和完善基层群众自治制度；坚持和完善民族区域自治制度；坚持和完善民主集中制的制度和原则，着力推进社会主义民主政治制度化、规范化、程序化，更好发挥中国特色社会主义政治制度的优越性，不断为党和国家长治久安提供

更加完善的制度保障。

人民代表大会制度不断完善。科学立法、民主立法、依法立法水平不断提高。代表工作不断深化和拓展，社情民意表达和反映渠道更加畅通。社会主义协商民主广泛多层制度化发展，形成了中国特色协商民主体系，极大地丰富了民主形式，拓宽了民主渠道，加深了民主内涵。中国共产党领导的多党合作和政治协商制度实现新发展。人民政协坚持把协商民主贯穿履行职能全过程，坚持发扬民主和增进团结相互贯通、建言资政和凝聚共识双向发力。基层群众自治制度充满活力。以城乡村（居）民自治为核心，民主选举、民主协商、民主决策、民主管理、民主监督为主要内容的基层群众自治制度基本建立并不断完善，人民群众有序参与政治生活。民族区域自治制度得到切实贯彻落实。高举民族团结旗帜，加强各民族交往交流交融，进一步铸牢中华民族共同体意识，有力推进民族事务治理体系和治理能力现代化。爱国统一战线不断巩固发展。全面规范各领域各方面统战工作，统一战线不断创新发展、巩固壮大，在中国特色社会主义事业中发挥了重要的法宝作用。

3. 思想文化建设取得重大进展

2016年6月28日，习近平在十八届中央政治局第三十三次集体学习时提出坚定"四个自信"，即中国特色社会主义道路自信、理论自信、制度自信、文化自信。坚定文化自信，就是坚持中国特色社会主义文化发展道路，激发全民族文化创新创造活力。

党对意识形态工作的领导发生深刻变革。经过不懈努力，意识形态领域敢抓敢管、敢于亮剑，党牢牢掌握意识形态工作领导权、管理权、话语权，人心凝聚、团结向上的良好局面日益形成，我国意识形态领域形势发生了全局性、根本性转变。

培育和践行社会主义核心价值观。把培育和践行社会主义核心价值观融入国民教育全过程、落实到经济发展实践和社会治理中，社会主义核心价值观逐渐成为凝心聚力的社会新风尚，日益成为全民族奋发向上、团结和睦的精神纽带。

推动中华优秀传统文化创造性转化、创新性发展。中华优秀传统文化是中国特色社会主义植根的文化沃土，各地采取多种方式传承发展中华优秀传统文化，并取得积极成效。文化事业和文化产业蓬勃发展。文化体制改革取得一批开拓性、引领性、标志性的成果，文化创新创造活力不断激发。文化产业保持了较快增长速度，中华文化国际影响力竞争力进一步提高。

4. 人民生活不断改善

党的十八大以来，党和政府在收入分配、就业、教育、社会保障、医疗卫生、住房保障等方面推出一系列重大举措，让改革发展成果更多更公平惠及全体人民。

收入是民生之源。党和政府坚持按劳分配原则，完善按要素分配的体制机制，促进收入分配更合理、更有序。

就业是最基本的民生。实施就业优先战略和更加积极的就业政策，城镇登记失业率保持在较低水平。

百年大计，教育为本。紧扣立德树人的根本任务深化教育改革，构建德智体美劳全面培养的教育体系，中国特色社会主义教育制度体系的主体框架基本确立。

社会保障是"安全网"和"稳定器"。坚持全覆盖、保基本、多层次、可持续的方针，不断深化社会保障制度改革，建成世界上规模最大的社会保障体系。

健康中国战略全面深入实施。把人民健康放在优先发展的战略地位，加快推进健康中国建设，努力全方位、全周期保障人民健康。

发挥住房保障"补位"作用。坚持房子是用来住的、不是用来炒的定位，加快建立多主体供应、多渠道保障、租购并举的住房制度。

加强和创新社会治理。改进社会治理方式、激发社会组织活力、创新有效预防和化解社会矛盾体制、健全公共安全体系。

创新有效预防和化解社会矛盾体制。通过逐步健全重大决策社会稳定风险评估机制等一系列政策部署和机制创新，及时化解社会矛盾。

激发社会组织活力。党中央积极部署，持续推进社会组织管理制度改革，特别是加强党对社会组织的领导。

加快构建全方位、立体化的公共安全网。全面推进平安中国建设，人民群众的安全感切实增强。

完善城乡社区治理。推动形成基层党组织领导、基层政府主导的多方参与、共同治理的城乡社区治理体系，社会治理的重心整体向基层下移。

5. 生态文明建设成效显著

坚持绿水青山就是金山银山理念，加强生态文明建设顶层设计，阐述了经济发展和生态环境保护的关系，指明了实现发展和保护协同共生的新路径。

推动形成绿色发展方式和生活方式。在优化国土空间开发布局、推进产业结构调整、推进能源资源全面节约、倡导绿色低碳生活方式等方面采取了一系列有力的政策行动。

全方位、全地域、全过程加强生态环境保护。实施大气、水、土壤等污染防治行动计划，以生命共同体理念为统领，推进山水林田湖草沙一体化保护和修复，构建生物多样性保护网络，严格落实领导干部生态文明建设责任制，建立环境保护督察工作机制。

积极参与全球环境与气候治理。中国关于生态文明建设的理念和战略，得到国际社会的广泛认可，成为全球生态文明建设的重要参与者、贡献者、引领者。

四、协调推进"四个全面"战略布局

1. "四个全面"战略布局的提出

2014 年 12 月，习近平在江苏调研时首次公开把全面从严治党同全面建成小康社会、全面深化改革、全面依法治国并列，完整提出了"四个全面"。2015 年 2 月，习近平在省部级主要领导干部学习贯彻党的十八届四中全会精神全面推进依法治国专题研讨班开班式上的讲话，明确将"四个全面"定位为"战略布局"。

2. 全力推进全面建成小康社会进程

全面建成小康社会，在"四个全面"战略布局中居于引领地位。全面建成小康社会，强调的不仅是"小康"，更重要、更难做到的是"全面"。

2015 年 10 月，党的十八届五中全会审议通过"十三五"规划建议，把扶贫攻坚改成脱贫攻坚，并把农村贫困人口脱贫作为全面建成小康社会的基本标志。扩大中等收入群体，关系全面建成小康社会目标的实现。党的十六大首次明确了"扩大中等收入者比重"的目标，十七大强调"中等收入者占多数"，十八大提出"中等收入群体持续扩大"的任务。新时代，党和政府对收入分配问题作出专门部署，有力推动了中等收入群体的扩大。

3. 全面深化改革取得重大突破

全面深化改革是"四个全面"战略布局中具有突破性和先导性的关键环节。

2013 年 11 月 9 日至 12 日，党的十八届三中全会审议通过《中共中央关于全面深化改革若干重大问题的决定》，对全面深化改革作出顶层设计和总体规划。全面深化改革的总目标是"完善和发展中国特色社会主义制度，推进国家治理体系和治理能力现代化"。

党的十八届三中全会是继党的十一届三中全会之后，又一次具有划时代意义的重要会议，实现了改革由局部探索、破冰突围到系统集成、全面深化的转变，开创了我国改革开放新局面。会后，全面深化改革迅速展开。

金句　　1992 年，邓小平同志在南方谈话中说："不坚持社会主义，不改革开放，不发展经济，不改善人民生活，只能是死路一条。"回过头来看，我们对邓小平同志这番话就有更深的理解了。所以，我们讲，只有社会主义才能救中国，只有改革开放才能发展中国、发展社会主义、发展马克思主义。

——习近平

4. 全面推进依法治国迈出坚实步伐

全面依法治国在"四个全面"战略布局中具有基础性、保障性作用。全面推进依法治国的总目标是建设中国特色社会主义法治体系，建设社会主义法治国家。党中央高度重视宪法在治国理政中的重要地位和作用，明确坚持依法治国首先要坚持依宪治国。建立健全完备的法律规范体系，以良法保障善治，是全面依法治国的前提和基础。推进全面依法治国，法治政府建设是重点任务和主体工程，对法治国家、法治社会建设具有示范带动作用。各级行政机关应依法履行职责，做到法定职责必须为、法无授权不可。公正司法是全面依法治国的重要保障，是维护社会公平正义的最后一道防线。全面落实司法责任制改革，不断健全权责清晰、权责统一司法权力运行机制。着眼提升司法公信力，推进以审判为中心的诉讼制度改革。深化司法责任制综合配套改革，加快构建系统完备、规范高效的执法司法制约监督体系。作为全面依法治国的固本之举，法治社会建设不断强化。党委统一领导、部门分工负责、各司其职、齐抓共管的"大普法"格局逐步形成。

5. 全面从严治党成效卓著

全面从严治党，核心是加强党的领导。2016 年 7 月，习近平在庆祝中国共产党成立 95 周年大会上强调，中国特色社会主义最本质的特征是中国共产党领导，中国特色社会主义制度的最大优势是中国共产党领导。

坚持党的领导，首先是坚持党中央权威和集中统一领导。2016 年 10 月，党的十八届六中全会明确习近平同志为党中央的核心、全党的核心，号召全党同志紧密团结在以习近平同志为核心的党中央周围，牢固树立政治意识、大局意识、核心意识、看齐意识。

为加强党的全面领导，中央进一步健全完善相关制度机制。2015 年 1 月，中共中央印发《关于加强和改进党的群团工作的意见》，强调党的领导是做好群团工作的根本保证。6 月，中共中央印发《中国共产党党组工作条例（试行）》。这是中国共产党在党组工作方面第一部专门党内法规。12 月，中共中央印发《中国共产党地方委员会工作条例》，进一步健全了地方党委发挥领导作用的制度基础，完善了地方党委运行机制。2016 年 10 月，中央召开全国国有企业党的建设工作会议，强调要坚持党对国有企业的领导不动摇，开创国有企业党的建设新局面。12 月，中共中央、国务院印发《关于加强和改进新形势下高校思想政治工作的意见》，要求把党的建设贯穿始终，牢牢掌握党对高校的领导权。

坚持把纪律挺在前面，严明政治纪律和政治规矩。针对一段时期纪法不分、错把法律当底线等突出问题，党中央坚持纪在法前、纪严于法，创造性提出并运用监督执纪"四种形态"，实现从"惩治极少数"向"管住大多数"拓展。

全面从严治党必须从人民群众反映强烈的作风问题抓起。党中央从制定和落实中央八项规定破题，以上率下改进工作作风。坚持踏石留印、抓铁有痕，发扬钉钉子精神，持之以恒纠治"形式主义、官僚主义、享乐主义和奢靡之风"，反对特权思想和特权现象，倡导勤俭节约、反对铺张浪费，不断完善以转作风改作风为重点的制度体系。

坚持思想建党和制度治党紧密结合，注重解决思想问题、拧紧"总开关"。全党开展党的群众路线教育实践活动、"三严三实"专题教育，推进"两学一做"学习教育常态化制度化。

党要管党，首先是管好干部；从严治党，关键是从严治吏。2013 年 6 月，习近平在全国组织工作会议上提出"信念坚定、为民服务、勤政务实、敢于担当、清正廉洁"的好干部标准。

全方位扎紧制度的笼子，制度治党依规治党水平不断提升。提出按照"规范主体、规范行为、规范监督"相统筹相协调原则，完善党内法规制度体系。

腐败是党长期执政的最大威胁，反腐败是一场输不起也决不能输的重大政治斗争。党的十八大以后的五年，不敢腐的目标初步实现，反腐败斗争压倒性态势已经形成并巩固发展。

不断完善党和国家监督体系。修订党内监督条例，加强对党内政治生活状况、党的路线方针政策执行情况的监督检查，实现了中央一级党和国家机关全面派驻纪检机构。

金句　　要抓早抓小，有病就马上治，发现问题就及时处理，不能养痈遗患。要让每一个干部牢记"手莫伸，伸手必被捉"的道理。"见善如不及，见不善如探汤。"领导干部要心存敬畏，不要心存侥幸。

　　　　　　　　　　　　　　　　　　　　　　　　　　　　　——习近平

五、全面推进国防和军队现代化

1. 确立新时代强军目标

2013 年 3 月，在参加十二届全国人大一次会议解放军代表团全体会议时，习近平明确指出，建设一支听党指挥、能打胜仗、作风优良的人民军队，是党在新形势下的强军目标。强军目标中，听党指挥是灵魂，决定军队建设的政治方向；能打胜仗是核心，反映军队的根本职能和军队建设的根本指向；作风优良是保证，关系军队的性质、宗旨、本色。

2. 贯彻新时代政治建军方略

2014 年 10 月 30 日至 11 月 2 日，习近平在福建省上杭县古田镇召开的新世纪第一次全军政治工作会议上发表重要讲话，强调革命的政治工作是革命军队的生命线，军队政治工作要紧紧围绕实现中华民族伟大复兴的中国梦的时代主题，为实现党在新形势下的强军目标提供坚强政治保证。中央军委实行主席负责制，是坚持党对人民军队绝对领导的根本制度和根本实现形式。

3. 深化国防和军队改革

从 2015 年底开始，领导指挥体制改革率先展开，实现了军队组织架构的历史性变革。从 2016 年底开始，规模结构和力量编成改革压茬推进，构建起中国特色现代军事力量体系，推动军队由数量规模型向质量效能型、人力密集型向科技密集型转变。

依法治军、从严治军是强军之基，是人民军队深化改革、推进现代化建设的重要内容。2014 年 12 月，习近平在中央军委扩大会议上强调，依法治军、从严治军是党建军治军的基本方略。

贯彻军民融合发展战略，推进跨军地重大改革任务，加快构建一体化的国家战略体系和能力。2017 年 1 月，党中央设立由习近平任主任的中央军民融合发展委员会，加强对军民融合发展的统一领导。

4. 聚焦能打胜仗强化练兵备战

2012 年 12 月，习近平在中央军委扩大会议上鲜明地提出牢固确立战斗力这个唯一的根本的标准、要求把战斗力标准贯穿到军队建设全过程和各方面，为新时代备战打仗指明了方向。

六、全面加强国家安全

1. 总体国家安全观的提出

2014 年 4 月，习近平在十八届中央国家安全委员会第一次会议上首次提出"总体国家安全观"，指出，必须坚持总体国家安全观，以人民安全为宗旨，以政治安全为根本，以经济安全为基础，以军事、文化、社会安全为保障，以促进国际安全为依托，走出一条中国特色国家安全道路。

习近平阐述了贯彻落实总体国家安全观必须把握的"五对关系"，即：必须既重视外部安全，又重视内部安全；既重视国土安全，又重视国民安全；既重视传统安全，又重视非传统安全；既重视发展问题，又重视安全问题；既重视自身安全，又重视共同安全。

总体国家安全观关键在"总体"，强调大安全理念，强调做好国家安全工作的系统思维和方法，强调国家安全要贯穿到党和国家工作全局各方面、各环节，强调打总体战，形成强大合力应对重大国家安全风险挑战。

2. 推进国家安全体系和能力建设

坚持中国共产党对国家安全工作的绝对领导，坚持以总体国家安全观为指导，走中国特色国家安全道路。

加快国家安全法治建设。2015年7月通过的《中华人民共和国国家安全法》是国家安全领域的综合性、全局性、基础性法律，在构建国家安全法律制度体系中起着统领作用。随后，反恐怖主义法等一批重要法律相继出台。

实施国家安全战略。2016年3月，十二届全国人大四次会议批准《中华人民共和国国民经济和社会发展第十三个五年规划纲要》，对健全国家安全保障体制机制、保障国家政权主权安全、防范化解经济安全风险、加强国家安全法治建设等内容作出规划。经过党的十八大以后五年多的努力，我国初步构建了国家安全体系主体框架，形成了国家安全理论体系，完善了国家安全战略体系，建立了国家安全工作协调机制，推动国家安全工作实现了分散到集中、迟缓到高效、被动到主动的历史性变革。

3. 把安全发展贯穿国家发展各领域全过程

政治安全是根本。坚持把维护国家政治安全特别是政权安全、制度安全放在第一位。巩固马克思主义在意识形态领域的指导地位，严密防范和严厉打击境内外敌对势力进行的渗透、破坏、颠覆、分裂活动。

国土安全是立国之基。牢牢掌握宪法和基本法赋予的中央对香港、澳门全面管治权，牢牢把握两岸关系主导权、主动权，加强边防、海防、空防建设。

经济安全是基础。提出新粮食安全观，牢牢把住粮食安全主动权，建立现代金融监管框架，推动能源消费、供给、技术、体制革命，大力节约集约利用资源。

坚持以军事、科技、文化、社会安全为保障。坚持党对军队的绝对领导，全面提高新时代备战打仗能力。强化国家战略科技力量，加大力度攻克一批"卡脖子"的关键核心技术。坚持以社会主义核心价值观引领文化建设，推动中华优秀传统文化创造性转化、创新性发展。加强和创新基层社会治理，坚持和发展新时代"枫桥经验"。

维护网络、生态、核、海外利益等领域安全。网络治理持续开展，坚持不懈推动绿色低碳发展，筑牢国家生态安全屏障，打造核安全命运共同体，坚持理性、协调、并进的核安全观，形成强有力的海外利益安全保障体系。维护太空、深海、极地、生物等新型领域安全。秉持和平、主权、普惠、共治原则，合理开发、利用空间资源，加强国家生物安全风险防控和治理体系建设。

坚持推进国际共同安全。高举合作、创新、法治、共赢的旗帜，推动树立共同、综合、合作、可持续的全球安全观，共同构建普遍安全的人类命运共同体和相互尊重、公平正义、合作共赢的新型国际关系。

第二节　把新时代中国特色社会主义不断推向前进

一、习近平新时代中国特色社会主义思想指导地位的确立

1. 党的十九大的召开

2017 年 10 月 18 日至 24 日，中国共产党第十九次全国代表大会在北京举行。大会的主题是：不忘初心，牢记使命，高举中国特色社会主义伟大旗帜，决胜全面建成小康社会，夺取新时代中国特色社会主义伟大胜利，为实现中华民族伟大复兴的中国梦不懈奋斗。

党的十三大以来历次代表大会报告的主题

大会报告明确中国共产党人的初心和使命，就是为中国人民谋幸福，为中华民族谋复兴。大会确定"两个一百年"奋斗目标，对决胜全面建成小康社会、开启全面建设社会主义现代化国家新征程作出战略部署和安排。大会明确提出新时代党的建设总要求，进一步明确党的建设总体布局，抓住了新时代党的建设的关键，把政治建设和纪律建设纳入其中，突出了政治建设的统领地位和纪律建设这个治本之策。

大会审议并一致通过的《中国共产党章程（修正案）》把习近平新时代中国特色社会主义思想同马克思列宁主义、毛泽东思想、邓小平理论、"三个代表"重要思想、科学发展观一道确立为党的行动指南。

2. 明确我国发展新的历史方位和新时代我国社会主要矛盾

党的十九大作出了中国特色社会主义进入新时代的重大政治判断，这是我国发展新的历史方位。

党的十九大作出了我国社会主要矛盾已经发生转化的重大政治论断。党的十九大报告明确指出，中国特色社会主义进入新时代，我国社会主要矛盾已经转化为人民日益增长的美好生活需要和不平衡不充分的发展之间的矛盾。

我国社会主要矛盾的变化，没有改变我们对我国社会主义所处历史阶段的判断，我国仍处于并将长期处于社会主义初级阶段的基本国情没有变，我国是世界最大发展中国家的国际地位没有变。

3. 确立习近平新时代中国特色社会主义思想的指导地位

党的十九大把习近平新时代中国特色社会主义思想确立为党必须长期坚持的指导思想并庄严地写入党章。围绕新时代坚持和发展什么样的中国特色社会主义、怎样坚持和发展中国特色社会主义的重大时代课题，以习近平同志为主要代表的中国共产党人，坚持辩证唯物主义和历史唯物主义，紧密结合新的时代条件和实践要求，以全新的视野深化对共产党执政规律、社会主义建设规律、人类社会发展规律的认识，创立了习近平新时代中国特色社会主义思想。党的十九大用"八个明确"和"十四个坚持"全面阐述了习近平新时代中国特色社

近代以来我国社会主要矛盾的变化

会主义思想的科学内涵和实践要求。

党的十九届六中全会通过的《中共中央关于党的百年奋斗重大成就和历史经验的决议》指出：习近平新时代中国特色社会主义思想是当代中国马克思主义、21世纪马克思主义，是中华文化和中国精神的时代精华，实现了马克思主义中国化新的飞跃。

《决议》还作出一个重大政治论断：党确立习近平同志党中央的核心、全党的核心地位，确立习近平新时代中国特色社会主义思想的指导地位，反映了全党全军全国各族人民共同心愿，对新时代党和国家事业发展、对推进中华民族伟大复兴历史进程具有决定性意义。"两个确立"是深刻总结党的百年奋斗历史经验特别是新时代伟大实践得出的重大历史结论，是体现全党共同意志、反映人民心声的重大政治判断，是党的十八大以来最重要的政治成果。

二、坚持党的全面领导与推进党的自我革命

1. 坚决维护党中央权威和集中统一领导

党的十九大将"中国特色社会主义最本质的特征是中国共产党领导，中国特色社会主义制度的最大优势是中国共产党领导，党是最高政治领导力量"确立为习近平新时代中国特色社会主义思想的重要内容，同时把"党是领导一切的"这一重大政治原则写入党章。2018年3月，十三届全国人大一次会议通过《中华人民共和国宪法修正案》，确定党的领导地位，明确规定中国共产党领导是中国特色社会主义最本质的特征，强化了党总揽全局、协调各方的领导地位。

党的十九大后，党中央对坚决维护习近平同志党中央的核心、全党的核心地位，坚决维护党中央权威和集中统一领导，提出一系列具体要求。为此，中共中央先后印发修订《中国共产党纪律处分条例》和《中国共产党重大事项请示报告条例》。2021年11月，党的十九届六中全会全面总结党的百年奋斗重大成就和历史经验，强调中国共产党是领导我们事业的核心力量。

2. 把党的政治建设摆在首位

加强党的政治建设是马克思主义政党的鲜明特征和政治优势。党的政治建设决定党的建设方向和效果，是党的建设的"灵魂"和"根基"。

作为贯彻党的十九大精神的重大举措，中共中央印发《关于加强党的政治建设的意见》，强调贯彻和体现"两个维护"，将其作为加强党的政治建设的首要任务，强调坚持和加强党的全面领导，最重要的是坚决维护党中央权威和集中统一领导，最关键的是坚决维护习近平同志党中央的核心、全党的核心地位，着力提高党的政治建设的政治性、时代性、针对性。

3. 党的领导制度体系不断完善

党的领导制度是我国的根本领导制度。2019 年 10 月，党的十九届四中全会对健全总揽全局、协调各方的党的领导制度体系作出全面部署，明确了六个方面的制度安排：建立不忘初心、牢记使命的制度，完善坚定维护党中央权威和集中统一领导的各项制度，健全党的全面领导制度，健全为人民执政、靠人民执政各项制度，健全提高党的执政能力和领导水平制度，完善全面从严治党制度。

党的领导是全面的、系统的、整体的。这一时期，中共中央先后印发《中国共产党政法工作条例》《中国共产党党组工作条例》《中国共产党宣传工作条例》《中国共产党农村工作条例》《中国共产党统一战线工作条例》《中国共产党组工作条例》，对党在政法工作、党组工作、宣传工作、农村工作、统一战线工作、组织工作方面进行了全面的制度擘画。

4. 深入推进党的自我革命

勇于自我革命是党区别于其他政党的显著标志，是党跳出治乱兴衰历史周期率、历经百年沧桑更加充满活力的成功秘诀。

思想建设是党的基础性建设。2019 年 5 月开展"不忘初心、牢记使命"主题教育，深化党的自我革命、推动全面从严治党向纵深发展。2021 年 2 月开展党史学习教育，全党历史自觉、历史自信大大增强，党的创造力、凝聚力、战斗力大大提升。

党的力量来自组织，组织能使力量倍增。新时代党的组织路线紧扣加强党的长期执政能力建设、先进性和纯洁性建设这条主线，彰显了把党的伟大自我革命进行到底的坚定决心。以新时代党的组织路线为引领，推动基层党组织全面进步、全面过硬，党的组织体系建设不断增强。

党的作风是党的形象，是观察党群干群关系、人心向背的晴雨表。党的十九大后，中央政治局首次会议就把作风建设摆上议程，审议《中共中央政治局贯彻落实中央八项规定实施细则》，针对新情况新问题，着重对相关内容作了进一步规范、细化和完善。

纪律真正成为带电的高压线。党坚持纪严于法、执纪执法贯通，用好监督执纪"四种形态"，强化政治纪律和组织纪律，充分发挥纪律建设标本兼治的利器作用，使铁的纪律真正转化为党员干部的日常习惯和自觉遵循，推动全面从严治党向纵深发展。

开展了史无前例的反腐败斗争。不敢腐、不能腐、不想腐一体推进，"打虎""拍蝇""猎狐"多管齐下，反腐败斗争取得压倒性胜利并全面巩固。

经过不懈努力，党找到了自我革命这一跳出治乱兴衰历史周期率的第二个答案，自我净化、自我完善、自我革新、自我提高能力显著增强，管党治党宽松软状况得到根本扭转，风清气正的党内政治生态不断形成和发展，确保党永远不变质、不变色、不变味。

金句　我们不舒服一点、不自在一点，老百姓的舒适度就好一点、满意度就高一点，对我们的感觉就好一点。

——习近平

三、国家制度和治理体系建设迈出新步伐

1. 党和国家机构职能的系统性、整体性重构

进入新时代，党中央积极推进党的领导体制改革、纪律检查制度改革、政治体制改革等，在加强党的领导、推进依法治国、理顺政府和市场关系等方面及若干重要领域和关键环节取得重大突破。

2018年2月，党的十九届三中全会专门研究深化党和国家机构改革问题，通过《中共中央关于深化党和国家机构改革的决定》和《深化党和国家机构改革方案》，加强党的全面领导得到有效落实，维护党的集中统一领导的机构职能体系更加健全。

党的十九大要求，深化国家监察体制改革，将监察体制改革工作在全国推开。国家监察体制改革是事关全局的重大政治体制改革，是国家监察制度的顶层设计，加强了党对反腐败工作的统一领导，构建了党统一领导、全面覆盖、权威高效的监督体系。

深化党和国家机构改革，专门对深化群团组织改革作出部署，进一步健全了党委统一领导群团工作的制度，增强了群团组织政治性、先进性、群众性，更好发挥了群团组织作为党和政府联系人民群众的桥梁和纽带作用。

2. 坚持和完善中国特色社会主义制度，推进国家治理体系和治理能力现代化

2019年10月召开的党的十九届四中全会，全面回答了在我国国家制度和国家治理体系上应该坚持和巩固什么、完善和发展什么这个重大政治问题，审议通过《中共中央关于坚持和完善中国特色社会主义制度、推进国家治理体系和治理能力现代化若干重大问题的决定》。

全会明确提出了坚持和完善中国特色社会主义制度、推进国家治理体系和治理能力现代化的总体目标：到我们党成立100年时，在各方面制度更加成熟更加定型上取得明显成效；到2035年，各方面制度更加完善，基本实现国家治理体系和治理能力现代化；到新中国成立100年时，全面实现国家治理体系和治理能力现代化，使中国特色社会主义制度更加巩固、优越性充分展现。

2020年5月，十三届全国人大三次会议通过的《中华人民共和国民法典》，

是新时代中国特色社会主义制度建设、法治建设的一个重大标志性成果。11月，习近平在中央全面依法治国工作会议上强调，要坚定不移走中国特色社会主义法治道路，在法治轨道上推进国家治理体系和治理能力现代化。12月，党中央印发《法治中国建设规划（2020—2025年）》，这是新中国成立以来第一个关于法治中国建设的专门规划，是新时代推进全面依法治国的纲领性文件，是"十四五"时期统筹推进法治中国建设的总蓝图、路线图、施工图。

3. 全面深化改革向纵深发展

坚持和完善中国特色社会主义制度、推进国家治理体系和治理能力现代化，必须坚定不移全面深化改革。新时代坚持和发展中国特色社会主义，根本动力仍然是全面深化改革。

2018年12月，党中央举行庆祝改革开放40周年大会，大会回顾了改革开放40年的光辉历程，总结了改革开放的伟大成就和宝贵经验，宣示了在新时代继续把改革开放推向前进的信心和决心。

加快构建推动经济高质量发展的体制机制。不断创新和完善宏观调控，加快推进国资国企改革，加大支持民营经济发展力度，进一步解决事关经济高质量发展的体制机制问题，不断在经济体制关键性基础性重大改革上突破创新。

深入推进行政审批制度改革。营造稳定、公平、透明、可预期的市场准入环境，健全以"双随机、一公开"监管为基本手段、以重点监管为补充、以信用监管为基础的新型监管机制，推进商事制度等改革，市场主体不断培育壮大，社会发展活力和创新活力不断增强。

围绕推动高质量发展，党中央深入实施创新驱动发展战略、乡村振兴战略、区域重大战略等一系列重大战略举措。

坚持以高水平开放促进高质量发展。共建"一带一路"大幅提升了我国贸易投资自由化便利化水平，推动我国开放空间从沿海、沿江向内陆、沿边延伸，形成陆海内外联动、东西双向互济的开放新格局。

围绕人民对美好生活新期待，推出一系列更有针对性、开创性的改革举措，解决了民生领域许多操心事烦心事，增强了人民群众获得感、幸福感、安全感。

全面深化改革是一场思想理论的深刻变革，是一场改革组织方式、国家制度和治理体系的深刻变革，是一场人民广泛参与的深刻变革。2020年12月，中央全面深化改革委员会第十七次会议审议了党的十八届三中全会以来全面深化改革总结评估报告，强调要把接续推进改革同服务党和国家工作大局结合起来、把深化改革攻坚同促进制度集成结合起来、把推进改革同防范化解重大风险结合起来、把激发创新活力同凝聚奋进力量结合起来，推动改革在新发展阶段打开新局面。

四、在应对风险挑战中推进各项事业

1. 统筹国内国际两个大局、统筹发展和安全两件大事

2017 年 12 月，习近平明确指出："放眼世界，我们面对的是百年未有之大变局。"他强调，领导干部要胸怀两个大局，一个是中华民族伟大复兴的战略全局，一个是世界百年未有之大变局，这是我们谋划工作的基本出发点。同时，也多次强调统筹发展和安全两件大事。

伴随着国内外形势的发展变化，党对统筹国内国际两个大局、统筹发展和安全两件大事的认识不断深化。2019 年 10 月，党的十九届六中全会系统总结新时代维护国家安全取得的重大成就和宝贵经验。同月，中央政治局会议审议《国家安全战略（2021—2025 年）》，强调新形势下维护国家安全，必须牢固树立总体国家安全观，加快构建新安全格局。

2. 稳妥应对各种风险挑战

进入 2018 年后，我国外部形势发生深刻复杂变化。美国单方面执意挑起的中美经贸摩擦，给我国经济运行带来不利影响。党中央密切关注、稳妥应对，采取有力反制措施，坚决捍卫国家和人民利益，同时始终坚持通过对话协商解决争议的基本立场，努力稳定双边经贸关系。

由于中美贸易摩擦的升级加剧和国内经济转型阵痛凸显的严峻挑战，我国经济下行压力加大，党中央坚持稳中求进工作总基调。2018 年 7 月，提出做好"六稳"工作的要求，即做好稳就业、稳金融、稳外贸、稳外资、稳投资、稳预期工作，以稳定宏观经济大局，增强应对复杂局面和各种挑战的底气。12 月，提出"巩固、增强、提升、畅通"八字方针，为进一步坚持以供给侧结构性改革为主线不动摇、推动高质量发展指明了方向。

以美国为首的西方国家在挑起经贸摩擦的同时，还对我国进行全方位遏制打压，我国的政治安全、意识形态安全、科技安全等皆受到挑战。面对这种复杂局面，我国多次表示愿与美国等西方国家开展坦率有效的沟通，促进各国间求同存异、合作共赢，同时坚持国家利益为重、国内政治优先，保持战略定力，发扬斗争精神，展示不畏强权的坚定意志，在斗争中维护国家尊严和核心利益，牢牢掌握了我国发展和安全主动权。

3. 推进各项事业迈出新步伐

党中央统筹推进"五位一体"总体布局，协调推进"四个全面"战略布局，各方面事业迈出新步伐、展现新气象，取得新的重大进展和重大成果。

经济实力大幅跃升，高质量发展不断取得新成效。党中央强调，贯彻新发展理念是关系我国发展全局的一场深刻变革。在正确的方针政策指引下，党中央深入推进供给侧结构性改革，深入实施创新驱动发展战略，改革开放实现重要突破，有力实施乡村振兴战略，增强城乡区域发展协调性。

社会主义民主政治不断发展，全面依法治国实践取得重大进展。党中央提出全过程人民民主的重大理念，深刻阐明了中国式民主的鲜明特色和显著优势，为新时代发展社会主义民主政治、建设社会主义政治文明提供了指引和遵循。

社会主义文化强国建设取得重大进展。召开全国宣传思想工作会议，组织深入学习《习近平谈治国理政》等著作，召开学校思想政治理论课教师座谈会，着力推动宣传工作科学化规范化制度化建设迈上新台阶，明确提出把"坚持马克思主义在意识形态领域指导地位"作为中国特色社会主义的一项根本制度，大力培育和践行社会主义核心价值观。

人民生活水平显著提高，社会保持和谐稳定。召开全国教育大会，深入实施健康中国战略，出台《关于优化生育政策促进人口长期均衡发展的决定》，大力改革疾病预防控制体系，开展扫黑除恶专项斗争。

生态文明建设取得显著成效，生态环境质量明显改善，美丽中国建设迈出重大步伐。将生态文明写入宪法，坚持全国统筹、节约优先、双轮驱动、内外畅通、防范风险的原则，积极推动产业结构调整，不断加大污染治理力度，坚决打好蓝天、碧水、净土保卫战。

国防和军队现代化建设加速推进。党确立新时代军事战略方针，制定国防和军队现代化新"三步走"战略，坚持走中国特色强军之路，推进新时代政治建军，全面实施科技强军战略，建设创新型人民军队，围绕抓好练兵备战，加快构建新型军事训练体系，坚决履行新时代使命任务。

国家安全得到全面加强。党中央坚持把政治安全摆在首位，牢牢守住国家粮食安全的生命线，防范化解重大金融风险攻坚战取得阶段性成果，加快推进规则标准等制度型开放，加强国家生物安全风险防控和治理体系建设。

4. 抗击新冠肺炎疫情和铸就伟大抗疫精神

2020年伊始新冠肺炎疫情发生后，党中央将疫情防控作为头等大事来抓。习近平亲自指挥、亲自部署，坚持把人民生命安全和身体健康放在第一位，提出坚定信心、同舟共济、科学防治、精准施策的总要求。

经过艰苦卓绝的努力，我国用1个多月的时间初步遏制疫情蔓延势头，用2个月左右的时间将本土每日新增病例控制在个位数以内，用3个月左右的时间取得武汉保卫战、湖北保卫战的决定性成果，进而又接连打了几场局部地区聚集性疫情歼灭战，疫情防控取得重大战略成果。党中央及时将全国总体防控策略调整为"外防输入、内防反弹"，推动防控工作由应急性超常规防控向常态化防控转变。随着条件的逐步具备又相继出台二十条优化措施，推出新十条优化措施，制定将新冠病毒感染调整为"乙类乙管"方案。在自身疫情防控面临巨大压力情况下，中国尽己所能为国际社会提供援助。我国始终秉持人类命运共同体理念，积极开展抗疫国际和地区合作，倡导构建人类卫生健康共同体。

2020年9月8日，全国抗击新冠肺炎疫情表彰大会隆重举行。习近平在大会上深刻阐述生命至上、举国同心、舍生忘死、尊重科学、命运与共的伟大抗疫精神。

五、坚持"一国两制"和推进祖国统一

1. 保持香港、澳门长期繁荣稳定

"一国两制"是中国特色社会主义的伟大创举，是香港、澳门回归后保持长期繁荣稳定的最佳制度安排，必须长期坚持。习近平指出，中央贯彻"一国两制"方针坚持两点：一是坚定不移，不会变、不动摇；二是全面准确，确保"一国两制"在香港的实践不走样、不变形，始终沿着正确方向前进。"一国"是根，根深才能叶茂；"一国"是本，本固才能枝荣。

伴随着国际形势的深刻复杂变化，"一国两制"的实践面临新挑战，但没有动摇党中央继续推进"一国两制"实践的信心决心。一方面，高度重视依法治港治澳，依法遏制和打击"港独"势力，坚决维护国家核心利益和香港、澳门特别行政区根本利益。另一方面，大力支持港澳对接国家整体发展战略，谋划港澳经济社会发展和民生改善，促进港澳与内地优势互补、合作共赢、共同发展。

2. 推进两岸关系和平发展

解决台湾问题，实现祖国完全统一，是全体中华儿女的共同愿望。"两岸一家人，共圆中国梦"成为两岸关系和平发展的主题。

增进两岸政治互信，夯实共同政治基础，是确保两岸关系和平发展的关键。2014年2月，经两岸双方协商，坚持"九二共识"共同政治基础上建立起常态化联系沟通机制。在此基础上，签署《海峡两岸服务贸易协议》《海峡两岸气象合作协议》等多项协议，为推动两岸关系和平发展和增进两岸同胞利益福祉发挥了重要作用。

2015年11月7日，习近平同台湾地区领导人马英九在新加坡会晤，就进一步推进两岸关系和平发展交换意见，开创了两岸领导人直接对话沟通的先河，为两岸关系未来发展开辟了新的空间。2016年11月，习近平会见中国国民党主席洪秀柱，强调只要是有利于增进两岸同胞亲情和福祉的事，只要是有利于推动两岸关系和平发展的事，只要是有利于维护中华民族整体利益的事，国共两党都应该尽最大努力去做，并把好事办好。

3. 坚决反对"台独"分裂行径和外部势力干涉

党的十八大以来，党中央坚决反对和遏制任何形式的"台独"分裂行径，坚决反对外部势力干涉，保持台海局势总体稳定。

与此同时，党中央也在不断推动两岸经济文化交流合作，增进两岸人民福

祉，贯彻新时代党解决台湾问题的总体方略。2019 年 1 月，习近平发表《为实现民族伟大复兴、推进祖国和平统一而共同奋斗》的重要讲话，阐述了立足新时代、在民族复兴伟大征程中推进祖国和平统一的五项重大政策主张。随后，持续完善保障台湾同胞福祉的制度安排和政策措施，为台湾同胞在大陆学习、创业、就业、生活创造更加便利的环境。为了坚决反对"台独"分裂，坚定推进祖国大陆与台湾的和平统一进程，2020 年 5 月 29 日，《反分裂国家法》实施 15 周年座谈会强调，如果"台独"分裂势力一意孤行甚至铤而走险，将采取一切必要手段，坚决粉碎"台独"分裂图谋，坚决捍卫国家主权和领土完整。

六、全面推进中国特色大国外交和推动构建人类命运共同体

1. 中国特色大国外交的提出

2012 年 12 月，习近平明确提出"大变局"的概念，并强调，这个大变局是前所未有的。2014 年 11 月，中央外事工作会议召开，习近平明确提出，中国必须有自己特色的大国外交，要在总结实践经验的基础上，丰富和发展对外工作理念，使我国对外工作有鲜明的中国特色、中国风格、中国气派；要坚持中国共产党领导和中国特色社会主义，坚持我的的发展道路、社会制度、文化传统、价值观念；要坚持独立自主的和平外交方针，坚持把国家和民族发展放在自己力量的基点上，坚定不移走自己的路，走和平发展道路，同时决不能放弃我们的正当权益，决不能牺牲国家核心利益；要坚持国际关系民主化，坚持和平共处五项原则，坚持国家不分大小、强弱、贫富都是国际社会平等成员，坚持世界的命运必须由各国人民共同掌握，维护国际公平正义，特别是要为广大发展中国家说话。

2. 推动构建人类命运共同体

在世界百年未有之大变局的演化过程中，人类面临许多共同挑战，没有哪个国家能置身事外，也没有哪个国家能单独应对。

2013 年 3 月，习近平在莫斯科国际关系学院发表题为《顺应时代前进潮流，促进世界和平发展》的演讲，提出当今世界"越来越成为你中有我、我中有你的命运共同体"。此后，习近平在不同场合创造性地提出了一系列相关具体理念，不断拓展，为动荡变革世界廓清迷雾，为全球发展指明前行方向。

推动构建人类命运共同体，鲜明体现了当代中国共产党人的全球视野，体现了中国将自身发展与世界发展相统一的世界胸怀，为人类社会实现共同发展、持续繁荣、长治久安绘制了蓝图，弘扬和平、发展、公平、正义、民主、自由的全人类共同价值，引领人类进步潮流，得到国际社会的广泛认同。2017 年 3 月，"构建人类命运共同体"首次被写入联合国安理会第 234 号决议文件，此后连续 5 年联大决议均提及这一重要理念。

3. 打造全球伙伴关系

党中央通盘谋划，高举和平、发展、合作、共赢的旗帜，整体推进大国、周边、发展中国家外交和多边合作，推进和完善全方位、多层次、立体化的外交布局，积极发展全球伙伴关系。

大国关系事关全球战略稳定。中俄全面战略协作伙伴关系进入新时代，明确提出新时期中美相处应该坚持相互尊重、和平共处、合作共赢三点原则，积极推动构建以协调、合作、稳定为基调的中美关系；稳步推进中欧和平、增长、改革、文明四大伙伴关系建设。周边在中国发展大局和外交全局中具有重要地位，周边外交是新时代中国外交的优先方向。明确我国周边外交的基本方针是坚持与邻为善、以邻为伴，坚持睦邻、安邻、富邻，突出体现亲诚惠容的理念；外交工作要坚持正确义利观，多向发展中国家提供力所能及的帮助。广大发展中国家是我国在国际事务中的天然同盟军。在真实亲诚的政策理念下，同发展中国家集体对话机制、各方向合作实现全覆盖。

4. 积极参与全球治理体系改革和建设

中国主动发挥负责任大国的作用，努力为全球治理贡献中国智慧和力量。2014年3月24日，习近平在荷兰海牙举行的第三届核安全峰会上首次提出理性、协调、并进的核安全观。2016年9月，二十国集团领导人杭州峰会召开，中方把主题确定为"构建创新、活力、联动、包容的世界经济"，就推动世界经济强劲、可持续、平衡和包容增长的一揽子政策和措施形成"杭州共识"，有力推动二十国集团从危机应对向长效治理机制转型。

中国积极推动变革全球治理体系中不公正不合理的安排，推动国际秩序朝着更加公正合理的方向发展。2014年12月，丝路基金开始运行；2015年7月，金砖国家新开发银行开业，人民币被纳入国际货币基金组织特别提款权货币篮子；2021年1月，习近平在世界经济论坛"达沃斯议程"对话会上提出我们要解决好这个时代面临的四大课题：加强宏观经济政策协调，共同推动世界经济强劲、可持续、平衡、包容增长；摒弃意识形态偏见，共同走和平共处、互利共赢之路；克服发达国家和发展中国家发展鸿沟，共同推动各国发展繁荣；携手应对全球性挑战，共同缔造人类美好未来。2022年4月，习近平在博鳌亚洲论坛年会上提出全球安全倡议：坚持共同、综合、合作、可持续的安全观；坚持尊重各国主权、领土完整；坚持遵守联合国宪章宗旨和原则；坚持重视各国合理安全关切；坚持通过对话协商以和平方式解决国家间的分歧和争端；坚持统筹维护传统领域和非传统领域安全。

中国积极参与新兴领域治理，推动完善相关治理规则，确保各国权利共享、责任共担。中国自2014年起发起主办世界互联网大会，致力于与国际社会一道打造网络安全新格局、构建网络空间命运共同体。中国主张坚持共同但有区别的责任原则、公平原则、各自能力原则，推动构建合作共赢、公正合理的全球气候治理体系。此外，中国还积极参与全球安全规则制定，加强国家安全合作，积极参与联合国维和行动，为维护世界和平和地区稳定发挥了建设性作用。

十年来，中国承担的联合国会费数额稳步增长，已成为第二大联合国会费国和维和摊款国。中国积极全面履行入世承诺，大幅放宽市场准入，持续推进高水平对外开放，进口关税总水平由 15.3% 降至 7.4%，开放了世贸组织服贸分类 160 个分部门中的近 120 个，清理法律法规近 20 万件。中国还积极参与并推动世贸组织第 12 届部长级会议取得积极成果，展现出加强团结协作、维护多边贸易体制的决心。

第三节　开启全面建设社会主义现代化国家新征程

一、完成脱贫攻坚、全面建成小康社会的历史任务，实现第一个百年奋斗目标

1. 脱贫攻坚战取得全面胜利

打赢脱贫攻坚战，是全面建成小康社会的底线任务。以习近平同志为核心的党中央，坚持以人民为中心的发展思想，把脱贫攻坚摆到治国理政重要位置，提升到事关全面建成小康社会、实现第一个百年奋斗目标的政治高度。

2020 年 11 月，全国 832 个贫困县全部实现脱贫摘帽，12.8 万个贫困村全部出列，现行标准下 9899 万农村贫困人口全部脱贫，所有深度贫困地区的最后堡垒被全部攻克，区域性整体贫困得到解决。2021 年 2 月 25 日，习近平在全国脱贫攻坚总结表彰大会上庄严宣告：我国脱贫攻坚战取得了全面胜利。

脱贫攻坚伟大斗争，锻造形成了"上下同心、尽锐出战、精准务实、开拓创新、攻坚克难、不负人民"的脱贫攻坚精神。

脱贫摘帽不是终点，而是新生活、新奋斗的起点。2020 年 12 月，党中央、国务院印发《关于实现巩固拓展脱贫攻坚成果同乡村振兴有效衔接的意见》，强调要在巩固拓展脱贫攻坚成果的基础上，做好乡村振兴这篇大文章，接续推进脱贫地区发展和群众生活改善。

2. 全面建成小康社会宏伟目标如期实现

2021 年 7 月 1 日，习近平在庆祝中国共产党成立 100 周年大会上庄严宣告：经过全党全国各族人民持续奋斗，我们实现了第一个百年奋斗目标，在中华大地上全面建成了小康社会，历史性地解决了绝对贫困问题，正在意气风发向着全面建成社会主义现代化强国的第二个百年奋斗目标迈进。

中国的全面小康，体现发展的平衡性、协调性和可持续性，是物质文明、政治文明、精神文明、社会文明、生态文明协调发展的小康；是不断满足人民

日益增长的多样化多层次多方面需求，不断促进人的全面发展的小康；是国家富强、民族振兴、人民幸福，多维度、全方位的小康。一是经济实力大幅提升，稳居世界第二大经济体。二是科技实力跨越式发展，跻身创新型国家行列，正在从科技大国迈向科技强国。三是产业结构优化升级，我国已建成世界上最完整的产业体系，产业发展持续向中高端迈进。四是现代基础设施网络持续完善，"五纵五横"综合运输大通道基本贯通，我国加快向交通强国迈进。五是人民民主不断扩大，社会公平正义不断彰显，依法治国基本方略全面落实。六是文化更加繁荣发展，全体人民共同奋斗的思想基础更加牢固，道路自信、理论自信、制度自信、文化自信显著增强。七是民生福祉显著提升，人民生活水平显著提高，居民收入持续增加，社会长期保持和谐稳定、人民安居乐业。八是生态环境发生历史性变化，"绿水青山就是金山银山"理念日益深入人心，生态优先、绿色低碳逐渐成为普遍遵循的发展路径，节约资源和保护环境的空间格局、产业结构、生产方式、生活方式加快形成。

全面建成小康社会具有深远的意义。一是实现了中华民族千百年来的夙愿，是迈向中华民族伟大复兴的关键一步；二是大大提升了人类社会整体发展水平，深化了对社会主义本质的认识和理解，开拓了社会主义发展新境界，使科学社会主义在 21 世纪的中国焕发出强大生机活力；三是为世界上那些既希望加快发展又希望保持自身独立性的国家和民族提供了全新选择，为各国发展提供了机遇。

二、把握新发展阶段、贯彻新发展理念、构建新发展格局、推动高质量发展

1. 把握新发展阶段、贯彻新发展理念、构建新发展格局

全面建成小康社会第一个百年奋斗目标实现后，我国将乘势而上开启全面建设社会主义现代化国家新征程，这是中华民族伟大复兴历史进程的大跨越，标志着我国进入了一个新的发展阶段。

2021 年 1 月 11 日，习近平在省部级主要领导干部学习贯彻党的十九届五中全会精神专题研讨班开班式上指出，我们的任务是全面建设社会主义现代化国家，实现人口规模巨大、全体人民共同富裕、物质文明和精神文明相协调、人与自然和谐共生、走和平发展道路的现代化。

新发展阶段是社会主义初级阶段中的一个阶段，同时是其中经过几十年积累、站到了新的起点上的一个阶段。在这个阶段，我们党将带领人民迎来从站起来、富起来到强起来的历史性跨越，实现第二个百年奋斗目标。

创新、协调、绿色、开放、共享的新发展理念是一个系统的理论体系，回答了关于发展的目的、动力、方式、路径等一系列理论和实践问题，阐明了中

国共产党关于发展的政治立场、价值导向、发展模式、发展道路等重大政治问题。

构建新发展格局，顺应了我国发展阶段、环境、条件的变化，是把握未来发展主动权的战略性布局和先手棋。构建新发展格局是开放的国内国际双循环，是以全国统一大市场基础上的国内大循环为主体，不是各地都搞自我小循环。要全面畅通国民经济循环，深化供给侧结构性改革，坚持创新驱动发展，实现高水平的自立自强和动态平衡。

难点解析

注意区分新发展阶段、新发展理念、新发展格局三者之间的关联。

第一，进入新发展阶段明确了我国发展的历史方位，贯彻新发展理念明确了我国现代化建设的指导原则，构建新发展格局明确了我国经济现代化的路径选择。

第二，把握新发展阶段是贯彻新发展理念、构建新发展格局的现实依据，贯彻新发展理念为把握新发展阶段、构建新发展格局提供了行动指南，构建新发展格局则是应对新发展阶段机遇和挑战、贯彻新发展理念的战略选择。

典型例题

构建新发展格局明确了我国经济现代化的（　　　），是应对新发展阶段机遇和挑战、贯彻新发展理念的（　　　）

A. 指导原则，现实依据　　　　B. 行动指南，战略选择

C. 战略选择，路径选择　　　　D. 路径选择，战略选择

2. 推动"十四五"时期高质量发展

"十四五"时期是进入新发展阶段后的第一个五年，是我国开启全面建设社会主义现代化国家新征程、向第二个百年奋斗目标进军的关键时期。

党的十九届五中全会审议通过《中共中央关于制定国民经济和社会发展第十四个五年规划和二〇三五年远景目标的建议》。从九个方面展望了到2035年基本实现社会主义现代化的远景目标，从六个方面明确了"十四五"时期经济社会发展主要目标，阐明了"十四五"时期经济社会发展的指导思想和必须遵循的基本原则，从科技创新、产业发展、国内市场、深化改革、乡村振兴、区域发展、文化建设、绿色发展、对外开放、社会建设、安全发展、国防建设等12个方面作了具体部署。

三、隆重庆祝中国共产党成立一百周年

1. 开展党史学习教育

2021年2月20日，党史学习教育动员大会召开。习近平指出，全党同志

要做到学史明理、学史增信、学史崇德、学史力行，学党史、悟思想、办实事、开新局。

党史学习教育从动员大会开始到庆祝中国共产党成立 100 周年大会，以全面学习党史为重点，深入了解党的百年奋斗史，深化对马克思主义中国化成果特别是习近平新时代中国特色社会主义思想的理解。2021 年 12 月，党史学习教育总结会议在北京举行。

2. 举办系列庆祝活动

2021 年 4 月，"永远跟党走"群众性主题宣传教育活动在全国城乡广泛开展起来。6 月 18 日，在中国共产党历史展览馆开馆之际，习近平前往中国共产党历史展览馆，参观"'不忘初心、牢记使命'中国共产党历史展览"，并带领党员领导同志重温入党誓词。作为庆祝活动的重要组成部分，6 月 28 日晚，庆祝中国共产党成立 100 周年文艺演出《伟大征程》在国家体育场盛大举行。"七一"前夕，全国"两优一先"表彰大会、"七一勋章"颁授仪式先后在北京人民大会堂举行。党中央还首次向截至 2021 年 7 月 1 日党龄达到 50 年、一贯表现良好的 710 多万名党员颁发了"光荣在党 50 年"纪念章。

3. 隆重召开庆祝大会

2021 年 7 月 1 日，庆祝中国共产党成立 100 周年大会在北京天安门广场隆重举行，各界代表 7 万余人以盛大仪式欢庆中国共产党百年华诞。

庆祝大会上，习近平庄严宣告实现了第一个百年奋斗目标、全面建成了小康社会，郑重宣示坚持和发展新时代中国特色社会主义、向全面建成社会主义现代化强国的第二个百年奋斗目标迈进的坚定决心，精辟概括"坚持真理、坚守理想，践行初心、担当使命，不怕牺牲、英勇斗争，对党忠诚、不负人民"的伟大建党精神，深刻阐述以史为鉴、开创未来的根本要求，向全体党员发出了为党和人民争取更大光荣的伟大号召。

四、全面总结党的百年奋斗重大成就和历史经验

1. 通过《关于党的百年奋斗重大成就和历史经验的决议》

中国共产党历来高度注重总结历史经验。2021 年 11 月，党的十九届六中全会召开，审议通过了《中共中央关于党的百年奋斗重大成就和历史经验的决议》。《决议》回顾总结党走过的百年奋斗历程，总结党的百年奋斗重大成就和历史经验，着重阐释党的十八大以来党和国家事业取得的历史性成就、发生的历史性变革，对实现第二个百年奋斗目标提出明确要求。

总结党的百年奋斗重大成就和历史经验，是在建党百年历史条件下开启全面建设社会主义现代化国家新征程、在新时代坚持和发展中国特色社会主义的需要；是增强政治意识、大局意识、核心意识、看齐意识，坚定道路自信、理

论自信、制度自信、文化自信，做到坚决维护习近平同志党中央的核心、全党的核心地位、坚决维护党中央权威和集中统一领导，确保全党步调一致向前进的需要；是推进党的自我革命、提高全党斗争本领和应对风险挑战能力、永葆党的生机活力、团结带领全国各族人民为实现中华民族伟大复兴的中国梦而继续奋斗的需要。

2. 回顾党的百年奋斗的历史进程

《决议》指出，新民主主义革命时期，党面临的主要任务是，反对帝国主义、封建主义、官僚资本主义、争取民族独立、人民解放，为实现中华民族伟大复兴创造根本社会条件。强调成立中华人民共和国，实现民族独立、人民解放，实现了中国从几千年封建专制政治向人民民主的伟大飞跃；中国共产党和中国人民以英勇顽强的奋斗向世界庄严宣告，中国人民从此站起来了，中华民族任人宰割、饱受欺凌的时代一去不复返了，中国发展从此开启了新纪元。

社会主义革命和建设时期，党面临的主要任务是，实现从新民主主义到社会主义的转变，进行社会主义革命，推进社会主义建设，为实现中华民族伟大复兴奠定根本政治前提和制度基础。强调这一时期党领导人民创造的伟大成就，实现了一穷二白、人口众多的东方大国大步迈进社会主义社会的伟大飞跃；中国共产党和中国人民以英勇顽强的奋斗向世界庄严宣告，中国人民不但善于破坏一个旧世界、也善于建设一个新世界，只有社会主义才能救中国，只有社会主义才能发展中国。

改革开放和社会主义现代化建设新时期，党面临的主要任务是，继续探索中国建设社会主义的正确道路，解放和发展社会生产力，使人民摆脱贫困、尽快富裕起来，为实现中华民族伟大复兴提供充满新的活力的体制保证和快速发展的物质条件。强调这一时期党领导人民创造的伟大成就，推进了中华民族从站起来到富起来的伟大飞跃；中国共产党和中国人民以英勇顽强的奋斗向世界庄严宣告，改革开放是决定当代中国前途命运的关键一招，中国特色社会主义道路是指引中国发展繁荣的正确道路，中国大踏步赶上了时代。

中国特色社会主义新时代，党面临的主要任务是，实现全面建成小康社会的第一个百年奋斗目标，开启全面建成社会主义现代化强国的第二个百年奋斗目标新征程，朝着实现中华民族伟大复兴的宏伟目标继续前进。《决议》总结十三个方面新时代党和国家事业取得的历史性成就、发生的历史性变革：

在坚持党的全面领导上，党中央权威和集中统一领导得到有力保证，党的领导制度体系不断完善，党的领导方式更加科学，全党思想上更加统一、政治上更加团结、行动上更加一致，党的政治领导力、思想引领力、群众组织力、社会号召力显著增强。

在全面从严治党上，党的自我净化、自我完善、自我革新、自我提高能力显著增强，管党治党宽松软状况得到根本扭转，反腐败斗争取得压倒性胜利并全面巩固，党在革命性锻造中更加坚强。

在经济建设上，我国经济发展平衡性、协调性、可持续性明显增强，国家经济实力、科技实力、综合国力跃上新台阶，我国经济迈上更高质量、更有效率、更加公平、更可持续、更为安全的发展之路。

在全面深化改革开放上，党不断推动全面深化改革向广度和深度进军，中国特色社会主义制度更加成熟更加定型，国家治理体系和治理能力现代化水平不断提高，党和国家事业焕发出新的生机活力。

在政治建设上，积极发展全过程人民民主，我国社会主义民主政治制度化、规范化、程序化全面推进，中国特色社会主义政治制度优越性得到更好发挥，生动活泼、安定团结的政治局面得到巩固和发展。

在全面依法治国上，中国特色社会主义法治体系不断健全，法治中国建设迈出坚实步伐，党运用法治方式领导和治理国家的能力显著增强。

在文化建设上，我国意识形态领域形势发生全局性、根本性转变，全党全国各族人民文化自信明显增强，全社会凝聚力和向心力极大提升，为新时代开创党和国家事业新局面提供了坚强思想保证和强大精神力量。

在社会建设上，人民生活全方位改善，社会治理社会化、法治化、智能化、专业化水平大幅度提升，发展了人民安居乐业、社会安定有序的良好局面，续写了社会长期稳定奇迹。

在生态文明建设上，党中央以前所未有的力度抓生态文明建设，美丽中国建设迈出重大步伐，我国生态环境保护发生历史性、转折性、全局性变化。

在国防和军队建设上，人民军队实现整体性革命性重塑、重整行装再出发，国防实力和经济实力同步提升，人民军队坚决履行新时代使命任务，以顽强斗争精神和实际行动捍卫了国家主权、安全、发展利益。

在维护国家安全上，国家安全得到全面加强，经受住了来自政治、经济、意识形态、自然界等方面的风险挑战考验，为党和国家兴旺发达、长治久安提供了有力保证。

在坚持"一国两制"和推进祖国统一上，党中央采取一系列标本兼治的举措，坚定落实"爱国者治港""爱国者治澳"，推动香港局势实现由乱到治的重大转折，为推进依法治港治澳、促进"一国两制"实践行稳致远打下了坚实基础；坚持一个中国原则和"九二共识"，坚决反对"台独"分裂行径，坚决反对外部势力干涉，牢牢把握两岸关系主导权和主动权。

在外交工作上，中国特色大国外交全面推进，构建人类命运共同体成为引领时代潮流和人类前进方向的鲜明旗帜，我国外交在世界大变局中开创新局、在世界乱局中化危为机，我国国际影响力、感召力、塑造力显著提升。

《决议》强调，这一时期党领导人民创造的伟大成就，为实现中华民族伟大复兴提供了更为完善的制度保证、更为坚实的物质基础、更为主动的精神力量。中国共产党和中国人民以英勇顽强的奋斗向世界庄严宣告，中华民族迎来了从站起来、富起来到强起来的伟大飞跃。

3. 总结党的百年奋斗历史意义和历史经验

《决议》在全面回顾总结党的百年奋斗历程和重大成就基础上，以更宏阔的视角，总结党的百年奋斗的历史意义，即党的百年奋斗从根本上改变了中国人民的前途命运、开辟了实现中华民族伟大复兴的正确道路、展示了马克思主义的强大生命力、深刻影响了世界历史进程、锻造了走在时代前列的中国共产党，阐述党对中国人民、对中华民族、对马克思主义、对人类进步事业、对马克思主义政党建设所作的历史性贡献。

《决议》系统全面地概括了党的百年奋斗所积累的具有根本性和长远指导意义的十条历史经验，这就是坚持党的领导、坚持人民至上、坚持理论创新、坚持独立自主、坚持中国道路、坚持胸怀天下、坚持开拓创新、坚持敢于斗争、坚持统一战线、坚持自我革命。

时期	标志性飞跃
新民主主义革命时期	中国人民实现由东亚病夫到站起来的伟大飞跃
社会主义革命和建设时期	实现了一穷二白、人口众多的东方大国大步迈进社会主义社会的伟大飞跃
改革开放和社会主义现代化建设新时期	中国大踏步赶上了时代，实现由站起来到富起来的伟大飞跃
中国特色社会主义新时代	中华民族迎来了从站起来、富起来到强起来的伟大飞跃

五、党的二十大的召开和以中国式现代化全面推进中华民族伟大复兴

1. 党的二十大的召开

2022年7月26日，习近平在省部级主要领导干部专题研讨班上发表重要讲话，就党的二十大报告涉及的重大问题作了深刻阐述，强调要牢牢把握新时代新征程党的中心任务，提出新的思路、新的战略、新的举措，继续统筹推进"五位一体"总体布局、协调推进"四个全面"战略布局、踔厉奋发、勇毅前行、团结奋斗，奋力谱写全面建设社会主义现代化国家崭新篇章。

中国共产党第二十次全国代表大会于2022年10月16日在北京隆重开幕。习近平代表第十九届中央委员会向大会作题为《高举中国特色社会主义伟大旗

帜，为全面建设社会主义现代化国家而团结奋斗》的报告。大会的主题是：高举中国特色社会主义伟大旗帜，全面贯彻习近平新时代中国特色社会主义思想，弘扬伟大建党精神，自信自强、守正创新，踔厉奋发、勇毅前行，为全面建设社会主义现代化国家、全面推进中华民族伟大复兴而团结奋斗。

2. 总结过去五年的工作和新时代十年的伟大变革

党的二十大充分肯定了党的十九大以来所取得的成就，强调：五年来，以习近平同志为核心的党中央审时度势、守正创新、敢于斗争、善于斗争，团结带领全党全军全国各族人民有效应对严峻复杂的国际形势和接踵而至的巨大风险挑战，以奋发有为的精神把新时代中国特色社会主义不断推向前进，攻克了许多长期没有解决的难题，办成了许多事关长远的大事要事，推动党和国家事业取得举世瞩目的重大成就。

党的二十大高度评价了新时代十年的伟大变革。大会指出，党的十八大召开十年来，我们经历了对党和人民事业具有重大现实意义和深远历史意义的三件大事：一是迎来中国共产党成立一百周年，二是中国特色社会主义进入新时代，三是完成脱贫攻坚、全面建成小康社会的历史任务，实现第一个百年奋斗目标。

新时代十年的伟大变革，在党史、新中国史、改革开放史、社会主义发展史、中华民族发展史上具有里程碑意义。中国共产党在革命性锻造中更加坚强有力，中国人民焕发出更为强烈的历史自觉和主动精神，实现中华民族伟大复兴进入了不可逆转的历史进程，科学社会主义在 21 世纪的中国焕发出新的蓬勃生机。新时代十年的伟大变革，是在以习近平同志为核心的党中央坚强领导下、在习近平新时代中国特色社会主义思想指引下全党全国各族人民团结奋斗取得的。新时代十年伟大变革充分证明，确立习近平同志党中央的核心、全党的核心地位，确立习近平新时代中国特色社会主义思想的指导地位，反映了全党全军全国各族人民共同心愿，对新时代党和国家事业发展、对推进中华民族伟大复兴历史进程具有决定性意义。新时代新征程上把中国特色社会主义事业推向前进,最紧要的是深刻领悟"两个确立"的决定性意义,增强"四个意识"、坚定"四个自信"、做到"两个维护",自觉在思想上政治上行动上同以习近平同志为核心的党中央保持高度一致。

3. 提出开辟马克思主义中国化时代化新境界

马克思主义是我们立党立国、兴党兴国的根本指导思想。中国共产党为什么能，中国特色社会主义为什么好，归根到底是马克思主义行，是中国化时代化的马克思主义行。

党的十八大以来，中国共产党勇于进行理论探索和创新，以全新的视野深化对共产党执政规律、社会主义建设规律、人类社会发展规律的认识，取得重大理论创新成果，集中体现为习近平新时代中国特色社会主义思想。党的十九大、十九届六中全会提出的"十个明确""十四个坚持""十三个方面成就"概括了这一思想的主要内容，必须长期坚持并不断丰富发展。党的二十大指出，只有把马克思主义基本原理同中国具体实际相结合、同中华优秀传统文化相结合，坚持运用辩证唯物主义和历史唯物主义，才能正确回答时代和实践提出的重大问题，才能始终保持马克思主义的蓬勃生机和旺盛活力。坚持和发展马克思主义，必须同中国具体实际相结合，必须同中华优秀传统文化相结合。

党的二十大提出，不断谱写马克思主义中国化时代化新篇章，是当代中国共产党人的庄严历史责任。继续推进实践基础上的理论创新，首先要把握好习近平新时代中国特色社会主义思想的世界观和方法论，坚持好、运用好贯穿其中的立场观点方法，坚持人民至上、坚持自信自立、坚持守正创新、坚持问题导向、坚持系统观念、坚持胸怀天下。

4. 明确新时代新征程中国共产党的使命任务

随着如期全面建成小康社会，实现第一个百年奋斗目标，中国共产党人踏上了全面建设社会主义现代化国家新征程。党的二十大强调，新时代新征程中国共产党的中心任务就是团结带领全国各族人民全面建成社会主义现代化强国、实现第二个百年奋斗目标，以中国式现代化全面推进中华民族伟大复兴。

党的二十大指出，在新中国成立特别是改革开放以来长期探索和实践基础上，经过十八大以来在理论和实践上的创新突破，中国共产党成功推进和拓展了中国式现代化。中国式现代化，是中国共产党领导的社会主义现代化，既有各国现代化的共同特征，更有基于自己国情的中国特色。中国式现代化是人口规模巨大的现代化、全体人民共同富裕的现代化、物质文明和精神文明相协调的现代化、人与自然和谐共生的现代化、走和平发展道路的现代化。

中国式现代化的本质要求是：坚持中国共产党领导，坚持中国特色社会主义，实现高质量发展，发展全过程人民民主，丰富人民精神世界，实现全体人民共同富裕，促进人与自然和谐共生，推动构建人类命运共同体，创造人类文明新形态。

党的二十大重申了党的十九大提出的全面建成社会主义现代化强国分两步走的战略安排：从 2020 年到 2035 年基本实现社会主义现代化；从 2035 年到本世纪中叶把我国建成富强民主文明和谐美丽的社会主义现代化强国。

党的二十大强调，全面建设社会主义现代化国家，必须牢牢把握以下重大原则：坚持和加强党的全面领导，坚持中国特色社会主义道路，坚持以人民为中心的发展思想，坚持深化改革开放，坚持发扬斗争精神。

5. 全面部署新时代新征程党和国家各项事业

党的二十大对未来一个时期党和国家事业发展作出战略部署，强调必须加快构建新发展格局，着力推动高质量发展；实施科教兴国战略，强化现代化建设人才支撑；发展全过程人民民主，保障人民当家作主；坚持全面依法治国，推进法治中国建设；推进文化自信自强，铸造社会主义文化新辉煌；增进民生福祉，提高人民生活品质；推动绿色发展，促进人与自然和谐共生。

党的二十大在党和国家事业发展布局中突出教育科技人才支撑、法治保障、国家安全工作，并对相关工作作出重大部署。强调科技是第一生产力、人才是第一资源、创新是第一动力，要实施科教兴国战略，强化现代化建设人才支撑；坚持全面依法治国，推进法治中国建设；推进国家安全体系和能力现代化，坚决维护国家安全和社会稳定；实现建军一百年奋斗目标，开创国防和军队现代化新局面；坚持和完善"一国两制"，推进祖国统一；促进世界和平与发展，推动构建人类命运共同体。

全面建设社会主义现代化国家、全面推进中华民族伟大复兴，关键在党。中国共产党作为世界上最大的马克思主义执政党，要始终赢得人民拥护、巩固长期执政地位，必须时刻保持解决大党独有难题的清醒和坚定。党的二十大强调，必须持之以恒推进全面从严治党，深入推进新时代党的建设新的伟大工程，以党的自我革命引领社会革命，落实新时代党的建设总要求，健全全面从严治党体系，全面推进党的自我净化、自我完善、自我革新、自我提高，坚持和加强党中央集中统一领导，坚持不懈用习近平新时代中国特色社会主义思想凝心铸魂，完善党的自我革命制度规范体系，建设堪当民族复兴重任的高素质干部队伍，增强党组织政治功能和组织功能，坚持以严的基调强化正风肃纪，坚决打赢反腐败斗争攻坚战持久战。

党的二十大强调，坚持党的全面领导是坚持和发展中国特色社会主义的必由之路，中国特色社会主义是实现中华民族伟大复兴的必由之路，团结奋斗是中国人民创造历史伟业的必由之路，贯彻新发展理念是新时代我国发展壮大的必由之路，全面从严治党是党永葆生机活力、走好新的赶考之路的必由之路。

难点解析　　注意区分"五个必由之路"的具体限定。

第一，坚持党的全面领导是坚持和发展中国特色社会主义的必由之路

第二，中国特色社会主义是实现中华民族伟大复兴的必由之路

第三，团结奋斗是中国人民创造历史伟业的必由之路

第四，贯彻新发展理念是新时代我国发展壮大的必由之路

第五，全面从严治党是党永葆生机活力、走好新的赶考之路的必由之路

（   ）是实现中华民族伟大复兴的必由之路

A. 社会主义道路　　　　　　B. 中国式现代化道路

C. 中国特色社会主义　　　　D. 坚持党的全面领导

大会指出，全党同志务必不忘初心、牢记使命，务必谦虚谨慎、艰苦奋斗，务必敢于斗争、善于斗争，坚定历史自信，增强历史主动，谱写新时代中国特色社会主义更加绚丽的华章。

党的二十大是在全党全国各族人民迈上全面建设社会主义现代化国家新征程、向第二个百年奋斗目标进军的关键时刻召开的一次十分重要的大会。大会高举中国特色社会主义伟大旗帜，全面贯彻习近平新时代中国特色社会主义思想，回顾总结了过去五年的工作和新时代十年的伟大变革，阐述了开辟马克思主义中国化时代化新境界、中国式现代化的中国特色和本质要求等重大问题，对全面建设社会主义现代化国家、全面推进中华民族伟大复兴进行了战略谋划，对统筹推进"五位一体"总体布局、协调推进"四个全面"战略布局作出了全面部署，为新时代新征程党和国家事业发展、实现第二个百年奋斗目标指明了前进方向、确立了行动指南。

180多年来，中国人民为实现中华民族伟大复兴而接续奋斗。太平天国运动、洋务运动、戊戌变法、义和团运动接连而起，但都以失败告终。辛亥革命推翻了统治中国几千年的君主专制制度，但却未能改变中国半殖民地半封建的社会性质和中国人民的悲惨境遇。十月革命一声炮响，给中国送来了马克思列宁主义。在马克思列宁主义同中国工人运动的紧密结合中，中国共产党应运而生，从此深刻改变了中华民族发展的方向和进程。

100多年来，中国共产党团结带领中国人民，以"为有牺牲多壮志，敢教日月换新天"的气概，书写了中华民族几千年历史上最恢宏的史诗，从根本上改变了中华民族的面貌，向人民、向历史交出了一份优异的答卷。百年前，中华民族呈现在世界面前的是一派衰败凋零的景象。百年后，中华民族向世界展现的是一派欣欣向荣的气象，正以不可阻挡的步伐迈向伟大复兴。

10年来，以习近平同志为核心的党中央带领中国人民进行具有许多新的历史特点的伟大斗争，解决了许多长期想解决而没有解决的难题，办成了许多过去想办而没有办成的大事，推动党和国家事业取得历史性成就、发生历史性变革，为实现中华民族伟大复兴提供了更为完善的制度保证、更为坚实的物质基础、更为主动的精神力量。

今天，站在实现全面建成小康社会第一个百年奋斗目标的基础上，中国共产党团结带领中国人民又踏上了实现第二个百年奋斗目标新的赶考之路。回首过去，展望未来，党用伟大奋斗创造了历史伟业，也一定能用新的伟大奋斗在全面建设社会主义现代化国家、全面推进中华民族伟大复兴的伟大实践中创造新的伟业。

强化训练

一、单项选择题

1. 中国特色社会主义道路、理论、制度、文化不断发展，拓展了发展中国家走向现代化的途径，为解决（   ）贡献了中国智慧和中国方案

A. 环境问题   B. 国际问题   C. 人类问题   D. 发展问题

2. 中国精神就是以（   ）为核心的民族精神和以改革创新为核心的时代精神

A. 人民幸福   B. 爱国主义   C. 人类和平   D. 国家富强

3. 从党的十八大到十九大，党中央召开（   ），分别就政府机构改革和职能转变、全面深化改革、全面推进依法治国、全面建成小康社会、全面从严治党等重大问题作出决定和部署

A. 四次全会   B. 五次全会   C. 六次全会   D. 七次全会

4. 统筹推进"五位一体"总体布局，（   ）是根本

A. 经济建设   B. 政治建设   C. 文化建设   D. 社会建设

5. （   ）的新发展理念集中体现了新时代我国的发展思路、发展方向、发展着力点，是管全局、管根本、管长远的导向，集中反映了党对经济社会发展规律认识的深化

A. 创新、协调、绿色、开放、共享   B. 创新、发展、绿色、开放、共享

C. 创新、协调、合作、开放、共享   D. 创新、协调、绿色、开放、共赢

6. 2014 年 12 月，习近平在（   ）调研时首次公开把全面从严治党同全面建成小康社会、全面深化改革、全面依法治国并列，完整提出了"四个全面"

A. 广东   B. 浙江   C. 江苏   D. 福建

7. 全面建成小康社会的基本标志是（   ）

A. 城市贫困人口小康   B. 农村贫困人口小康

C. 城市贫困人口脱贫   D. 农村贫困人口脱贫

8. （   ）是"四个全面"战略布局中具有突破性和先导性的关键环节

A. 全面建成小康社会   B. 全面深化改革

C. 全面依法治国   D. 全面从严治党

9. （   ）在"四个全面"战略布局中具有基础性、保障性作用

A. 全面建成小康社会　　　　　　B. 全面深化改革

C. 全面依法治国　　　　　　　　D. 全面从严治党

10. 党的十八大后的五年，以（　　）为核心的中国特色社会主义法律体系不断完善

A. 依法治国　　B. 宪法　　　C. 法治　　　D. 党内法规

11. 全面推进依法治国的总目标是（　　）

A. 建设中国特色社会主义法治体系，建设社会主义法治国家

B. 建设社会主义法治体系，推进国家治理体系和治理能力现代化

C. 建设社会主义法治体系，建设社会主义法治国家

D. 完善和发展社会主义制度，建设社会主义法治国家

12. 2014 年 4 月，习近平在十八届中央国家安全委员会第一次会议上首次提出（　　）

A. 人民安全观　　　　　　　　B. 政治安全观

C. 经济安全观　　　　　　　　D. 总体国家安全观

13. 2018 年 3 月，十三届全国人大一次会议通过《中华人民共和国宪法修正案》，明确规定（　　）是中国特色社会主义最本质的特征

A. 中国共产党领导　　　　　　B. 全面从严治党

C. 全体人民共同富裕　　　　　D. 全面依法治国

14. 党的（　　）决定党的建设方向和效果，是党的建设的"灵魂"和"根基"

A. 政治建设　　B. 思想建设　　C. 组织建设　　D. 作风建设

15. 党的十九大后，中央政治局首次会议就把（　　）摆上议程，审议《中共中央政治局贯彻落实中央八项规定实施细则》，针对新情况新问题，着重对相关内容作了进一步规范、细化和完善

A. 政治建设　　B. 思想建设　　C. 组织建设　　D. 作风建设

16. 经过不懈努力，党找到了（　　）这一跳出治乱兴衰历史周期率的第二个答案

A. 自我净化　　B. 自我完善　　C. 自我革命　　D. 自我提高

17. 2018 年 2 月，（　　）专门研究深化党和国家机构改革问题，通过《中共中央关于深化党和国家机构改革的决定》和《深化党和国家机构改革方案》

A. 党的十九届二中全会　　　　B. 党的十九届三中全会

C. 党的十九届四中全会　　　　D. 党的十九届五中全会

18. 2020 年 5 月，十三届全国人大三次会议通过（　　），是新时代中国特色社会主义制度建设、法治建设的一个重大标志性成果

A.《中华人民共和国民法典》　　　　　B.《中华人民共和国婚姻法》

C.《中华人民共和国监察法》　　　　　D.《中华人民共和国劳动法》

19. 新时代坚持和发展中国特色社会主义，根本动力仍然是（　　　）

A. 全面从严治党　　　　　　　　　　B. 全面依法治国

C. 全面深化改革　　　　　　　　　　D. 全面社会主义现代化国家

20. 2015 年 11 月 7 日，习近平同台湾地区领导人（　　　）在新加坡会晤，就进一步推进两岸关系和平发展交换意见，开创了两岸领导人直接对话沟通的先河，为两岸关系未来发展开辟了新的空间

A. 连战　　　　　B. 马英九　　　　　C. 洪秀柱　　　　　D. 朱立伦

21. 2021 年 7 月 1 日，习近平在庆祝中国共产党成立 100 周年大会上庄严宣告：经过全党全国各族人民持续奋斗，我们实现了第一个百年奋斗目标，在中华大地上全面建成了小康社会，历史性地解决了（　　　），正在意气风发向着全面建成社会主义现代化强国的第二个百年奋斗目标迈进

A. 相对贫困问题　　　　　　　　　　B. 绝对贫困问题

C. 中国式现代化问题　　　　　　　　D. 发展方式问题

22. 党的二十大重申了党的十九大提出的全面建成社会主义现代化强国分两步走的战略安排：从 2020 年到 2035 年基本实现社会主义现代化；从 2035 年到（　　　）把我国建成富强民主文明和谐美丽的社会主义现代化强国

A. 本世纪中叶　　　　　　　　　　　B. 本世纪 70 年代

C. 本世纪 80 年代　　　　　　　　　D. 本世纪 90 年代

二、简答题

1. 实现中华民族伟大复兴中国梦的丰富内涵是什么？

2. 什么是"五位一体"的总体布局和"四个全面"战略布局？其相互关系是什么？

3. 简述党的十九届四中全会提出的坚持和完善中国特色社会主义制度、推进国家治理体系和治理能力现代化的总体目标。

4. 贯彻"一国两制"方针应坚持的两点要求是什么？

5. 党的百年奋斗的历史意义是什么？

6. 党的十八大召开十年来经历的对党和人民事业具有重大现实意义和深远历史意义的三件大事是什么？

7. 简述新时代十年伟大变革的里程碑意义。

8. 中国式现代化的基本内涵和本质要求是什么？

9. 党的二十大提出的"五个必由之路"是什么？

三、论述题

1. 联系我国社会主要矛盾的新变化，论述如何正确理解中国特色社会主义进入新时代的内涵和意义？

2. 习近平在庆祝中国共产党成立 100 周年大会上的讲话中指出，在中华大地上全面建成了小康社会是中华民族的伟大光荣、中国人民的伟大光荣、中国共产党的伟大光荣。联系历史和现实，谈谈你是如何理解全面建成小康社会的历史意义的？

3. 党的二十大强调，"两个确立"对新时代党和国家事业发展、对推进中华民族伟大复兴历史进程具有决定性意义。联系历史和现实，谈谈你是如何理解"两个确立"的决定性意义的？

强化训练
参考答案

 —————————————————— 本章拓展资源

读者意见反馈

为收集对教材的意见建议，进一步完善教材编写并做好服务工作，读者可将对本教材的意见建议通过如下渠道反馈至我社。

咨询电话　400-810-0598

反馈邮箱　gjdzfwb@pub.hep.cn

通信地址　北京市朝阳区惠新东街 4 号富盛大厦 1 座
　　　　　高等教育出版社总编辑办公室

邮政编码　100029

防伪查询说明

用户购书后刮开封底防伪涂层，使用手机微信等软件扫描二维码，会跳转至防伪查询网页，获得所购图书详细信息。

防伪客服电话　（010）58582300